世界高等教育评估丛书

亚太地区高等教育质量保障体系研究

主　编　郑晓齐

副主编　赵婷婷　雷　庆　郭冬生

北京航空航天大学出版社

内容简介

基于第一手详实资料,概要介绍、分析了亚太地区主要国家高等教育质量保障体系的基本政策与结构框架,主要包括日本、印度、澳大利亚、马来西亚、新西兰、韩国等国家高等教育质量监控体系产生背景、质量保障权威机构与组织、评估与认证的原则和目的、标准与规范体系、指标体系及其结构、操作流程与实施方法等全方位的内容,可供政府的教育、科技相关的管理部门、评估与认证中心、大学高等教育机构和质量保障研究领域的科研人员、管理人员和学生学习参考。

图书在版编目(CIP)数据

亚太地区高等教育质量保障体系研究/郑晓齐主编. —北京:北京航空航天大学出版社,2007.6
ISBN 978 - 7 - 81124 - 166 - 2

Ⅰ.亚⋯ Ⅱ.郑⋯ Ⅲ.高等教育-质量保障-研究-亚太地区
Ⅳ. G649.3

中国版本图书馆 CIP 数据核字(2007)第 127425 号

亚太地区高等教育质量保障体系研究
郑晓齐 主编
赵婷婷 雷 庆 郭冬生 副主编
责任编辑 李文轶

*

北京航空航天大学出版社出版发行
北京市海淀区学院路 37 号(100083) 发行部电话:010 - 82317024
传真:010 - 82328026
http://www. buaapress. com. cn E-mail:bhpress@263. net
北京宏伟双华印刷有限公司印装 各地书店经销

*

开本:787×960 1/16 印张:18.5 字数:312 千字
2007 年 6 月第 1 版 2007 年 6 月第 1 次印刷 印数:1 500 册
ISBN 978 - 7 - 81124 - 166 - 2 定价:48.00 元

序　言

以教育评估认证为核心的质量保障体系是确保大众化阶段高等教育健康发展的重要基础。分析研究并借鉴国外高等教育质量保障体系对于加强我国高等教育评估认证制度与政策的建设具有重要的参考意义。本丛书运用文献研究和比较分析的方法,搜集、整理、翻译关于全球具有代表性的若干国家高等教育质量保障体系的资料,分三册对国外高等教育评估认证的基本情况进行了介绍和分析。

《北美地区高等教育质量保障体系研究》以美国为重点,分8章对北美高等教育质量保障体系的情况进行了介绍和分析,包括:美国高等教育质量保障体系概述,美国高等教育质量保障体系政策和法规,美国高等院校认证的标准和程序,美国高等教育专业认证的标准,美国高等学校工程专业自评,美国教师教育的认证,美国其他类型高等教育质量保障体系和加拿大高等教育质量保障体系。

《欧洲地区高等教育质量保障体系研究》以英国为重点,分9章对欧洲高等教育质量保障体系的情况进行了介绍和分析,包括:英国高等教育质量保障体系概述,英国高等学校的综合评估,英国高等学校的学科评估,德国高等教育质量保障体系,意大利高等教育质量保障体系,法国高等教育质量保障体系,荷兰高等教育质量保障体系,俄罗斯高等教育质量保障体系和丹麦等北欧四国高等教育质量保障体系。

《亚太地区高等教育质量保障体系研究》以日本等国为重点,分7章对亚太地区高等教育质量保障体系的基本情况进行了介绍和分析,包括:日本高等教育评估概况,日本工程教育认证体系,澳大利亚高等教育质量保障体系,马来西亚高等教育质量保障体系,新西兰高等教育质量保障体系,印度高等教育质量保障体系和韩国高等教育质量保障体系。

通过丛书中国外高等教育质量保障体系的介绍,我们试图总结、概括国际高等教育质量保障体系的3种基本模式,即政府主导型模式、民间主导型模式和官民结合型模式(官民合一、官民叠加和官民分工),并就如何建立和完善我国高等教育质量保障体系提出了一些初步的看法和建议:

1．进一步强化高等教育质量保障体系的意识；

2．不断完善和健全高等教育质量保障体系；

3．促进高等教育质量保障体系的指标和标准的科学化；

4．加强对高等教育评估的"元评估"；

5．加强高等教育质量保障体系的立法和研究。

以上建议和看法还需在改革和完善我国高等教育评估的理论和实践过程中进一步验证，也希望得到各界同行的参与和批评。

我们认为，虽然各国高等教育质量保障体系制度（包括文化背景、目的、标准体系和操作程序等）不尽相同，但也带有不少共性和规律性的东西，这正是值得我们学习、研究、消化和吸收的东西。由于，国外高等教育质量保障体系制度有其先天的不足或者"水土性"特征，需要我们在学习和借鉴的过程中，扬长避短，取其精华弃其糟粕。

北京航空航天大学高等教育研究所

中国工程院-北航高等工程教育研究中心

北京市哲学社会科学研究基地

（首都高等教育发展研究基地）

2007 年 4 月

前　言

　　本书《亚太地区高等教育质量保障体系研究》是《世界高等教育评估丛书》（共三册）中的一册。亚洲及太平洋地区是面积广大、人口众多、文化多样的地区，也是当今世界生机勃勃、高速发展中的重要区域，倍受世界瞩目。在亚太地区经济快速增长、文化繁荣和社会结构有效转型的背后，人们很容易注意到，高质量的高等教育作为优质人力资源的供给基地和技术创新的源头，扮演了十分重要的角色，并发挥了重大的推动作用。

　　虽然，从全球范围来看，真正意义上的现代高等教育体系起源于欧美国家和地区，亚太地区国家是欧美体系的模仿者和后来的追赶者。但亚太地区积极学习、吸收欧美地区的先进经验，尤其在高等学校质量控制的制度与政策方面，通过积极引进并消化了欧美地区的做法，并逐步形成了富有区域特性的、运作有效的质量保障体系，为亚太地区高等教育的可持续发展，提供了重要的制度保证。当然，亚太地区中各个国家发展程度与文化系统不同，因而也形成了互不相同、各有千秋的质量保障体系。例如，由于历史、文化等方面的原因，亚太地区的英联邦国家大多偏好直接从英国借鉴经验、引进制度，而东亚国家往往以美国模式为蓝本；亚太地区发达国家大多是在高等教育完成大众化转变完成之后，才开始正式大规模地构建、推进质量控制体系的建设，而印度等亚太地区发展中国家则往往将高等教育大众化进程和质量持续提高进程同步推进，同时面临双重发展的压力；有的国家将高等教育质量保障的评估认证结果直接与政府投资数量挂钩，对所有参与的大学进行严格的排名和分类，而另一些国家则明确反对这种做法等。因此，亚太地区高等教育质量保障体系逐步形成了有机整体，十分值得我们加以关注。

　　近年来，随着我国高等教育逐步从精英化模式向大众化阶段转变，1998年开始的大规模扩大招收新生，使得全国的高等教育规模迅速扩展（已超过2400万人），成为当今世界名副其实的高等教育第一大国。与此相伴，高等教育资源紧缺、政府投资不足、学校管理效率低下、体制改革缓慢等一系列与高等教育人才培养质量密切相关的矛盾冲突日益加剧，就业困难、教育机会公平、适合社会需要的高素质创新性人才的培养等问题,比较集中地代表了社会大众关注的焦点,教育系统之外的社会各界人士也开始对高等教育质量问题日益高度关注,使其逐渐成为社会舆论中的热点话题之一。

在这种宏观社会环境背景下,中国高等教育质量评估与认证领域出现了空前活跃、繁荣的局面。以教育部为代表的本科院校教学评估、五年循环运行的本科教学评估、学科建设评估(包括一级学科评估、重点学科评估、增设学科授权点和授权评估等)以及人事部、劳动社会保障部与教育部等部委联合举办的各级各类专业评估与资格认证等质量保障活动扑面而来,席卷了整个高等教育界,广泛涉及到政府主管部门、各级各类学校、质量评估认证相关事业单位、企业部门等一系列的领域,同时也极大地鼓舞、带动了我国高等教育质量保障体系研究领域的发展,其成果不断涌现,使我国的高等教育质量保障研究与多样化的实践活动逐步实现了跨越式的发展。

但是,自20世纪80年代中后期算起,我国高等教育质量保障体系建设的起步较晚,评估认证的基础相对比较薄弱,相关理论、学术研究以及社会舆论方面的准备十分不足,国外相关参考资料零散杂乱而不成体系,现实工作过程中仍然存在许多亟待解决的问题而急需参考、借鉴国外的先进经验。因此,无论从学术理论研究方面,还是实际工作需要的角度来看,我们都需要积极借鉴国外的先进、成功经验,跟踪亚太地区相邻国家和地区的发展,努力为不断发展、完善我国高等教育质量保障体系,提供更为广阔的视野和科学的依据。同时,作为地处生机勃发的亚太地区的中国,其高等教育质量保障体系的发展,与相邻国家具有性质类似或相同的问题,只有了解近邻国家和地区的发展和变化,理解各国高等教育质量保障体系的背景、特点、差异与共性原理,以"他山之石,可以攻玉"的谦逊、学习、借鉴的积极态度,从邻国的经验中吸取丰富的营养,是本课题组承担科研任务、开展系统研究并最终汇集课题研究的相关成果出版本书的最初基点和主要愿望。

整个课题研究历时约两年,本书是课题组集体协作的成果之一。关于本书的阅读或参考需要做如下的补充说明。

一、由于原始资料的可获取性、语言文字等方面的限制,本书并没有包含中亚地区、西亚地区等国高等教育质量保障方面的内容,作为亚太地区高等教育评估的本书包涵的题材不够全面,需要今后开展相关专题进行深入研究。

　　二、追求相关国家高等教育质量保障体系资料的真实性、准确性和权威性,是本书公开出版的重要原则和目标之一。因此,专著的整体结构安排与比例分配上,需要在资料介绍和独立深入分析之间取得良好的平衡。目前的状况是(非常遗憾),全书偏重于亚太地区各国高等教育质量保障制度、政策及相关内容的详细介绍,罗列的资料篇幅较多,重点分析与深入研究的力度不足,使全书通篇仍然带有"东周列国志"的感觉和特点。今后随着我国高等教育质量保障体系的逐步建设与完善,需要课题组全体成员和国内高等教育质量研究领域的相关同仁们继续努力,更加系统、全面深入地挖掘亚太地区的经验和教训,为我所用。

　　三、书中引用、参考的主要文献资料均已给以出处,国外相关机构、组织的网站地址也一并列出。这样,一方面可以代表课题组全体成员对相关质量评估与认证机构、研究人员的工作表示衷心的感谢之情,另一方面也便于有深入研究兴趣的读者直接查找、比对。

　　四、本课题组所在单位从我国最早期的高等教育评估研究起步阶段,就开始参与此领域的研究工作,先后承担了全国教育科学规划"七五"、"八五"期间关于高等教育质量评估与认证领域的重点课题研究任务,但限于我们在时间、资料和能力水平等多方面的主观与客观原因,书中的内容还存在许多不足甚至错误之处,整体的结构体系也有不尽如人意的地方。此次,希望借本书的出版发行,能够有机会与学术同行进行交流,也得到国内广大同仁、有兴趣读者们的批评、指教和帮助。

　　五、本研究专著的出版,得到了北京市哲学社会科学研究基地(首都高等教育发展研究基地)和北京航空航天大学"985"工程(二期)学科建设的经费资助,在此一并表示感谢!

北京航空航天大学高等教育研究所

中国工程院－北航高等工程教育研究中心

北京市哲学社会科学研究基地

(首都高等教育发展研究基地)

2007 年 4 月

目　　录

第一章 日本高等教育评估概况

引 言

日本是一个高等教育发达的国家,已经形成了一套比较适合国情的高等教育评估制度。第二次世界大战前后,日本高等教育评估呈现不同的特点:①二战前,日本高等教育评估实行中央集权制,国家以立法的形式规定统一的评估标准,由职能部门组织实施;二战后,受美国高等教育模式的影响,日本实行中央指导下的大学自治制,高等教育评估制度也发生重大变化。②二战前,由国家实施的教育评估既包括设置认可又包括质量评估;二战后,高等院校的设置认可仍由国家掌握,高等教育质量评估则委托民间组织进行。1947 年,日本 46 所大学在东京联合成立了"大学基准协会",这是全国最大的民间教育质量评估机构。该协会先后制定了有关质量评估的标准,公布了《大学基准》,并开展各类大学的质量评估工作。同年,文部省主持成立了"大学设置委员会",1950 年又更名为"大学设置审议会",制定颁布了《大学设置基准》等法令,文件对学校的组织规模、教育编制标准、行政编制标准及学校设备设施标准等规定了最低认可标准。从此,作为文部省咨询机构的"大学设置审议会"负责高等学校的设置认可工作,作为全国性民间组织的"大学基准协会"负责高等学校的质量评估工作。日本私立大学联盟、日本私立短期大学联盟及全国公立短期大学协会等组织团体也对高等学校开展质量评估工作。

20 世纪 80 年代以来,日本社会变革的一大显著特征是放宽管制,加强自由竞争机制。反映在大学教育改革方面是大学设置基准的大纲化,高校能动作用的充分发挥,让其适应社会需要而办出特色。1991 年 6 月,日本文部省对《大学设置基准》进行修订,使大学在制定教学大纲和设置课程结构上有其自主权。修订后的《大学设置基准》增加了"大学应努力就本校教育研究活动等情况开展自我检查及评估,并根据检查及评估的主旨设定适当的项目,同时确立适当组织体制"的条款。从此,评估不只是政府依法管理高等学校的手段,而且成为高校争取政府资金、吸引学生的手段,成为高校寻求自身发展的需要。

与欧洲国家先设立由中央统一领导的大学评价机构不同,日本由各大学根据其各自的方法进行自我检查与评价,形成了一套相对稳定的高等学校自我评价模式。日本高校自我检查和评价的一般程序是:首先,收集和分析有关大学真实的基础性情报;其次,对收集和分析工作进行检查,判断有无意识上的问题;最后,按照原目标和基准判断性地检查结果,增加改良的动力,并积极寻找改良的途径。具体实施的步骤为:校长(评议会等)指标→制定自我检查和评价的目标和计划→设定自我检查和评价项目及其实施方法→提出实施自我检查和评价的要求→受理自我检查和评价的结果→检查和论证→概括自我检查和评价的结果→该结果向校内的报告及其作用(制定改进计划及其实施)→制定和公布自我检查和评价的结果报告书(发送校内外有关人士)→改正自我检查和评价的实施方法等。

日本高等教育评估主要呈现以下几个特点:①深受美国高等教育评估模式的影响,由国家实施院校设置认可的评估,由民间组织进行教育质量评估;②高校的有关设置标准通过法律形式颁布,既呈现出严肃性、相对稳定性,也具有一定的灵活性;③社会各界的作用在评估中日益增强,新闻媒体对高等学校的社会评价,导致"名牌大学"和"一流大学"的出现。但日本高等教育评估也存在一些问题:高等学校设置认可时有统一标准,但设置后缺少连续性的评估考核制度会造成一些学校放任自流;民间机构组织的定期质量评估由于学校自愿参加而缺乏应有的约束力,难以有效地实施教育质量控制;评估主要由教育界、知识界人士参加的局面造成教育评估的局限性。同时,调查资料表明,日本大学的自我评估中也存在诸多问题。例如,校内没有评估专家,不能与其他大学相比较;实际改革先行,评估工作滞后;未进行符合社会与产业要求的评估;评估的结果未在校内传播;评估方式空洞化;自我检查评估的方法和技术没有进步等。

为了推进高等学校评估的改革,日本将采取以下几方面的措施:一是增强评估内容、方法、基准的目的性和适当性;二是改善自我评估,增强评估的透明性;三是针对自我评估的不足,引入第三方评估机制,促使评估主体多样化。

第一节　日本高等教育评估制度的建立

日本具有十分庞大和多样化的高等教育机构（HEIs），经过几十年的建设和发展，日本已经形成了一套比较适合本国国情的高等教育评估制度。现对日本高校评估制度产生和发展背景进行简要介绍。

一、高等教育评估制度化的背景

20 世纪 80 年代以后，大学评价成为日本广受关注的改革课题。之所以如此，除了大学自身需要不断进行自我完善的内在要求之外，高等教育大众化、普及化和国际化，大学预算分配政策调整及大学生消费者意识增强等外部因素也要求建立相应的评估制度。

1. 大学预算分配上的调整和变化

1981 年开始的"行政改革"导致了教育总体预算大幅度削减。从大学财政情况看，国立大学的政府经费投入占学校总体收入的比例从 1964 年的 82.7% 减少到 1999 年的 56.8%，而私立大学的政府补助金比例也从 1980 年度的 29.5% 降到了 1997 年度的 12.1%。最近几年，由于大学法人化改革步伐的加快，政府资金下滑的倾向更加明显。严重的投入不足使政府在大学预算的配置上不得不改变先前的分配方式，而采取"重点项目中心主义"政策，即对成果卓著、社会信誉良好的大学在预算、补助金上实行优先配置。对政府来说，如何找到一种能得到广泛认同的方式来配置有限资源成为关键所在，而把大学评价结果与资金分配结合起来便是解决问题的良策之一。

大学评估与学位授予机构对大学评估结果如何与资源配置有机结合的情况，在《大学结构改革方针》中有明确说明：根据评价结果选出 30 所学校进行资金重点分配，使其建成具有国际最高水准的大学。这一举措实际在 20 世纪 90 年代中期就已开始，只是当时涉及的范围较小，现在已全面展开。此外，日本教育资源配置的另一重点是设立竞争性资金项目，增加竞争性资金的投入力度。日本政府在第二个《科学技术基本计划》（2000—2005）中指出：随着竞争性资金的不断增加，为了更好地发挥竞争性资金的有效性，必须改革、完善评估制度，提高它的公正性和透明性。其竞争性资金主要是通过评估的途径来发放的。随着竞争机制在高等教育领域的引入,建立完善的大学评估制度,实行学校自我评估和他人评估相结合的方法,建立多元化的评估体系,已经成为日本高等教育发展的重要任务之一。

2. 高等教育的大众化和普及化

20世纪70年代中期前后,第二次生育高峰使日本在1992年18岁的人口达到继1966年以后的第二次顶峰,应届高中毕业生数激增。面对这种形势,日本文部省调整了大学招生政策,从以往的抑制大学扩招变为积极承认其扩招。此后,高校数和招生数基本上保持了增长的势头。但此人口高峰后,18岁的人口呈现明显下降趋势。2000年,18岁年龄层的人口降至150万人左右,而全国却有650多所4年制大学和570所左右的短期大学,他们每年有74万的新生招纳能力。

随着日本高等教育的大众化以及由大众化向普及化的过渡,学生在择校上呈现多样化趋势,这大大提高了公众对高校评价重要性的认识。因为可供选择的高校越多,学生及其家长也就越希望通过一些信息了解和比较各个大学的优劣,从中找到最适合他们意愿的高等教育。高校出于生存的需要,也不能无视这些"顾客"、"消费者"的意愿和要求。故开展自我评价自然成为高校的必然举措。

3. 大学对外开放和国际化的需要

日本的大学尤其是国立大学在很大程度上秉承了德国的"学术自由"、"大学自治"的传统。但是,为了适应日益竞争和开放的社会,日本的大学已不能再如象牙塔一样与外界隔绝,而开放、交流、合作逐渐成为主流。各大学不仅在提供社区服务、参与地方政府决策和企业的共同研究上有了长足的进步,而且校与校之间的交流合作也非常活跃。比如,促进校际间的师生流动、交换学生所修学分、增加学术资料互用的机会、互聘教师讲学、鼓励学位的相互认定等。同时,日本大学同国际的交流也迅速发展,旅日留学生不断增加。对日本而言,欧美等国对大学评价的广泛重视以及在大学评价方面的丰富经验,也是推动日本发展高等教育评估的一种巨大力量。

4. 对大学履行给公众说明其责任的要求高涨

大学要生存、发展就需要庞大的资金来支持。大部分资金来自于政府提取的国民上交税金中的教育预算,以及大学生所交纳的学杂费、企业和社会团体提供的资金援助等。这种"取之于民"的方式决定着高校不得不接受社会对其回报的监督。在民众对扩招后大学整体质量感到不满、学生消费主义倾向愈演愈烈的情况下,对其履行这种说明责任成为日本高校必须正视的现实问题。大学为了应对这些呼声和压力,不得不自觉地进行检查评估,公开必要的数据和资料,做出让民众满意的答复。

总之,日本高等教育评估制度的建立及其实践不是突如其来的,它是20世纪80年代以来日本出现的诸如"政府规制缓和而自我规制强化"、"学生消费主义"、"说明责任"、"国际化"等潮流下民众和政府对大学要求的必然反映,也是日本大学顺应国际高等教育发展趋势的必然选择。

二、日本大学评价政策的实施

战后很长一段时间里,日本的大学评价主要是由政府实施的对新设大学(或院系、专业)的审批调查以及对建后大学的一些不定期的核查行为,并未形成专门的制度。1986年4月,日本总理大臣的教育顾问机构——临时教育审议会正式要求各大学在教学研究和对社会贡献度方面必须不断地进行自我检查和评估,同时对一些大学团体也提出了发展各大学成员之间互相评价的要求。于是,1989年大学审议会应运而生,并于1991年2月发表了题为《关于大学教育的改善》的改革议案,重点谈到了建立大学评价制度的问题。该议案强调了大学进行自我评价的必要性,并建设性地提出参考美国大学质量评价制度以促使本国大学评价更为客观合理。同时,它还建议在推动大学评价制度建设的过程中,最大程度地发挥大学基准协会的作用。大学基准协会是由4年制大学校长为主要成员的非官方性质的第三者评价机构。到2001年5月为止,共有671所大学中的80.6%(541所)加盟。50多年的发展过程中,大学基准协会对文部省批准设置的大学进行一定的质量把关,形成促进大学教学和研究质量提高的一个重要的评价机构。

日本的大学评价虽然在20世纪80年代末期在政策上引起了关注,但是,其制度化并大规模地付诸于实施还是在1991年的6月文部省全面修订1956年制定的《大学设置基准》之后。《大学设置基准》是文部省制定的对大学进行审批时大学必须达到的最低的标准。它既包括校舍面积、图书馆内阅览室的座位数等硬件方面的条件,也包括教育课程、毕业所必须修得的学分数、教学研究组织等软件方面的条件。1991年对《大学设置基准》的修订被认为是战后日本仿效美国模式建立新制大学以来具有划时代意义的一次大学改革。其改革的中心内容有两个:一是以"大学基准的大纲化"为名的教育课程自由化改革,即政府放宽对大学的调控,允许大学(或院系)基于自己的责任和判断在其课程设置、教学方法上进行大胆的改革,以适应社会的不断变化;二是建立大学自我评价体制,各个大学可以按照各自办学理念,设定适当的评价项目,并建立相应的评价执行机关,以便系统地开展评价工作。上述两项内容是互相关联的:第二条通过评价来加强大学的自我规范,实际上是对第一条(放宽政府控制)可能导致大学质量下降的补救举措。

此后,日本大学评价的制度建设快速前进。其中,1999 年文部省对《大学设置基准》的再次修订尤其令人瞩目。此次修订与 1991 年颁布的《大学设置基准》比较,具有 3 个新的变化:第一,把原来尽可能执行大学自我评价的规定提高到了所有大学必须执行的高度;第二,增加了大学公开自我评价结果的要求;第三,增加了对大学自我评价结果尽可能地由第三者进行检验的要求。基于这些变化,大学审议会提出设立"第三者评价机关"的建议。2000 年 3 月,日本国会正式通过了设立"第三者评价机关"的议案。新设立的"第三者评价机关"重组了原有文部省的学位授予机构,使它变成了一个兼具大学评价和学位授予的双职能组织(National Institution for Academic Degrees,简称 NIAD)。该组织于同年 4 月正式开始运作,主要负责对国立大学的评价和质量改善工作。

综上所述,近 10 多年来,日本的大学评价正朝着制度化的方向不断迈进。大学评价政策在内容上也大致经历了 5 个演变的过程:①大学自我评价的自主实施;②自我评价实施的义务化;③自我评价结果公开的义务化;④第三者评价的自主实施;⑤第三者评价机构的创立和第三者评价的正式启动等。这一过程反映了日本大学从自我评价这种一元体制向自我评价与第三者评价相结合的多元体制发展的趋势。

第二节　日本两种高等教育评估制度

自 1991 年《大学设置基准》修订后,日本全国范围内都迅速展开了大学评价活动。各评价机构实施的评价内容因评价目的、实施主体不同而各有所侧重,于是不同的评估体系产生出不同的配置效果。日本高等教育评估制度包括内部评估和外部评估两个组成部分,日本高等教育评估主体——学校及外部评估机构二者与资源配置政策具有直接、有效的内在联系,内部评估应采用不同于外部评估的方法,评估结果的量化是使内部评估结果直接反映在资源配置政策上的关键所在。下面参考张玉琴等学者的研究资料,对日本高校内部和外部两种评估制度作简要介绍。

一、高等学校内部评估制度

日本高校内部评估主要指以学校为主体、内部进行的自我评估和学校之间的相互评估,主要是对教学科研活动进行评估,发现不足,明确改善方向。学校内部评估是日本高等教育实施评估后最早提出的重要手段和评估制度。

1. 高校内部评估制度的产生

20世纪60年代日本高等教育进入大众化阶段以后,为了巩固、提高教育质量,曾多次提出教育评估制度的制定,但都未能付诸实施。直到大学审议会成立以后,学校内部评估才制度化,并付诸实施。大学审议会成立后,讨论了临时教育审议会提出的关于学校内部评估的一些具体建议和方案,并于1991年2月提出了5项咨询报告,最终通过修改《学校教育法》和《大学设置基准》,才使教育评估活动制度化和具体化。修改后的《大学设置基准》规定"为提高大学教育研究水平、完成大学的教育研究目的及社会使命,必须努力对学校的教育研究活动等进行自我检查和评估,检查和评估项目由学校自己设定",同时还要求学校建立与之相适应的检查评价体制等,并第一次将学校自我评估写入《大学设置基准》。大学审议会根据修订后的《大学设置基准》提出了一系列审议报告,强调了评估结果向社会公开,以获得社会的监督、理解和支持。各个报告重点就实施教育评估的重要性及其迫切性、评估主体、评估内容、评估方法、评估结果与资源配置的关系提出了建议,并做了具体规定,以期迅速、有效地实施高校内部自我评估制度。

2. 高校内部评估的目的、内容及方法

学校内部评估的内容和方法主要根据评估目的而定。大致有两个:一是增强大学自身改革发展的动力,提高教育和研究的质量;二是发挥学校应有的社会责任,赢得社会的理解和支持。相关报告认为:①内部评估是一种自我评估,它首先应以自我检查学校的教育和研究活动为前提,在

正确认识、把握现状的基础上明确应解决的问题及其努力的方向；②应不断地分析、研究自我检查的项目、方法和自我评估的状况，逐步改进实施方法，以提高自我评估效果。

评估方法原则上由各学校自主决定，同时希望大学团体及学会制定可供大学参考的评估资料。高校内部评估的程序一般是：策划→实施→评估→公布评估结果。现在日本高校内部评估的具体方法是：①学生评价教师授课情况；②教师就教育研究情况进行自我评价和相互评价；③将评估结果量化，向本校教师公布评估结果，并通过学校网站向社会公开。

日本高校自评内容主要由 3 大部分组成：教育、研究和教育科研环境。教育方面具体分为教育内容、教学方法以及毕业生出路，主要考察一般教育和基础教育的广度、学生听课的理解程度、选修和跨系听课的自由程度和课程内容的应用性等；教学方法方面重点考察班级规模和多媒体设备的配备情况以及教师使用多媒体设备的频率；毕业生出路问题则主要分析毕业生就业的产业和职业构成情况、学校就业指导体制、毕业生考入研究生院的比率等。研究方面主要是教师的著作、论文数量，刊登的杂志以及科学研究费的获得情况，接受民间委托研究课题的数量及其经费额。教育科研环境方面重点考察图书馆、信息处理设备的完善情况等，如表 1.1 所列。日本高校内部的自评活动对增强教师自身的改革意识、改善和提高学校教育研究质量、扭转重科研轻教学的风气起到了极大的推动作用，成为日本高等教育评估体系中的重要组成部分。

表 1.1　大学自我评估项目内容及方法（教育系）

项　目	内　容
教育体制评估	教育实施组织的完善情况：①各种讲座的构成及开设的课程；②教育课程改革的组织体制；③系各种委员会的构成及委员长和委员的选举办法
	招生方针：①招生计划和实际入学人数；②考试科目及分数线；③学生选择本校的最大理由及其信息来源
教育内容评估	教育课程的编程：授课标准、实践课的开设体系、大学之间的学分互认制度的实施及其可互换的课程科目
	授课内容：各门课的内容及授课方法、进度等资料，向学生进行的有关授课情况的问卷调查表回收率等

项　目	内　容
设施设备评估	设施设备:本系所占面积、教学楼内的设备情况、过去 5 年内设备一览表、计算机配备情况
教育方法评估	专业课班级的规模、课上发放的补充资料和信息、使用多媒体教学的情况、通过网络鼓励学生自主学习的措施、教育实习课的学分数以及信息化教学的实施情况,学生成绩的评估方法
教育质量评估	学生掌握的知识和能力、毕业人数和肄业人数、学生在校期间获得的教师资格证书的种类及人数、毕业生中获得的教师资格证书情况
	毕业后的出路:就业人数及考研情况

二、高等学校外部评估制度

一般来说,评估制度的多元化优于单一化。多年来,日本的大学自我评估制度为制定、实施外部评估制度提供了重要参考,也为构建多元化评估体系奠定了基础。外部评估是一种以高校外部人士为评估主体,对高校活动进行全面评估的一种评估方式。它一般包括社会评估和行政评估。社会评估主要指考生、毕业生以及社会企业对高校进行的评估。行政评估是指行政组织(如文部省内专门设立的教育评价委员会、总务省内增设的评价审议会等)对高校活动进行的评估。

1. 高校外部评估制度的产生

日本为进一步确保教育评估效果,提高教育评估的客观性、公正性和透明度,于 2000 年专门设立了外部评估组织机构——NIAD(大学评价及学位授予机构),这意味着日本大学外部评估制度从此产生,使高校评估由以往的单一制度发展为多元制度,形成了一套互为补充、内外结合的评估体系。

1998 年大学审议会在《关于 21 世纪的大学与今后的改革方案》报告中建议:"为了让社会更清楚地了解大学的活动状况,有必要专门设置评估机构,实施公开、透明的大学评估制度,建立多元化的评估体系。"根据这一建议,1999 年 4 月日本文部省成立了大学评估机构创立筹备委员会。后来,通过修改《国立学校设置法》、《国立学校设置法实施细则》,于 2000 年 4 月将原来的学位授予机构改名为大学评价及学位授予机构,日本高等教育外部评估组织机构由此产生。

大学评价及学位授予机构由大学、企业、社会、经济及文化各个领域的有识之士组成。其内部组织由大学评估委员会、专门委员会的委员及评估员组成。大学评估委员会负责制定评估计划及实施方针,审议、核实评估结果。专门委员会是大学评估委员会的下设机构,负责审议各个专业的评估项目、内容及方法等。各专门委员会下又设若干名委员及评估员,负责具体的评估活动等。NIAD 成立后,首先着手探讨大学外部评估的目的、内容、方法、过程及内部组织结构,并提出具体方案。方案提出了3 个评估目的:①对大学开展的教育、研究、社会服务等活动进行多方面的评估,将评估结果反馈给各大学,以期在改善教育研究活动、提高教育研究质量上发挥重要作用;②通过评估将大学的活动状况、成果以易于明白的形式公诸社会,以广泛求得国民对大学的理解和支持,为学生择校、企业投资提供参考信息,从而促进大学的发展;③有效地与政府资源配置政策结合起来,为资金的重点配置提供参考依据。

2. 高校外部评估的内容及方法

日本高校外部评估是在内部评估的基础上进行的,而内部评估是根据外部评估的内容、方法实施的。外部评估内容分为 3 大类:

① 教育活动、教育服务活动(教养教育、接收留学生及产学协作情况,即对社会的贡献程度)。具体说,对学校进行全面评估的内容包括:全面、综合评估学校各方面情况;每年就几个方面进行重点评估;评估大学共同利用机构的工作情况。

② 各专业的教育情况。主要以系及研究学科为单位,评估学校各专业的教学情况。

③ 各领域的科研活动。学校的科研评估主要分 3 方面进行:考察、评估各专业的科研成果;评估系及研究学科的科研情况;评估大学共同利用机构的科研情况。首先,由大学评价委员会及专业委员会制定评估内容、方法等;然后,各大学根据其内容、方法进行自我评估,结果以报告书的形式提交大学评价委员会及专业委员会;接着,大学评价委员会及专业委员会根据报告书的形式提交给 NIAD;此后,大学评价委员会及专业委员会根据报告书的情况及实地调查研究结果对其大学进行综合评估,做出评估结果;最后,将评估结果一方面反馈给学校,向学校提出改善意见,另一方面向学生、企业、研究机构以及赞助团体公示。

　　评估方法分系、学科及教师个人三级进行。系主任负责整个系的评估工作，包括所有评估项目内容的评估。教研室主任负责本学科的评估工作，内容主要包括第一、二类中的综合评估，共 7 个项目。个人评估由教师本人进行，主要统计个人的研究成果。其他项目的评估均根据个人评估及其统计数据由各个不同的研究领域分别统计，然后，由各学科进行综合评估，在此基础上系主任参照外部评估委员会的评估要求，将自己的自我评估情况及各学科的统计数据进行全面综合评估。评估标准分"很好"、"好"、"一般"、"不好"、"很不好"5 个档次。最后，按照这 5 项标准提出内部评估结果，并作为外部评估的参考资料提交外部评估委员会。在进行个人评估过程中，为了避免出现主观因素，一些系采用的评估方法是，由教师自己制定客观评估标准，然后根据其标准进行自我评估，分析自己的统计数据是否客观，在此基础上算出自己的评估指数，最后将其评估指数和评估标准一同提交评估委员会。

三、高校内部与外部评估制度的关系

　　日本高等教育评估体系的形成过程不同于其他一些发达国家。日本选择了先内后外、先易后难的评估发展道路。不少学者认为，日本大学内部评估制度的实施，实际上是向外部评估制度过渡的一种手段，这样可以使大学内部人士更容易接受，以便平稳过渡，指出了大学评估制度选择先易后难发展道路的本质。那么，以改善教育研究为目的的教育评估活动，究竟能为学校提高水平和资金配置起多大作用？以改善、提高教育研究质量为目的的内部评估又如何转为以社会需要为准则？这是值得怀疑的。然而，也有些学者及政界、产业界人士公开提出大学评估的目的是为了适应外部社会需要，故应以外部评估为主。那么，究竟应该以谁为主、以谁为辅？这个问题在日本还存在争议。

　　其实，主与辅的关系应该由其评估目的而定，即通过评估活动所解决的问题来确定。一般认为，以提高学校教育及研究质量为目的的教育评估应以学校自我评估为主，反之，则以外部评估为主。就目前日本实施评估制度的情况分析，外部评估制度的作用正逐步受到重视，使高等教育评估的目的逐渐向资源的有效配置过渡，评估内容更多地向社会需要倾斜。不过，两种评估主体并存，在学校内部评估的基础上由外部评估机构进行全面、综合、客观、公正的评估，评估结果应当直接反映在资源配置上。问题的关键在于，在评估结果与资源配置的关系上如何反映内部评估的有效性和内部评估结果应以何种方式反映出来。

从评估特征分析,无论评估目的、评估主体还是评估内容,都各有侧重。内部评估的重点在于改善学校内部的教育活动,即改善教学、科研活动及教育研究环境,评估主要由高校内部人员自主进行;外部评估的最大焦点则在于改善教育投资环境,获得更多的教育研究资金,评估标准重在衡量其社会效果,评估主体主要由校外人员组成,如表1.2所列。

通过表1.2可以发现,由于评估制度不同,故评估目的、评估对象等各异。那么,如何处理二者的关系,在日本高等教育评估政策中涉及很少,没有具体谈到外部评估机构如何综合内部评估结果,使其反映在最终的评估结果中等问题。

表1.2　高校内部评估与外部评估的区别

项　目	教育评估(内部评估)	社会评估(外部评估)
目　的	改善教育活动	改善教育投资
主　体	校内有关人员	校外人员
对　象	学习成果	社会效果
时　间	教学活动期间	教育课程结束后
场　所	教育体系内部	教育体系外部

教育评估的目的是为了改善学校教育和研究进行的。因此,应该根据教育提供者的需要开展评估活动。但评估结果却主要基于教育的需要者——学生、社会,为其提供参考依据。二者的关系如何处理,既考虑到提供者的需要,又顾全需要者的利益以及适应需要者的要求,是日本高等教育评估体系所面临的最大难题。改善这一问题的唯一办法,是使高校内部评估量化和客观化。因为,教育活动不同于研究活动,不易量化,缺少客观性,难以进行客观评估。再有,处于大众化时期的高等教育价值不断多样化,根据不同的需要,其判断标准不同,如果用统一指标评估教育价值,既不符合学生多种价值观的需要,也不适应社会多样化发展。为此,在进行教育评估之际,应针对教育自身的特点采取与科研评估不同的方法,在方法论上进行探索研究;否则,即使认识到教育评估的重要性,也无法量化或客观化。日本高等教育评估政策的方向正是一方面强调学校内部教育评估的重要性,另一方面其评估结果又要反映在资源配置的政策上。

第三节　日本高等教育质量
保证和 NIAD 的评估

日本高等教育形成了一个十分庞大和多样化的系统,高等教育机构(HEIs)包括具有学位授予权的教育机构、只发放大专毕业证书的专科院校(初级学院和技术学院)和大学联盟研究所。总体来看,日本的大学和专科院校大部分是私立的,小部分是公立的,而大学联盟研究所都是公立的。下面对日本高等教育质量保证体系和 NIAD 的评估进行专门介绍。

一、日本高等教育质量保证系统

日本高等教育质量保证系统形式多样。由国家进行授权和监管是最正规的质量保证基本形式。但是高等教育机构是自治的机构,完全能自己负责自己的活动质量。所有机构内部自身系统有一个至关重要的任务:高等教育质量保证。另外,也存在几个受政府委托的自愿评估组织从几个方面确保和提高高等教育质量。因此,NIAD 的大学评估工作主要介绍给几个公立大学。

表 1.3　日本高等教育质量保证系统概况

职　能	执行机构
建立的资格授权机构 授权机构对其管理监察 专业审查、专业的设定	日本文部科学省(MEXT) 文部科学省所属大学设置审议会 文部科学省相关机构
内部质量保证体系,包括自我监察/自我评估	高等教育机构(HEIs),包括外部行政顾问和评估员
受政府委托的自愿评估 专业审查、专业设定	例: 大学基准协会(JUAA)对学位授予机构进行评估; 高等专科院校联盟(AACJ)对私立的初等专科院校的评估; 日本工程教育评估处(JABEE)对工程教育评估
对公立大学的评估; 大学范围内的主题评估(UwTE) 教育活动评估(EEA) 研究活动评估(ERA)	NIAD 及其 NIAD 相关委员会

1. 高等教育认证和监察

根据日本的法律体制,对高等教育质量保证负首要责任的是国家政府,特别是主管教育、文化、运动、科学和技术省(MEXT)的文部科学省。地方或者私人的高等教育机构和课程建立都需要文部科学省批准。首先由审议会进行评估,然后建议文部科学省批准某高等教育机构建立,这种执行方式是依靠国家大学评估标准的。这个过程确保了新成立的学校和专业的质量。文部科学省参考审议会关于这些学校质量保证的意见,但是国有公立学校是由文部科学省自己创建并管理的。

在新的学校或专业成立后的几年里,文部科学省继续监督他们的活动。之后,他们的活动质量保证就委托给学术自由的自治主体机构,文部科学省仅仅会收集一下总的信息或者偶尔派遣监察员去巡视。

除了这个一般过程,相关部委具有自己的一套评估课程的监督程序和认证资格。这样就产生了专业的资格人员,就像专业的药剂师、护士、建筑师和教师等一样。这样的过程也有利于那些相近课程的评估的质量保证。

2. 高校内部保证体系和自我评估

高等教育机构在日本是自治的组织,而且,他们对自己活动的质量负有最终的责任。全体教职工各自履行自己的教学、指导、学术和研究任务。然而,一些正式的学校体制譬如入学政策、课程设置、学生的评价调整和职员的发展可以加强其教学指导等活动。全体职工协会通过几个相关委员会的帮助管理来运行这些机制。

虽然日本大学时常对他们的活动质量进行自评,但是直到 1991 年,他们中的大部分没有正规的自我评估系统。1991 年文部科学省的前身文部省采纳文部省咨询团关于高等教育的意见,依照大学审议会改变了国家标准,推荐高等教育机构采用自我评估/自我监察方式。对于高等教育机构来说,这种做法有违常规。随后,无论是高等教育联机构中的公立还是私立机构都开始广泛开展自我评估/自我监察。也有一些机构在自我评估过程中使用外部评估。1999 年标准改变之后,自我评估/自我监察更是成为了一项必需的活动。

3. 委托于民间的自愿评估

新生的民间评估,是日本质量保证体系的一个极大特色。JUAA 是为适应二战后评估有本科学位授予权的大学的需要而建立起来的。由于所有的高等教育机构都必须经过文部科学省的批准,日本大学评估协会成员和非成员没有实质意义上的不同,包括学分互认、研究生入学和国家对学生的借贷系统。但是作为协会成员是自豪的,因为它的评估标准在某种意义上说高于文部科学省的标准。自从 1991 年文部科学省开始鼓励发展外部评估系统以增加自我评估/自我监察的力度以来,日本大学评估协会的成员已经增加到覆盖了日本所有具有本科学位授予权大学的三分之一。

日本高等专科大学联合会在 1992 年选举成立,并在 2001 年开始了评估工作。日本工程教育评估理事会(JABEE)1999 年创立,并在 2000 年开始了小规模的评估试验计划,其目标是成为华盛顿工程教育协议的成员。

二、日本大学评估及 NIAD 的评估

1. 日本全国性大学评估机构的建立

2000 年 2 月,全国大学评估机构建立筹备委员会的一个报告,在综合了大学审议会 1998 年的报告意见基础上,阐明了建立如下一个新的评估组织的必要性。

为满足 21 世纪对于高等教育的要求,日本高等教育系统需要转变,成为一个全新的机构,使每一个大学都能提高自我革新的能力,革新旨在激励高校进一步开发教学和研究的职能,在自治的基础上进行更深入和广泛的竞争。

如同大学审议会的报告中所提到的 21 世纪大学发展远景和改革措施所描述的那样:"将来的大学改革必须基于以下 4 个方面的基本原则特性:①在培养学生完成自己追求的目标指导下,教育和研究的实力有实质性的增强;②更有弹性和灵活性的教育和研究体系,确保大学的稳定自治;③改进行政结构促进决策和执行责任,并且理论上支持②的体系;④保持大学个性化发展并持续改善多元的教育和研究评估体系。"

特别地,"多元化的评估体系"是实践上述大学改革理论的至关重要的条件。就如大学理事会在报告的副题中所提议的一样,尽快建立这样的一个系统是相关部门的职责所在,是大学进一步发展成为一个真正"在竞争环境中有特色的大学"的基础所在。

在大学的自我评估/自我监察系统化之后,基于以上诸方面因素,对大学教学和研究的评估及改进得到广泛认同。自我评估/自我监察活动必须进一步深入提高,并且响应社会期望,目前最紧迫的就是引进更有效的评估过程,这个过程引进了基于中立角度的专家判断下的高度可信的评估。

基于以下两个原因,第三方评估机构的存在就变得极具意义了。首先,他们可以提供给每个大学反馈,成功起到了提高每所高校承担的教育和研究活动的质量的作用。其次,他们多视角地为各个机构详细设计活动来帮助和提高这些学校,并且运用浅显易懂的方式来公开公布这些活动和结果,以帮助这些大学获得公众关于其作为公共机构的条件和管理方面的理解和支持。

大学拥有复杂和多样的功能,为了对每个学术专业机构下的教学、研究和其他活动进行一个全面的有效的第三方评估,必须组织一个熟练的专家团队。因此,每个专业评估的过程必须基于同行评议的原则(来自于同专业的评估专家团)之上,然而,这个评估系统也需要多样化,它必须包括来自接受教育的学生、公司及接收毕业生的单位的意见。

为了建立这样一个多样化的评估系统,必须要实施关于大学评估的大量工作:信息的广泛收集、分析和散发,还包括那些散布在社会的各个地方的与研究行为有关的工作,这些工作决定了运用到大学评估工作中的指标的有效性。为了达到这些目标,有必要建立一个由专家组成的评估组织团队,使所有的大学都能共同受益。

2000 年 4 月,Gakui Juyo Kiko-国家大学评估及学位授予机构(NIAD)作为一个新的实体被重组,允许在原来的学位授予职能之外,增加了作为一个国家组织机构对大学进行评估的新工作。新的名字叫做大学评价及学位授与机构(Daigaku-Hyoka Gakui-Juyo Kiko),英文名字不变。

国家大学评估及学位授予机构在其原来的学位授予的职能之外,增加了大学评估、大学评估研究、有关大学评估的数据的收集、分析和公布等职能。同时,它保持了等同于一个大学之间研究机构的原始地位,并依靠其大学成员的辅助或者外面其他大学的有经验方法的人进行管理,在他们专业观点的基础上进行自主的评估。

2. 日本大学评估及学位授予机构的评估工作

（1）评估目的和对象

为了允许大学和大学联盟研究机构在一个竞争的环境下发展自己独具特色的个性，大学评估确立了如下目标：

① 要对每个大学的教育、研究和社会服务活动等多方面实施评估。这些评估结果提供给每一个学校自己作为反馈，起到了辅助这些学校提高教学和研究活动质量的作用。

② 每个大学的活动的条件和结果再用多元的方法详细说明，并且用浅显易懂的方式公之于众。这样，该校会有更多的机会去赢得公众对他们作为一个公共事业机构的各种条件和管理的理解和支持。

评估的对象是大学和大学联盟研究机构。每一个机构是否真正接受评估，还要由其自己决定。但是，受规定限制的公立学校应当定期严格检查，因为公立大学主要由公共基金资助。

（2）评估内容和方法

专业评估承担如下 3 个领域的评估：大学范围内的主题评估（UwTE）、各个学术领域的教学活动评估（EEA）、各个学术领域的研究活动评估（ERA）。

所有的领域评估的执行都是以每个学校的目的和目标作为目标的。是基于他们的各自的使命、历史和传统、人文和物质条件基础上的，就如他们的大小、资源、地理位置和发展规划等。

为了进行评估，执行的政策和主要的实践过程的制定首先是由大学评估委员会和其子委会制定，子委会是由大学联合会的成员与大学之外的具有学术水平和实践经验的个人组成的。接着，高度专业的大学评估委员会下属子委会成员和准成员一起去现场视察调查或听取意见。这些调察结果和意见基于每个大学自己提交的依照 NIAD 提供的模式所作的自评报告和 NIAD 自己独立收集的材料和数据。

最后，大学评估委员会对评估结果进行详细考虑（包括考虑为了每个特别领域而设置的下属子委会的成员的同行评议），总结成为每个评估专业的初步报告。

在评估报告确定之前,协会会给该大学一个通知,并且会给他们一个机会,对初步报告提出自己的意见。基于这些意见,大学评估委员会重新考虑参评大学的初步报告,加上参评大学提出的意见,综合成最后的评估报告。

(3) 评估的实施

在 2001—2002 年财政年度期间,评估机构被逐步用于高校的评估,只在大学范围内进行有限种类的主题评估(日本的财政年度是从头年四月到第二年的三月)。在学术领域的评估过程中,需要评估的专业领域、被评估的学院的数量和评估的程序是逐步扩大的。直到 2000 年度以后评估内容才定下来,而这套系统提供了必要的系统化基础来完成 2003 学年整个高教系统的评估。

NIAD 已经准备好了满足评估公立大学和大学联盟研究机构的需要,2002 年以后开始接受对地方公立大学进行循环评估的需求。NIAD 也正在积极准备专科院校的评估方法。

(4) 评估报告的出版

评估报告的结果以描述每个评估专业的形式给出,还有贯穿几个专业的一个事件的描述,比如对其目标和对象的实现程度的描述。

对每个专业的描述包括对其对于实现既定目标及其程度的 4 种分类的陈述。

(5) 评估结果的应用

① 即将入学的学生要选择某个大学深造,有雄心壮志的人希望在某个大学里成为一名研究者,老板在招募大学毕业生时,工厂选择和自己进行合作的大学时,海外大学或研究所在寻求国际交流的伙伴时,等等,都可以利用评估报告作为自己进行选择的参考材料。

② 在必须的时候,资源分配组织、支助团体和公司以及其他捐助人都可以参考评估结果,作为分配捐赠品和物资资源的根据。这将有利于更合理更有效的分派和安置资金。例如,公正的评估可以使获得更多的资源分配和捐赠成为合法合理的,因而促使大学提高进取心,使其具有优势的学术活动更好的开展。

3. 大学范围内的主题评估

大学范围内的主题评估指的是在某些给定的主题基础上进行评估，这些主题将大学作为一个整体，与其所给的某些主题形成对比，例如，考察独立的院系及其教职员工的专业。每个财政年度，都会选取许多合适的主题，顺着这些主题的线索进行评估。

在设计这些年度主题时，必须考虑到评估结果是多方面的，包括国际性的远景规划等——这些组成一个大学的多样性的活动的种种方面。这些不仅包括教学和研究活动，也包括那些论证学校的整体目标和功能所必需的社会服务和行政管理领域。

在评估机构逐步进入评估实施阶段，其时间进度表如表 1.4 所列，为执行做计划的 5 个主题为：对公众的教育服务、文科教学、与社会合作进行研究、学生服务和国际合作。

表 1.4 大学范围内的主题评估在评估实施阶段的进度表

	2001	2002	2003	2004
对公众的教育服务	98 univ 14 inter – u			
文科教学	* 95 univ	95 univ		
与社会的合作		99 univ 15 inter-u		
学生服务			99 univ	
国际合作			99 univ 15 inter-u	

注：* 是初步调查；univ 是大学；inter-u 是大学联盟研究机构。

4. 分专业对教学活动的评估

分专业进行的教学活动原则上应该包括每个专业的评估，他们是建立在本科以及/或者研究生院这样的学科单元之上的。评估单个的院系需要大约 5 年的一个循环。

分专业进行的教育活动评估的执行要与相关院系确定的目标和目的相一致。

评估的过程中，大量的工作在于如何设计出好的评估手段，以便最好的掌握真实教育情况,包括对教学的观察、对在校生与毕业生的面谈和调查。

评估的内容将包括:招生政策、教学内容和课程、教学方法和学生自测、教学成果和学生的水平提高程度、学生指导和支助及提高和改革教学质量的系统。其教学质量评估计划安排如表 1.5 所列。

表 1.5 在评估实施阶段教学质量评估计划安排表   univ

	2001	2002	2003	2004
医　　学	6			
自然科学	6			
教　育　学		6		
法　　学		6		
工　程　学		6		
人文科学			6	
经　济　学			6	
农　　学			6	
其他/专门 学　　科			6	

注:univ 是大学,inter-u 是大学联盟研究所。

5. 分专业对研究活动的评估

分专业进行的研究活动评估由每个学科单元单独承担,建立在本科以及/或者研究生院这样的学科单元的人员资源基础之上的,或者是以大学里的研究机构和学校联盟研究机构为基础的。评估单个的院系需要大约 5 年的一个循环。

评估各专业研究活动要按照相关研究院系、大学研究所和大学联盟研究所的初始目标实施。同行评议是在每个特定的单独研究成果和其他数据的基础之上得出的,因此,能对在院系或专业领域的不同水平条件予以区分。

评估的内容包括:研究或者支持研究的系统、机构政策和作用所取得的成绩、研究内容和研究水平(如表 1.6 所列)、对社会、经济、文化的贡献(如表 1.7 所列)和改革与完善并重新激发研究质量的系统。在评估实施阶段对研究活动的评估进度如表 1.8 所列。

表 1.6　从学术意义上对每个研究活动进行的分类和评级

分　类	等　级
研究水平	优秀/良好/中等/需要努力/不可行
创造性	非常高/高/不可行
发展的可能性	非常高/高/不可行
对促进和提高高科技研究的贡献	非常高/高/不可行
对实施和提高研究方法的贡献	非常高/高/不可行
对教育才能的贡献	非常高/高/不可行
对其他学术领域的贡献	非常高/高/不可行

表 1.7　独立研究活动对社会贡献的程度和原因

社会贡献	程　度	原　因
社会	非常高	对一般公众的专业指导
经济	高	全球问题的解决
文化		对政策制定的贡献
	不可行	创造新的技术
		创造知识产权,例如,专利和数据库
		压缩新产业的基础
		加强生活基本设施的建构
		其他

表 1.8　在评估实施阶段对研究活动评估进度表

	2001	2002	2003	2004
医学	6			
自然科学	6			
教育学		6		
法学		6		
工程学		6		
人文科学			6	
经济学			6	
农学			6	
综合/专门学科			6	

注:ins 为研究机构。

第四节　日本大学评估协会及其评估

　　日本大学评估协会是一个独立的大学联合机构,由 46 个公立和私立大学资助,成立于 1947 年 7 月 8 日。该组织建立的目的在于依靠成员间相互支持和自我管理来提高大学的质量。成立初期,该协会采用一些自己建立的《大学标准》,这同批准大学成立的标准相似。从那以后,协会时常要修正这些标准。然而,从1956年后,国家政府通过国家法令公布了《大学设置基准》,大学评估协会的《大学标准》才成为该组织所独有的非法定评估标准。

如前所述,从这个机构建立初期起,人们就期盼它作为一个民间机构能发挥自身重要的作用。从1951—1952学年以来的45年里,从第一次被赋予评估任务,协会已经有效地执行了对它的正式成员高校的质检评价系统。1996年以后,协会又创立了一套新的评估体系,合并到大学的自我评价和测试过程中。

一、日本大学评估协会的评估

1. 协会概况

日本大学评估协会对各大学的评估有两种形式:评估和复评。前者在一个大学被批准为该协会成员时进行;后者是在第一次评估之后的5年进行,对已经被评估过而接受为协会正式成员的大学每七年进行复评。只有开办年限在4年以上的大学才有资格接受协会的评估。

评估和复评在内容和过程方面是非常类似的。主要不同在于评估最后一步完成之后的结果:评估决定一个大学是否具有成为该协会正式成员资格;而复评过程中,即使一个大学在此次复评中没有通过,也不会丧失正式成员资格。同时,评估是完全在大学陈述的基础上展开的,然而复评结果除了要考虑以上的因素,学校是否遵循了协会先前给的建议也是一个重要因素。

基于大学自己提交的申请书,协会进行评估,申请书是学校认为自己已经满足成为协会成员的最低标准后提出的。评估的最主要的目的让其他学校的代表检测和指正每一个已被评估的学校如何在努力执行他们的目标和任务,并且公布一些测评的结果,给每个学校提出进一步发展的有效建议。事实上,协会给大学提供评估意味着大学将在下列方面受益:

首先,大学能对社会和公众保证自己作为一所成功的大学是符合要求的,并且通过自评努力的提高和改革自身,实现自己的目标和任务。

其次,这些大学有资格从协会那儿得到如何进一步加强自己的优势和改正自己的弱点的有益建议,实现自己的使命和目标。

最后,因为能让协会进行评估的一个条件是大学必须先按照协会列出的至关重要的要求进行自评和复评,大学可以依照这些要求创造和执行一个完全适合于自己的特色和特点的自我综合评估专业。

如前所述,协会提供的评估保证一个大学的质量并且给他们提供一个利用这样的认证去提高和改善自身的机会。

一些评估体系完善的国家已经接受了属于协会正式成员的日本大学。例如,那些国家经常优先对待属于协会正式成员的大学毕业生包括研究员和学生,承认这些大学作为受评估大学在日本的地位。已经开始采用的有利措施包括承认学生已修的课程学分。而且,与日本某大学签署协议成为姐妹学校的具有较大影响力的国外大学,也会从协会那里求证自己的姐妹学校是否属于协会正式成员的大学。

2. 协会组织系统

我们现在将用下面的组织结构示意图来讨论协会的评估和复评系统的功能。

评估由评估委员会,学院复评分委会和专业复评分委会执行。再审是由复评委员会及其复评分委会和专门复评分委会来执行。

图1.1中列出的实体中,评估委员会和复评委员会是评估和复评系统的核心机构。这两个协会分别负责对评估和复评的最后结果做出建议,他们的建议是根据他们的子委会评估结果做出的。然而,协会最终结果只有在评议员董事会和理事会的批准下才有效。评估和复评协会成员是在评议员董事会投票选举基础上指定的,协会正式成员推荐候选人,评议员们从中选举。

评估委员会和复评委员会的复评子委会分别属于评估和复评委员会的一部分。他们的职责分别是对个别或者整体的院校进行评估和复评。评估委员会和复评委员会的专业复评子委会同样是属于评估和复评委员会的一部分。它们的职责分别是对个别或者整体的院校进行评估和复评,其职责也包括提供每个教育机构的教学和研究活动的标准建议和这个院校必须达到的基本条件。财政管理评估委员会的职责是对各个大学的资金状况进行评估。其子委会成员必须分别在评估和复评委员会成员中指定,子委会成员也必须包括理事会从评估团名单中指定的专家成员。而且诉讼委员会应该处理被评估的大学反对评估协会和复评协会的决议而提出的上诉。协会秘书处必须协助上述各个委员会和子委会执行他们

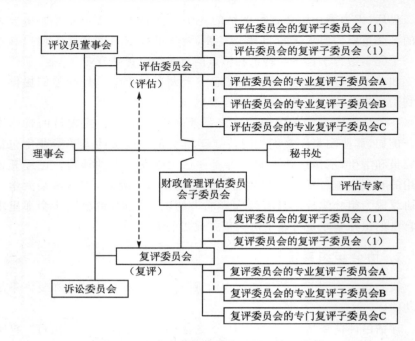

图 1.1　日本大学评估协会组织系统示意图

各自的职责。

3. 评估过程

第一,一个大学要协会对其进行评估或复评必须遵从协会的各项要求,在不迟于指定日期前向协会申述自评结果,对协会指定的主题进行汇报。

汇报由《学校基本数据报告》和《自评报告》组成。《学校基本数据报告》必须包括那些能够说明其质量的有关大学组织和活动的数据。关键数据必须依照协会提供的专业和格式进行编辑。《自评报告》必须在《学校基本数据报告》所提供的数据或者其他一些质量数据的基础上给出大学自我评估的结果和未来发展规划。自评的专业是由协会先前指定的,他们都是协会从有关一个大学组织和活动的至关重要的因素中挑选出来的。

第二,协会在全面的评估和复评做出决定之前,通过其实体机构对大学提交的汇报视情况进行评估和检测。

评估和复评的过程主要是在实际调查的基础上进行的,主要注意的问题具体如下:首先,在《学校基本数据报告》基础上考察此学校是否已经完全符合作为一个正式协会成员的最低要求;其次,在大学的《自评报告》基础上,大学及其教职工在其使命和任务的目标上正在做的提高和自我改善的努力。

第三,协会给每个学校给出关于评估的最后建议,同样,复评委员会也对每个学校给出关于复评最后建议。根据情况,评估委员会和复评委员会给出促进每个大学提高和革新的规范化建议,并且立刻就通知给每个大学。如果哪个大学对评估的结果有异议,可以提出诉讼,诉讼委员会将对结果进行再考虑并且决定是否接受诉讼。

第四,由理事会来批准评估委员会和复评委员会的建议以及诉讼委员会的最后决定。在决定提交给评议委员会后,理事会的批准才奏效成为协会的正式决议。最后才被送到被评估的大学。

4. 评估标准

为1996年秋开始运行的新评估系统的执行做好准备,协会对《大学标准》做出了全面的更新。并在新的《大学标准》中列出了详细的说明,使之成为大学维持和提高合理标准的指导方针,并且可以反映到协会评估和复评的标准中。

对大学的评估标准采用了非常笼统和抽象的条目。重点放在每个大学的使命和目标上。上述标准的目的很清楚,不是使所有被评估和复评的大学都变成一个模子,相反的是,它设计每个大学的确定的地位,同时对大学的任务和使命给予最大的关注。另外,在执行过程中应当同样注重每所高校的特色,从而促进这些特性进一步发展。有关《大学标准》的评论提到了这点,清楚的说明了在这个大学的使命和目标的指导下,组成标准的各个条款决定一个大学是什么样并如何来提高的过程中,它要倾向于能引起成员对需要特殊关注的关键因素的注意。从这个观点来说,这样做的目的是鼓励大学在保持自身特性和唯一性的同时进一步提高自己。

协会也已经完全修改了《研究生院标准》,因为研究生院在新的评估系统下也成为了评估对象。新的《研究生院标准》已经在协会对研究所的评估和复评中反映出来了。

(1) 大学标准

为了运用最合适的方法进行教学和研究活动,一所大学必须知道他的使命和目标,保持教学和研究系统正常运转,因此必要的人力、物资和经济来源也应供应正常,必须对这些教学和研究领域的成就和进步给予适当关注。

为了发展学生不同的个性和个体能力,并帮助他们加强长处的培养来达到教学目标,大学必须给他的学生特定的教学指导。大学也必须尽力在学生的生活方面给予足够的关心,这样才有助于他们毫无忧虑地专注于学习,有助于培养他们的人格品质。

大学必须用适当的方式进行经营、运作和人事管理,必须使它的教职员工的社会状况和地位是安全的,特别是教师。而且,大学必须对财政有合理的控制,并且能尽力为它的运营建立一个雄厚的经济基础。

为了发展和提高其教学和研究活动,一所大学需要经常对自己的组织和活动进行监控和评价。

(2) 研究生院标准

研究生院首先必须明白它的使命和目标以及每个课程和学术领域的目标。而且必须采取合适的教学和研究方法达到这个目标,在提供与各种组织如院、系和附属研究机构等进行合作的机会同时,它必须建立合适的教学和研究组织系统。为了满足这点,它必须完全符合它的职责:提供足够的人力、物资和经济支持并有效的利用这些资源来加强它的教学和研究的效力。

研究生院必须给学生的研究和教育提供指导,让他们能够深入的学习和研究,能发展构成现代知识和能力基础的丰富知识体系,并应用在他们的研究过程中所必须的能力。研究所也必须为学生提高创造性和远见能力提供指导,这样,他们作为研究者或者职业人员都能具有高度专业的知识和能力,能从事有益于将来的活动。而且,研究所必须提供适当的经济支持让学生能专注于他们的学习和研究。

为了达到教学和研究目标,研究所必须适当管理和运作他们的专业课程,并且能保证有合适和必须的教职人员完成这个目标。而且,必须给教职人员提供和他们专业能力相当的职位。研究所还必须努力建立足够的财政支持,使先进的学术研究和教学能在正常基础上运行。

要提高和加强教学和研究活动,研究生院必须时常对自身的组织和活动进行监控和评估。

5. 评估结果的公布

大学顺利通过评估和复评之后,理事会才会向公众公布该校的名字。协会也会公布它的正式成员名单表。特别地,协会会通过各媒体包括协会自己的出版物、网站、报纸等将被评估或复评的正式成员名单公之于众。这些成员名字也通过高等教育质量保证处国际网(INQAAHE)而在国外知名,因为协会享有其成员地位。通过评估和复评的大学是权威认可的,并被鼓励在招生手册和公告上表明自己这种身份:他们是已经被评估过的协会正式成员,在这些出版物上还可以说明自己本年度是否通过复评。然而,协会决不能向外公布大学为了评估和复评向协会提交的汇报和其他数据,也不能公布他们向学校提出的具体意见。是否公布这些信息取决于各个大学自己的决定。

自从 1996 年以后,协会已经开始授予其新加入的和参加复评的正式成员正式的标志。

第二章　日本工程教育认证体系

引　言

日本工程教育认证协会(JABEE)成立于 1999 年 9 月 19 日。其目标是,依靠与学术机构和工业界相互合作,以及标准体系下的认证,确保日本研究所和大学之类高等教育机构所提供的工程项目与国际接轨,通过发展工程教育和培养国际工程师来促进社会和工业的发展。

日本工程教育认证协会是一个独立的组织,是监察专门学术领域和工程学科的社会团体成员的代表。其目的是对工程教育的专业课程而不是对整个学院来进行认证,对评估过程进行检查后,其结果被用于做出正式的认证决定。

日本工程教育认证协会测评和认证每个单独的专业课程时,都与相关的学科管理委员会相互合作。这些委员会可以是日本工程教育委员会的成员组织,也可以直接属于它。

为了达到上述目标,日本工程教育委员会必须进行如下活动:

① 建立认证标准和程序,执行测评和认证,公布对高等教育机构提供的工程教育专业课程评估结果;

② 训练评估人员执行工程教育专业课程评估;

③ 指派、管理和协调高等工程教育专业认证领域的各组织及合作者;

④ 执行有关高等工程教育认证专业的调查,并公布相关提议;

⑤ 协调在工程教育专业的测评和认证中与学院和工业的合作;

⑥ 促进人们对工程教育评估专业认证和测评的理解;

⑦ 加强高等教育工程测评和认证的国际信息交流和互认;

⑧ 其他为了达到日本工程教育委员会的目的所必须的活动。

第一节　日本工程教育认证协会

一、日本工程教育认证协会简要介绍

　　日本工程教育认证协会成立于 1999 年 9 月 19 日,是为了加强工程组织与社会团体之间的协作而建立的,是对工程教育专业课程进行评估和认证的一个非政府组织。日本工程教育认证协会只有作为一个第三方组织、一个专业的认证体系,才可能做出公正的评判:评判一些高等教育机构,例如大学所设置的工程教育专业课程是否达到了社会的预期标准,或者认证这些课程已经达到了社会的预期标准。

　　日本工程教育认证协会的组织机构如图 2.1 所示。

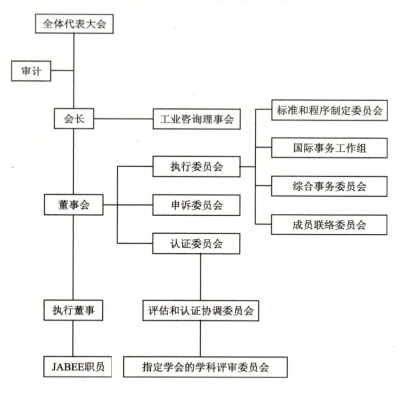

图 2.1　日本工程教育认证协会组织机构示意图

二、日本工程教育认证协会评审组及其成员的条件

1. 日本工程教育认证协会评审组的组成

① 评审组设一名组长,原则上包括 2～4 名考察员;

② 原则上,应该包括一名有实践经验的考察员;

③ 必要的话可加上其他考察员;

④ 如果申请学校有多个专业需要考察,在评估标准程序委员会同意下评审成员人数可以调整。

2. 评审组长的资格要求

① 组长必须符合评审员的标准;

② 原则上,组长必须有多次作为评审员的工作经验。

3. 评审员的资格条件

① 原则上,评审员必须是这个学术团体和协会的成员,而这个学术团体须是日本工程教育评估委员会的常规成员。

② 原则上,年龄应当超过 40 岁,而且在相应学术领域必须有足够的专业知识。

③ 必须是有能力指导某个领域的工程师,而且有使学术水平的不断提高的上进心。

④ 必须熟悉《评估标准》、《评估和考察的步骤与方法》、《自评报告》以及《自评报告准备指南》里的内容。

⑤ 必须拥有分析能力和交流技能,而且能遵守评审员应有的道德规范。

⑥ 必须热爱自己的工作,愿意通过参加由日本工程教育认证协会举办的培训班等得到进一步的培训。

⑦ 原则上,必须要有多次作观察员的经验。

三、日本工程教育认证协会评估活动

2002 年日本工程教育认证协会活动内容如表 2.1 所列。

表 2.1 2002 年参评大学和专业名单

编 号	专业领域	大学与学院（系）
1	化学与化学工程	静冈大学,化学工程课程
2	化学与化学工程	龙谷大学,化学与化学工程系
3	化学与化学工程	山形大学,应用化学专业
4	化学与化学工程	山形大学,化学工程专业
5	化学与化学工程	埼玉大学,应用化学专业
6	机械工程	久留米工业大学,机械工程专业
7	机械工程	丰桥工业大学,生产系统工程课程
8	机械工程	日本大学,机械工程系
9	EEC	八户工业大学,电气电子工程系
10	EEC	舞鹤国力工业大学,电子控制系统课程/电气工程系
11	环境工程（土木）	金泽工业大学,环境工程部
12	环境工程（土木）	立命馆大学,环境系统工程系
13	农业与建筑	千叶大学,设计建筑系
14	农业与建筑	金泽工业大学,建筑部
15	农业与建筑	日本女子大学,机架系
16	资源地质	北海道大学,矿业资源工程系
17	资源地质	大阪城市大学,地球科学系
18	资源地质	日本都市大学,地理科学系
19	情 报	新泻国际情报研究大学,情报系统工程系
20	情 报	岩手县立大学,软件信息工程学院
21	I&M	金泽工业大学,人文信息科学部
22	I&M	神奈川大学,工业工程与管理系
23	物理与应用物理	东邦大学,物理系
24	普通工程学	德山工业高等专科学校,通信与基于 IT 设计工程的专业
25	普通工程学	岐阜国立工业大学,环境系统设计工程专业
26	普通工程学	舞鹤国立工业大学,电气控制系统工程课程
27	生物工艺学	崇城大学,应用微生物科技系
28	环境工程	冈山大学,环境化学与材料系
29	环境工程	秋田大学,环境处理工程与应用化学系
30	农业工程	筑波大学,农业生物资源学院

续表 2.1

编　号	专业领域	大学与学院（系）
31	农业科学	宫崎大学,生物化学与应用生物科学系
32	农业科学	东京农业大学,园林科学系
33	农业科学	北里大学,水产学院
34	森　林	东京农工大学,森林科学课程
35	森　林	宇都宫大学,森林科学系
36	森　林	爱媛大学,森林资源系
37	森　林	千叶大学,环境科学与园林系

注:EEC 是电气、电子与通信;
I&M 是工业工程与管理。

第二节　日本工程教育认证措施和方法

一、关于认证和考核的程序和方法

这里介绍的工程教育认证措施和方法是由日本工程教育评估委员会下属的标准程序委员会于 2003 年 3 月 10 日修订颁布的,本文称之为"认证和考核的程序与方法",旨在制定有关工程教育专业(下文简称"专业")认证和考核的基本政策、程序和方法,同时它也包含了参加工程教育认证与评估所需要的信息,有助于那些力图通过工程教育计划认证的高等教育机构(下文简称"申请机构")。

日本工程教育委员会检查申请机构提交的专业,对符合所有认证标准的专业给予认证。在此过程中,日本工程教育委员会授权给相关部门,包括独立或联合常规成员的学术团体和协会(下文简称"学术委员会"),派出的检查组。其主要学术组织叫做"检查组分派机构"。检查组研究由申请机构提交的自我评估报告的内容,通过实际考察、核实报告中的主要内容,以判断该受评专业是否符合认证标准。检查结果由指定学会的学科评审委员会和日本工程教育委员会的评估认证协调委员会进行讨论、整理和认证。依据上述结果,日本工程教育委员会的评估认证协调委员会草拟出是否给予认证的报告。该报告由日本工程教育委员会的认证委员会进一步进行审核,最后由日本工程教育委员会的理事会给予正式确认。日本工程教育委员会的董事会对正式确认结果承担相应的法律责任。

二、认证的目标、范围和有效期

1. 认证目标

日本工程教育委员会提供的学科认证是为了达到以下 4 个目标：

• 确保工程教育的质量，即为工程教育的接受者提供所有可能的由日本工程教育委员会认证的工程教育内容，以确保受过以上教育的毕业生能够达到此专业的教育目标。

• 促进优秀的工程教育理念的传播，并发展工程教育。

• 培养工程教育评估专家，并完善工程教育评估方法。

• 明确教育活动中组织的职责与教师的作用，并促进对教师贡献的合理评估。

［注释］

工程师（engineer）：投身于工程（学）的专家。

工程学（engineering）：工程师充分利用其在数学、自然科学、制造业所学到的知识来开发、研究、制造、操作和维修人工设备系统的软硬件，以其对社会、环境开发的敏锐视角，通过对自然资源的开发和利用为人类社会的繁荣做贡献的一门学科。

专门职业（profession）：专家的职业，可以依靠自己先进的学识与实践经验，提供社会上所需的专门服务以及特定功能，并且自主地遵循相应的职业道德。由此可知，专门职业并不仅仅是一门职业。

特别指出，以上概念由日本工程教育委员会制定。

2. 认证的范围

日本工程教育委员会认证专业范围包括：由政府（教育、文化、体育和科技）授权承认的 4 年制本科教育高校提供的专业，也包括那些一般的综合技术与大专学习之后的额外的两年专门培训的专业。专业内容主要集中于基本的工程教育，至于计划由大学的哪个部门来提供并不是最主要的。

［注释］

专业（program）指整个工程教育的过程和环境，从入学到毕业，包括学生成绩考核。不仅仅包括某一个系、某一门课的课程学习考试或者与其相关的学习考核，还应该考虑如何从总体上完成整个教学过程。这是一个代表相关院系和课程的专有名词。多数大学和一些学院的某专业课程完全由本学院的教职人员负责，而专业不应局限于此。即一个专业可由多个院系共同合办；一个院系也可以提出综合一个学校多个院系情况的工程教育计划;也可以同其他学校在明确分工合作的前提下,形成某专业课程的一部分内容。

新设的专业名称必须能很好地代表该专业的学术领域,清楚包含其培养目标和培养计划,这样才有助于使大众准确了解。同一院系提供的多个专业应该有各自的名称。特别要指出的是,这些专业名称必须与未经过日本工程教育委员会认证的专业明确区分。

如果某系只开设了一个专业,那么该专业名称必须与该系名称相同。当一个院系只有一个专业,但是院系制定的完成课程的标准与从该系毕业的标准不同,日本工程教育委员会将不会接受申请。

3. 认证的有效期

① 认证有效期为5年。当然,如果培养计划出现小问题时,为了促进改进有可能缩减有效期。有效期只告知相关院校,并不向公众公布。在有效期间内,被认证的院校定期向日本工程教育委员会支付认证费。

② 申请机构应在有效期的最后一年提出再次审核认证的要求以便延长其有效期。在有效期结束之后的一年内,检查和认证会再次开展。

［注释］

5年有效期包括如下内容:

① 5年有效期内(包括专业评估顺利完成的那一年)毕业的学生可以视为被合格认证的毕业生。

② 通过认证的专业名称可以在5年有效期内向公众公布。

三、认证与评审的方针和政策

以下6条包含了认证与评审计划的基本政策。

(1)结合申请者自评报告和实地评审,决定申请计划是否符合认证标准,从而达到评估和检查的目的。自评报告是非常重要的,因为它有助于申请机构提供分析和证明数据,向认证机构说明申请专业是如何符合认证标准的。自评报告中不能确定的专业或者是难以表述的项目需要通过现场调研来检验。

(2)认证检验的程序步骤:

① 专业是否建立了适当的学习和教育目标,以保证毕业生的知识和能力水平?

② 专业是否与自评报告、学校的管理制度和校规手册等的规定和承诺相一致?

③ 专业中学习和教育目标使学生获得的能力是否使其达到了工业企

业的预期要求？

④ 在该专业中是否建立了自我完善和改进的系统？

（3）专业的建立是否有重复性？

（4）申请院校改善专业建设的努力应得到支持。

（5）如果专业中的某些特色已被诸如第三方机构等部门充分肯定，那么就应该提供这些评审资料。

（6）认证与评估应该在公正的条件下进行。评估员（examiner）应遵循《评估员职业道德》。所有相关的资料和信息应依据资料管理规定妥善安全地保管，以保证其机密性。

［注释］

（2）中的③提到的"工业企业的预期要求"必须达到充分的高度以使工程学的学士学位毕业生得到必须的基础教育，同时也应该与国际通行的认可标准相一致。不同学术领域的标准彼此不同，随着时间的变化标准会产生变化，因而不可能对标准进行非常具体的描述。因此，在进行实地评审前，申请院校应该和认证与评估的负责部门进行充分的交流，以取得对这些标准的一致性意见。在认证与评估的过程中，由双方共同设想的标准将会集中到一个很小的范围之内，以期最终保证教育的质量能满足这个共同制定的标准。如果双方仍存在一些没有解决的分歧，那么，应该根据指定学会的学科评审委员会与日本工程教育委员会认证与评估协调委员会每一阶段实地评审的结果对个体的情况进行调整与协调，而最终的裁决权在日本工程教育委员会认证委员会。

四、认证与评估的基本程序

认证与评估应依照以下的程序进行：

（1）认证与评估应从申请院校提交给日本工程教育委员会的认证专业开始。该专业应符合日本工程教育委员会规定条款，并定期缴纳审核费用。

（2）日本工程教育委员会界定认证的专业适用领域和范围，而且考察小组（Examination Team Dispatching Organization）有权派出检查组。某些情况下，比如有的专业涉及两个或多个学术领域，最终评定是通过咨询相关学术组织和团体后做出的。考察小组的派出组织必须是日本工程教育委员会中常规学术团体和组织。当申请机构提出多个专业时，日本工程教育委员会建议考察小组的派出组织在同一时间段对一个院校的各个专业同时进行现场审核。

（3）考察小组的派出组织按照"评审组选择、建立的指导方针"分别选择评审组组长(Examination Team Chair)和评审员(Team Examiners),并且由日本工程教育委员会委任以正式的职位。必要时,日本工程教育委员会经认证与评估协调委员会磋商以选择、指定评审组组长和评审员。此外,考察小组的派出组织在征得评审组组长与申请院校的同意下可以派遣观察员跟随检查。日本工程教育委员会也可以在评审组组长和申请院校同意下,随时派遣观察员。

(4)日本工程教育委员会通知申请机构由指定的认证领域、考察小组的派出组织以及评审组组成,并同时给予他们评审的相关文件。如果申请机构有充分的理由认定考察小组的派出组织或者是评审组成员(部分或全体)不合格,申请机构可以提出异议,于是日本工程教育委员会将核查事实,同考察小组的派出组织协调做出公断。

(5)考察小组的派出组织与申请院校一同制订评估时间表等。

(6)申请院校应在由日本工程教育委员会指定的期限内向日本工程教育委员会及其考察小组的派出组织提交自评报告。申请院校可以同日本工程教育委员会的考察小组的派出组织协商需要提交的专业数。

(7)评审组检查申请院校的自评报告。如有疑问,评审组组长将组织评审组进行讨论,必要时可以要求申请院校提交额外资料。评审组成员不应与申请院校直接接触。

(8)评审组组长同申请机构协商确定实地评审(on-site examination)的时间表。

(9)评审组实施实地评审,总结专业检查报告,形成综合检查报告。作为实地评审的一部分,评审组在实地评审的最后一次访谈时会提供申请院校专业检查报告的副本,并陈述综合检查报告。如果申请院校认为专业检查报告中有与事实不符的地方,可在实地评审后的两周内向评审组组长提交书面声明(称为"额外陈述")。申请院校与评审组之间关于重要问题的交流,比如,由于对评估标准的变化引起的评估结果的变化,必须以评审组组长的名义形成书面报告(没有条件的情况下可以提交传真),并且相应的备份必须入档。

(10)评审组组长和评审员共同协商,结合申请机构提交的自评报告、实地评审的结果、申请机构提交的额外陈述报告和有关的资料,形成初审报告。在实地评审结束后的 4 周内,评审组主席通过考察小组的派出组织向申请机构、指定学会的学科评审委员会和日本工程教育委员会提交首次评审报告。

（11）如果申请机构发现初审报告中部分内容无法接受,可以向评审组组长提交书面反对报告（称为"异议声明"）,其中应将反对意见详细说明。另外,如果申请院校认为报告中部分情况可以很快进行改善,需要在现场审查结束后 7 周内通过考察小组的派出组织向检查组主席提交改善报告。

（12）针对评审组组长和评审员结合初审报告申请院校提交异议声明和整改报告,在现场检查结束后的 10 周内,评审组组长通过考察小组的派出组织向申请院校、日本工程教育委员会和指定学会的学科评审委员会提交二审报告。如果指定学会的学科评审委员会确认申请机构不会再提交任何异议和整改报告,二审报告将具有正式的官方权威性。

（13）指定学会的学科评审委员会核实、讨论和调整二审报告后,会形成提交给日本工程教育委员会的各专业评审报告。它们是按专业领域的不同分别提交的。这里的"讨论"和"调整"指回顾是否在评审过程中处处都能印证评审结果的正确,尤其是调整标准必须被平等的应用于同一领域的所有专业。终审报告的内容可能与二审报告有所不同,在形成各专业评审报告之前,必须注意二审报告上的意见要与其负责的派遣小组组长交流后再贴到各专业评审报告上,并且附上相关原因。"内容"主要指标注"A","C","W"或"D"的检查结果中。

（14）日本工程教育委员会认证和评估协调委员会详细讨论和调整检查所有领域、所有专业的各专业评审报告,准备向日本工程教育委员会认证委员会提交终审报告以及关于该专业是否应予以认证的建议书。终审报告的内容最终可能与各专业评审报告有所不同,在形成终审报告之前,必须注意二审报告上的意见要与其负责的派遣小组组长交流后再贴到终审报告上,并且附上相关的原因。

（15）日本工程教育委员会讨论终审报告和由日本工程教育委员会认证与评估协调委员会提交的是否给予认证的建议,然后决定是否给予认证,而且其结果应经过日本工程教育委员会董事会的认可。日本工程教育委员会认证与评估协调委员会必须向认证委员会提交以下文件：

① 关于是否给予认证的建议；

② 终审报告,报告内容见附录 A；

③ 自评报告（只提供摘要）；

④ 评审组组长和评审员的登记表（姓名、联系方式和职位等）；

⑤ 评估日程记录。

（16）日本工程教育委员会向申请院校、指定学会的学科评审委员会和考察小组的派出组织发出检查结果通知，并立即向公众公布通过认证的专业名称。考察小组的派出组织将认证决定及原因通知相关评审组组长和评审员。

（17）如果申请院校无法接受没有获得认证的结果，可以在收到认证结果通知后的3个月内向日本工程教育委员会提交其拒绝接受理由的拒绝声明。日本工程教育委员会的申诉委员会收到声明后进行详细的调查并做出判断。日本工程教育委员会将日本工程教育委员会申诉委员会的判断结果通知申请院校、指定学会的学科评审委员会以及考察小组的派出组织。考察小组派出组织负责将日本工程教育委员会申诉委员会的裁决结果通知相关评审组组长和评审员。日本工程教育委员会申诉委员会的裁决结果为终审结果而且不可以更改。

五、认证和评估的条款、目的、方法和要点

认证标准的所有条款，包括学科的专业标准都将予以评估。条款中的认证目的、方法和要点如下。

一般而言，条款中的"公布"（disclosure）和"展示"（display）在认证标准中有如下的含义：

① 公布　应通过书面材料等使申请教育机构的内部和外部均广泛得知，或者至少让与本专业相关的教职员工和学生知道（参见"评判标准1和3"）。

② 展示　应通过书面材料等使得与本专业相关的教职员工和学生清楚明白，必要需及时有效地与他们沟通（参见"评判标准3,4和6"）。

1. 评判标准1：教学目标的建立和公布

以下条款通过实地评审和对自评报告的审查（尤其是第2,3条等）进行评估。

"学习和教育目标"由日本工程教育委员会定义，提供评估标准的指导方针，具体指专业所能达到的"学习和教育的成就"。学习和教育目标是认证审查要考虑的首要问题。评判标准1内容如下：

① 建立和公布的学习和教育目标必须完整恰当。
② 学习和教育目标必须反映出此高等教育机构的特色。
③ 学习和教育目标必须考虑到社会的需要和学生的需求。

认证评估的目的在于确保:正确制定申请认证专业的学习和教育目标;申请院校能提供有效的教育活动使学生能够达到这些学习和教育目标;只有那些达到学习和教育目标的学生才准许完成学业;专业本身应含有能够通过不断努力而相应改变的教育内容,这样才能保证每一份公布于众的经过认证的专业的质量。当然,任何一份没有明确定义学习和教育目标的专业将不被考虑作为认证的候选,因为这是获得认证机会的先决条件。每一专业必须依据自己的教育原则建立自身的学习和教育目标。评判标准 1 中说明了建立什么样的学习和教育目标是合适的。

申请院校制定的专业必须考虑评判标准 1 中的目的,即结合申请院校自身的传统、原则和社会、学生的需要等因素来建立自己的学习和教育目标。当向申请院校内部和外部进行信息公布和沟通时,应确保相关的教职员工和学生充分理解了学习和教育目标。同时,教育目标应能向社会保证完成学业的学生具有一定水平的学识和能力。由于学习和教育目标具有的特性,不仅仅要评估学习和教育目标的内容,还要以实地评估的方式评估学习和教育目标对公众的宣传是否到位。

在评判标准 3~5 中,学习和教育目标也是认证与评估的先决条件。同样地,只有学习和教育目标要非常具体,才能作为开发教育内容和方法的基础,因为教育内容和方法有助于学生们达到教育目标的要求,比如考核学生学习水平的方法。是否达到学习和教育目标的水平会在评判标准 5 中予以检查。可以得知,如果学习和教育目标没有充分的具体化,那么申请院校也很难证明所达到的成就水平。

(1) 为了培养独立的工程师,建立和公布的专业目标是否够具体,是否达到了涵盖了如下 1)~8) 所描述的那些知识和能力领域?

标准 1 中要求专业要建立成为独立工程师的基本教育所需的基本性学习和教育目标,教职员工和学生必须充分了解学习和教育目标。同时以下的 1)~8),也说明建立的学习和教育目标具体应包括的框架、种类、知识项目和能力等,但是它们不应被直接解释为就是学习和教育目标。

尽管每一个专业可能都是以描述与条款 1)~8)相应的内容和标准来建立自己的学习和教育目标,但是为了反映申请院校各自学习和教育目标的独特性,申请机构并不需要详细按照条款 1)~8)来建立学习和教育目标。实际上,在遵循审核标准的基础上,申请机构可以按照自己的原则和方针来建立学习和教育目标。

条款 1)~8)中 1)的内容说明了个人能力,然后是需要的专业知识能力,这个顺序并不是教育重要性的顺序,教育过程中顺序的重要性在这里并没有涉及。另外需要注意的是,这里的教育框架主要是针对大学生的基础教育。

在评估中,条款 1)~8)和学科专业标准是否应该包含各个专业自己建立的学习和教育目标中需要通过检查自评报告来确定,而学习和教育目标的具体性以及可测量性则需要由自评报告来检查。同时在实地评审时,要通过访谈的方式来确保学习和教育目标不仅仅是简单的公布,还需与教职员工和学生进行充分的沟通。

1) 智力和能力水平标准的建立应该有全球化和多边的视角。

① 该条款涉及的智力水平和思考能力是指自立的个体所必需的条件,而这些自立的个体既能够为以物质为中心的社会到以精神为中心的社会的转变做出贡献,也能够服务于国际领域。

② 具体学习和教育目标的建立必须考虑到以下的规定,尤其是第 3 条的规定。

• 知识体系应该包括历史、文化、风俗习惯、价值观、地理和经济等方面的概念,应引导学生认识到关于欢乐、幸福和繁荣其定义的多样性。

• 对于快乐、人生目标和个性的自我认识。

• 不仅能从自己(自己的国家)的文化、价值和利益来考虑问题,而且能从其他民族和国家观点考虑问题。

2) 理解科技对于社会和自然的冲击和影响,理解工程师的责任(工程师的职业道德)。

① 本条款指出了工程学科的职业道德。该职业道德指工程人员应能够理解科技和自然及社会之间的相互影响,以及工程人员自身的责任,也包括对于科技史的理解。帮助学生理解某一具体领域内科技与自然及社会之间是如何相互影响的。

② 尤为重要的是帮助学生培养自己准确的判断能力,并且能够以独立的工程人员的标准要求自己。这里需要的不是从书本上学习的道德规范,而是通过给学生提供大量的独立思考的机会带来的实际意义。

3) 应具有数学、自然科学和信息技术方面的知识,以及应用这些知识的能力。

① 本条款不仅仅包括自然科学中,诸如数学、物理学、化学、生物学、地理学和信息技术等方面的知识,而且也包括实践应用的能力。

② 评估注重强调学习和教育目标是否明确地包含了工程人员所必需

的数学、自然科学和信息技术方面的知识,同时也应该多加注意学科专业标准。

4) 在每个应用领域内工程技术知识的专业化,以及应用这些知识解决实际问题的能力(包括学科专业标准的需求)。

① 该条款指不仅要获得相关领域的专业知识,而且要有在这些专业领域应用知识的实际能力。

② 要检查申请的教育计划中学习和教育目标是否包含了学科专业标准所提及的基本要求。

③ 教育目标中一定要加上创造性以及解决、发现问题的能力的培养。

5) 通过发掘科学各学科以及多样化的技术和信息,形成解决社会需要的方法的设计能力。

① "设计能力"不是局限于草拟一份计划,而是指那种为了完成实际方案的创造才能以及综合各方面的学术知识和技术以解决实际问题的能力。当然,这种解决方法是没有标准答案的。

② 认证与评估要检查此专业中对不同科学技术学科内容的定义是否清晰。

③ 基于各领域特点,还应注意:处理公众需求的方法,对原型的创造和评估(不仅仅只考虑性能方面,还要注意安全性、经济性、环境因素等)；质量控制能力,创造力及发现/建立问题的能力。

6) 日语沟通技能,包括系统的写作能力,口头表达能力和辩论能力,以及国际交流的基本技能。

① 该条款指广义上的沟通能力。

② 国际交流的基本技能,特别是英语沟通能力,但不仅仅局限于英语。流利的外语口语并不是必须的。毕业生应该能够在经过一定量的额外训练后可以进行技术层面的沟通。然而这种最低的要求会随着时期的不同而发生改变,未来可能要求有更高的外语沟通能力。

7) 能够继续自主学习的基本能力。

① 在知识爆炸、全球一体化的今天,一个工程人员应该具有在整个职业生涯中持续学习的能力。也就是说,他们必须有能力独立地获得新的、适当的知识以及相关的信息。

② 必须鼓励学生自主地通过各种途径主动获取知识,包括听报告、毕业实习、试验、练习、技能训练和家庭作业。

8) 在特定条件下,系统地开展和组织工作的能力。

① 该条款指在有限时间内,能够系统地独立开展和完成工作的能力。

② 应该具有团队精神,包括与其他人合作的能力和领导能力。

(2) 建立和公布的教育计划是否有自己特点,是否反映了该专业的独特性,是否考虑了自己的传统特点、教育资源以及培养出来的学生的特殊活动领域。

在认证中将会审核申请专业建立和公布自己学习教育目标的过程。

(3) 申请专业建立的教育培养计划的内容和标准是否考虑了社会需求和学生的需要。

作为认证评估的一部分,认证评估将关注教育培养计划培养出来的学生是否能够符合工业、企业的需求,并且在满足社会接受水平下是否能够考虑学生的需要。

2. 评判标准 2:需要的课程量(Quantitative Curriculum Requirements)

以下条款通过自评报告、教学大纲和课程表等方面进行审核。

(1) 教育培养计划是否包括 4 年学士学位学生学习的足够课程,学生在获得 124 个或 124 个以上的学分后是否可以合格的获得学士学位。

通过大学 4 年的课程学习所获得的学分,与通过更高年级(4 年或 5 年)以及技术院校高级课程所获得学分的待遇是一样的。此外,对那些完成技术院校 3 年级课程的学生也要公平对待他们,当然前提是这些课程的水平要证明与大学的教育内容相等价。

(2) 课程是否至少包括了 1 800 h 的授课时间(上课或者教师指导下自己学习)。同时,至少应该有 250 h 的课时学习人文和社会科学(包括语言学习),至少有 250 h 课时学习数学、自然科学和信息技术,至少有 900 h 课时进行专业领域的学习。这里的 h(小时)指满满的 60 min。

3. 评判标准 3:教育方法

接下来的条款通过申请机构自评报告和实地评审的方式(尤其是对教职员工和学生访谈)进行审核。

(1) 学生的招生和注册登记(Admission and Enrollment)

① 专业是否建立公布了招生政策,以吸引符合条件的、有财力的学生,进行培养以达到教育培养目标? 此外,是否建立和公布了具体招生办

法以实现其招生政策？此外，多样化的入学考试是否得以贯彻，是否采取措施改善学生的能力（例如通过学生入学后给他们做报告），确保入学后的学生能够达到教学目标的要求。

② 假定学生入学以前已经完成所有中学的学业，该专业对于学生的选择是否建立和公布了具体的方法？因为学生日后的教育质量也要受到检查。而且是否所有的学生实际上都是按照这些方法进行筛选？

③ 该专业是否为从其他高等教育机构转学而来的学生建立了适应和调整政策。此外，该专业是否建立和公布了完成上述适应和调整政策的具体实施措施。

（2）教育方法的实施

① 课程的设计能够保证学生达到学习和教育目标吗？同时，每一科目的设计与整个学习、教育目标之间的关系在课程设计中是否得到清楚的表述？

尽管学习和教育目标的标准取决于每个申请院校自身采纳的原则，但是该标准的制定必须达到国际工程教育认可的标准。

尽管在课程设计中要清楚地说明每一个科目和教育目标之间的关系，但是每一个科目没有必要一对一地实现特定的教育目标。可能是一门课涵盖一个教育目标，也可能是几门课（有些课程可能是通过客座报告的形式）涵盖一些教育目标，或者是通过毕业设计实现教育目标。一个专业不仅仅要正式地阐述涵盖每一个教学目标的课程，还要具体地示范学生实际上获得的知识和能力。毕业设计应该定义相应的目标，并制定一个表以展示学生获得的知识和能力的多少。

② 是否像预先设计和展示的课程设计一样来准备教学大纲（syllabi）？

教学大纲必须清楚地说明在课程设计中每一个科目的地位和作用。并且要清楚地说明教育的内容、方法，每一科目所要达到的目标、以及学生成绩的评价方法和标准。教育内容以及评价的方法与标准必须结合社会需求标准来建立。

③ 该专业是否提供了一个促进学生理解课堂知识和其他活动、激发学生学习热情、顺应学生要求的系统？这样的系统是否正确地展示和实际运作？

④ 是否激励学生依据教育目标有规律地评价自己的学习水平，以获

得更高的学习动机。

（3）教育组织

① 该专业是否提供了足够的有能力的教职人员以及相应的教育支持系统，以适当的教学方法取得实际的教学成果，并通过这种方式开展设计的课程以保证教育目标的实现。

② 该专业是否提供和展示了教职人员的发展计划，以改善和增进教职人员的能力？该发展计划能否被有效的实施？

③ 专业是否提供和展示了对每个教职人员教学贡献的评估方法，以及评估是否被予以实施？

④ 该专业是否提供和展示了教职人员之间用来保证课程之间紧密协调的联络和交流系统，用以改善和增强教学效果，这种联络和交流系统得到贯彻落实了吗？

[注释]

虽然国立或者其他公立学校教职工的总人数都要依照政府的规则来定，但是，教员的选择权则在每个学校自己的手中。因此，可以说每个学校至少在某种程度上拥有组建教员体系的权力，这也是为什么教员要受日本工程教育委员会评估的原因。而且，让与该学校无关的局外人来肯定这些教职员是非常必要的。还要说明一点，如果该专业有一点没达到评估标准，就不会获得认证，即使专业负责人或其他相关人员对这点没有直接责任。

4. 评判标准 4：教育环境

当然，教育环境不能简单的通过一份单独的申请报告而得到改善。但是申请报告所引出的检查结果可以数据和机会向更高一级的主管机构反映和呼吁来改善教育环境，这一点在实地检查结束后表现的尤为明显。要说明一点，如该专业有一点没达到评估标准，就不会获得认证，即使专业负责人或其他相关人员对这点没有直接责任。

接下来的条款通过申请机构自评报告和实地评审的方式进行审核，尤其是设施和器材要通过实地评审来确定其是否规模够大，以保证学生安全的进行实验室工作。衡量设施和器材是否达到标准以官方公布的标准为基准。

（1）设施和器材

该专业是否提供了足够的教室、实验室、自习室、图书馆、实习室、IT

设备、休息区、餐厅和其他有助于学生实现教育目标的相关设施和器材。

（2）财政来源

该专业是否能确保有足够的财政来源保证必须的设施和器材，使教育计划能够顺利完成。

（3）学生支持系统

在一定的教育环境中该专业是否提供、展示和完成了一个能够激发学生自己了解和解决自己需求的系统。

5．评判标准5：评估在教学目标指导下学生所达到水平

通过教学目标达到的水平，即学生学到了什么具体的东西，这一点需要认证检查。申请机构需要证明所有正常毕业的学生已经达到了该专业保证的教学目标。申请机构要建立证明办法和评估标准，其充足性也要经过认证审核。

（1）课程科目检验的学生水平和教学大纲中的评估方法和标准是否一致。

该条款将通过审查申请院校的自评报告、学生表现报告、调查问卷、课程作业、学生作品、毕业论文以及同教员的访谈来进行。核查有通过和未通过两个结果。检查中尤其注意这部分的重要性，因为它涉及判断学生在这些教育目标下达到的水平。

（2）专业是否建立了评估学生从其他教育机构获得的学分的评估方法，包括对转校学生的学分评估。

该条款通过对自评报告和会议记录的重审以及现场调研进行审核。

（3）该专业是否建立了结合教学目标综合评估学生水平的方法。例如，通过由校外人士主持的考试检验学生水平等方式来进行。此外，每一个科目的考核是否按照标准正确的实施。

该条款通过对自评报告和教学大纲的重审以及现场调研进行审核。检查中尤其要注意的是评估学生水平的方法和措施是否达到了一个合适的标准。

（4）是否建立了一个计划以判断是否所有毕业生都达到了所有教学目标要求，教学目标的完成是否在这个计划的基础上进行的。

该条款通过对自评报告和对上述条款（1），（2），（3）的评估结果的全

面复审进行认证审核,特别注意的是要审核通过选修课程所得到的学分。

6. 评判标准6:教育的改善(Educational Improvement)

该评判标准通过审核自评报告以及实地评估进行检查,确定该专业是否为教育改善建立了教育反馈系统。

(1) 教育反馈系统

① 该专业是否提供了一个教育反馈系统,该系统可以搜集和调查学生在教学目标指导下学成水平的评估结果,也可以检验教学内容、方法和教学环境。另外,此专业是否公布了这种系统是如何工作的,以及与这种系统相关的活动是否确实进行。

② 教育反馈系统的设计与运作是否根据教学计划,符合社会的需求和学生的需要。是否确实适用于验证已建立的教育目标的充分性以及评价学生所达到的教育目标的程度。

③ 该专业是否展示了组成教育反馈系统的教育机构委员会的定期会议记录。这里的"展示"表示教职员工能够被通知参与到教学目标和教育计划的改进当中来的记录。

(2) 持续性改善(Continuous Improvement)

该专业是否根据教育反馈系统的反馈结果改善了其教学内容、方法和教学环境。如果需要的话,该专业能够改变教学目标和评估学生学习成果的方法和措施吗？此外,有没有一个系统可以保证改善措施从根本上顺利进行,这类系统确实在运行吗？

7. 补充:各专业评估标准

各专业评估标准为每个特定领域的认证标准提供了辅助的指引。这些标准主要是以详细的条款规定对教学目标和教职人员的要求。需注意的是在某些领域,各专业评估标准不仅在认证标准1中,而且在认证标准3.2(教育方法)中也会得到应用,评估将在标准1～6的范围内进行。

六、实地评审

1. 关于实地评审的条款

以下条款需要通过实地评审的方式来确定专业是否符合认证标准。

① 在自评报告中难以证实的内容需要通过实地评审补充材料来确认。

② 评审在自评报告中难以量化表述的资料。

需要评审教学资料、学生的作品、调查问卷、毕业论文和一些实验报告。如果有一些作业是因为需要替代补考而上交的，那么这些作业也要被评审。申请院校应组织问卷考试，以方便确定和提供及格分数的标准。

③ 对申请院校已经对学生进行考核的材料进行再次闭卷考试。

必须准备充足的时间来考核学生在教学目标指导下所达到的学习水平。

④ 需要调查真正的课程数量。

特别要注意的是要确定是否保证了在申请报告中所描述的最低限度的教学时间。

⑤ 教学方法和环境的调查。

⑥ 同专业负责人（下文称为专业领导）、教职员工、学生以及毕业生等面谈。

面谈要确认自评报告中的相关内容是否得到了实际实施。申请机构是否意识到自身教育中存在的问题。要保证被选出面谈学生的随机性。此外，检查组不能直接检验测试学生是否达到了教学目标规定的水平。

⑦ 通过初步的访谈和审阅自评报告确定该专业的优劣。

2. 专业检查报告

将实地评审的结果汇总成专业检查报告，下面是使用专业检查报告的每一部分的时间进度表以及负责准备的人员。

（1）专业检查报告（第一部分）

这部分在实地评审前和评审时使用，由评审组组长和评审员填写。

（2）专业检查报告（第二部分）

这部分在实地评审面谈结束时交给申请院校，由评审组组长填写。

（3）专业检查报告（第三部分）

这部分用于实地评审时使用，由评审组组长填写。

3. 实地评审时间表

实地评审时间进度表应该事先同申请院校协商,下文给出了一个典型的范例。事先必须仔细计划好走访的地点和所需要的时间。申请院校如果有多于一个以上的校区的话,需要花费更多的时间,有必要的话可以扩延检查时间。

(1) 现场检查前一天

- 下午(例如下午 3∶00,实际时间检查组自定),评审员应在现场集合。
- 如果评审任务可以分配,评审员应在成员间开会讨论分配评审任务。
- 讨论和组织相关事宜。
- 其他。

如果第一天的时间不够的话,建议将部分工作内容挪到这个下午进行。比如审阅和评论学生根据教学目标应达到的水平的相关参考资料。

(2) 现场检查第一天

- 同日本工程教育委员会联络的申请院校的代表(通常是专业领导)或者是系(部门)主管解释建立这个部门的政策并回答关于教学目标的相关问题。
- 专业领导解释教学方法和措施(包括回答关于教学目标和教学方法之间关系的相关问题)。为了节省时间,评审组事先应该参考申请院校的自评报告。
- 解释关于学生达到教学目标水平的评估措施,并回答相关问题。
- 解释实现教学目标需要的相关课程,回答相关问题。
- 检查报告内容(教科书、测验的问题以及试卷的例子等)。
- 检查实验室和实践训练(课程工作等)。
- 检查毕业论文等。
- 同学生和教职员工面谈(应考虑教学目标、专业课、实验作业和实践训练)。
- 同毕业生和未毕业学生面谈。
- 讨论、组织相关事宜。

- 准备专业检查报告的初稿和综合报告。

（3）现场调查的第二天

- 解释教育反馈系统和相关活动（管理措施、会议长度等）的评审。
- 解释提高教职员工质量的系统活动以及审核活动记录。
- 视察课程质量，包括报告、实验室和实践环节，同教职员工和学生等面谈。
- 视察图书馆、IT设施、自习室和学生寝室等。
- 听取同日本工程教育委员会联系的院校代表对现场调研发现问题的反馈。
- 准备专业检查报告和综合报告。
- 向专业负责人、院系领导反馈检查结果。

4．实地评审的程序和方法

实地评审的程序和方法的细节由评审组和院校相关人员讨论决定，以下模式供参考。申请院校应该按照日本工程教育委员会安排的日期提供自我审查报告，禁止提供图片和声音资料。

（1）实地评审准备工作

1）评审组组长的议程

① 采取以下措施与同日本工程教育委员会联络的申请院校官员合作：

- 了解要检查的专业，明确评审组（或者评审小组的派出组织）和申请院校的联络方式。
- 制定出实地评审时间进度大纲。
- 在审阅自评报告后，评审组组长如果认为有些问题需要额外的参考资料或者需要更详细的解释，可以在实地评审的第一天的第一次会议上通知申请院校同日本工程教育委员会联络的官员与评审组磋商。
- 通知实地评审的申请院校首选的面谈者（在教职员工中、注册学生中和毕业生中）。
- 在同评审员协商决定实地评审的日期后，评审小组派出组织和日本工程教育委员会必须尽快通知申请院校。
- 通知申请院校评审组组长和评审员评审的日程（包括到达和离开的日

期）。

② 相关评审员的议程：

• 确定相关资料（如自评报告等）已经及时的发送和送达。

• 通知评审员审核上一条中的资料并准备专业检查报告，该报告至少应在实地评审 3 周前送交评审组组长。

• 有必要的话，选举一名评审组副组长。

• 通知评审员实地评审的时间表。

• 通知每一名评审员到申请院校的日程（包括到达和离开的日期）。

③ 必须同评审员协商决定的议程：

• 根据由评审员准备的专业检查报告，评审组组长集中处理那些必须在评审前处理的问题，采取诸如要求申请院校准备额外资料等相关的措施。

• 明确评估学生达到的教学目标水平的评估方法，检查评估标准的方法。

• 决定检查时间表的细节问题（比如检查条款、评审组组长和组员的各自工作）。

• 尽快准备专业检查报告。

④ 至少在实地评审前一周与同日本工程教育委员会联络的申请院校官员（或申请院校的官员）和评审员确定实地评审的时间进度表。

2）评审员的议程

① 遵循评审组组长的要求，完成组长在 1）中的要求。

② 认真阅读“认证标准”，“认证和评估的措施”，“自评报告”和“自评报告准备指南”，认真理解其中的条款。可以向组长提出问题。

3）同日本工程教育委员会联系的院校代表和专业官员的议程

① 同评审组组长确定实地评审的细节（包括时间表，检查项目等）。

② 决定参与专业审核的人员（教职员工、学生、毕业生等），面谈的时间和地点，准备与检查工作时间一致的需要解释和说明问题的相关资料，只遵从评审组组长的明确要求。

③ 在评审组评审期间进行接待工作（提供来回火车站最近距离的接送，食宿，会议室以及评审组需要的其他设备和设施）。

（2）实地评审的前一天

评审组的第一次会议通常在到达评审地点的第一天晚上进行。然而,如果时间并不充裕的话,建议会议在到达的当天下午就举行,这样晚上就可以有更多的时间来从事例如准备关于学生在教学目标指导下达到的学习水平的测试材料等更多的工作了。

① 评审组组长主持第一次会议并分派以下任务:

· 要求评审组每个成员就各自关注的领域简要阐述专业检查报告大纲和他们对自己这一部分的关注所在。尽管第一次会议时间紧迫,以上讨论还是有必要在实地评审前在评审组内部开展。

· 有可能的话,事先同申请院校进行讨论,提出评审组侧重关注的问题,对这些问题的存在和目前情况得到一个初步的结论。

· 通过审核申请院校的自评报告,如果认为某些条款经由日本工程教育委员会(或相关专业的官员)和申请院校代表共同解释能更充分的话,一定要将这种愿望及时传达到相关官员那里。申请院校应该在第一天的第一次现场调查会议上提交上述的共同解释。

· 如果评审需要额外材料,确保申请院校能够及时提供额外所需的材料。

· 确定评审学生达到的教学目标水平的检查方法。

· 确定评审条款和评审时间表(包括分配评审员和评审组组长的任务),有必要的话进行修改。

· 确定实地评审时的通信联络方式。

· 尽可能多的准备专业检查报告。

· 指示评审员记录并草拟以下观点"是否给予认证合格的推荐,认证有效期是多长",这些都要在二审报告中描述。

② 评审员

· 提供评审组组长需要的信息。

· 充分了解该专业和相关的领域。

(3) 实地评审的第一天

1) 评审组和申请院校的第一次会议

① 同日本工程教育委员会联络的院校代表进行如下工作:

· 组织评审组和申请院校的第一次会议,介绍参与专业检查的成员。

· 代表申请院校表示欢迎。

· 解释申请院校准备的检查时间表。

· 基于由评审组组长事先提出的要求,提供相关检查条款解释说明的补充资料。

• 指派协同评审组去相关部门进行实地评审的日本工程教育委员会专业官员。有必要的话，可以同评审组组长继续讨论（此时评审组副组长执行评审组组长的职能）。

• 继续同评审组组长讨论他提出的有关问题。

② 评审组组长工作：

• 介绍评审员。

• 代表日本工程教育委员会和评审组表示欢迎。

• 解释评审项目、条款和时间进度表。如和先前制定的不一样，应解释说明。

• 对申请院校对于日本工程教育委员会和日本工程教育委员会的认证标准以及评审组的信任表示感谢，表示将会认真严肃的进行实地评审。

• 有必要的话，同申请院校与日本工程教育委员会的联络官员继续讨论。

• 出席和以下人物的访谈。

• 申请院校的董事（或者校长）。

• 管理部门的秘书长。

• 其他（诸如财务主管、就业主管、招生主管等）。

2）第一天的评审计划

① 评审组组长：尽量与评审员分担工作量。

② 评审员结合认证标准，完成工作：

• 完成指派的评审工作。

• 根据提交的材料向日本工程教育委员会专业官员和相关人员提出相关的问题。

• 同教职员工进行简短面谈，判定他们是否了解自评报告中的内容。

• 同学生面谈，判断他们是否了解教学目标，以及他们是否知道所有的学生都应达到这些目标。有必要的话，可以扩大访谈范围，同毕业生面谈。

• 将申请院校提交的证明材料作为参考进行评审。这是评审非常重要的一个方面，需要仔细的进行，根据证明材料判别学生是否达到了教学目标以及教学目标的制定是否合理。

• 记录任何对起草专业检查报告第二部分，综合报告，检查报告第一和第二部分有用的信息。

③ 申请院校同日本工程教育委员会联络的官员和日本工程教育委员会专业官员应服从评审组组长的要求。

3）第一天的午餐会议（如果该次会议申请院校和评审组双方都同意的话）

这次聚会应该在友好的气氛中进行，因为这是整个检查过程中唯一的一次社交会晤。会议上双方可以进行私人的会晤交谈。但是，禁止交换礼物等行为。

4）评审组的第二次会议（第一天的晚上）

① 评审组组长工作：

• 指示每一个组员提供简要的报告。如果同昨天的立场不同，那么必须对该变化的原因做出进一步的解释说明。

• 再次确认评审条款和接下来的评审时间表。

• 明确问题的存在以及整个申请院校（或者其高级管理层）对于问题的解决措施。

• 着手准备专业检查报告和综合报告。

② 评审员工作：

• 报告评审结果并提供解释情况立场变化的细节。

• 协同评审组组长着手准备专业检查报告（第二部分）和综合报告。

（4）实地评审的第二天

1）专业评审的第二天

① 评审组组长和评审员需要在早晨彼此共同协商如下事宜：

• 调查教育反馈系统的运作情况、评论管理和会见时间等。

• 调查旨在改善员工水平的系统的活动和审核评论记录。

• 调查相关报告、实验、实践环节等，如有必要的话，应该与教职员工、学生等进行面谈。

• 视察图书馆、IT 设备、自习教室和休息室等。

• 检查在第一天视察时认为要进一步评审的条款。

② 申请院校同日本工程教育委员会联络的官员和其他申请院校官员应服从于评审组组长的要求。

2）评审组自行午餐

① 评审组组长工作：

• 在午餐之前提供给专业官员实地评审得到的总结。

• 作为实地评审的一部分,通知申请院校相关官员进行回避现场访谈。

• 要求评审员报告任何相关的变化,用以判断整个检查或某些方面的问题。汇总这些报告准备专业检查报告和综合报告。

② 评审员工作:

• 向评审组组长报告任何关于整个审核或某些方面的问题改变。

• 递交专业检查报告的最终结果给评审组组长。

• 帮助评审组组长准备专业检查报告和综合报告。

3) 回避采访是实地评审的一部分

评审组在一个指定的地点开一个秘密的、回避采访的会议。但是申请院校保留选择参加者的权利,并有权力作记录和在这次回避的访谈中提问一定数量的问题。

① 评审组组长向申请院校陈述专业检查报告。

② 评审组组长向申请院校口头陈述实地评审结果:

• 评审组组长宣读已经写好的综合报告。报告必须首先充分评论申请院校的优点,并将申请院校同认证标准相比较。另外要公正的提出申请院校的不足和需要改进的地方。评审组组长应注意避免进行非正式的评论,同时也不要写在报告中。此外,综合报告不应交给申请院校。

• 不应提及申请院校是否应获得认证。

③ 评审组组长应通知申请院校,如果对于专业检查报告有任何异议的话,应该在实地评审结束后的两周内提交声明(称之为"额外阐述")。

实地评审的官方程序就此结束。

(5) 评审员的角色和职责

有两类观察员,一类是新手,想在实际检查中获取检查的经验以求以后能成为正式检查员;另一类是管理监控评审组的人员(比如华盛顿条约或其他公众组织的相关人员)。前者只是想获得相关经验,后者被要求不得妨碍评审的进行。除非经过评审组组长允许(根据情况在与申请院校磋商之后),观察员不得就评审过程、步骤和检查结论的制定发表观点和看法。

七、记录评审结果并做出结论

通过自评报告和实地评审,判断该专业是否符合评估标准,在此基础上再进行认证和检查。

1. 评审结果记录

通过评审该专业符合评估标准的程度,专业检查报告提供检查结果的记录。符合的程度包括如下评估等级:

① 令人满意的符合认证标准(在审查报告中标记等级字母 A)。

② 经过改进后可以令人满意的符合认证标准(在审查报告中标记等级字母 C)。

③ 不完全令人满意,需要采取有效的措施加以改进(在审查报告中标记等级字母 W),但是不必等到 5 年有效期后再进行审核(比如可以在两年后进行再审)。

④ 不符合认证标准(在审查报告中标记等级字母 D)。

2. 认证评估决定

认证结论的制定应该基于评审的结果,其制定程序如下。

(1) 认证有效期

通常根据检查结果,如果专业满足所有的认证标准,则认证有效期为 2 年或者 5 年。如果认证结果中没有 W 和 D,有效期为 5 年。如果专业的部分条款因为某些原因被标注 W,认证有效期一般为 2 年。缩减有效期的原因包括:达到教学目标的水平的不稳定性,财政来源不稳定问题,管理问题,运行和组织问题,教职员工、设备和设施需要加强和改善,现有课程需要重大改变,比如需要新课程的添加或对现有课程的修改,过分的依赖某几个教师等。如果一个专业经过两年有效期后复审合格的话,延长的有效期为 3 年,这是因为复审只是检验了需要加强和改进的地方。

(2) 中期评审

两年有效期的专业在有效期的第二年需要进行有效期延长的评审,这类检查称为"中期评审"。如果申请院校没有申请中期评审,有效期在生效两年后失效。

(3) 继续认证有效性的检查(Examination for continuous accrediation)

一般认证有效期为 5 年的专业在第 5 年后一年内应进行再次认证以

延长有效期,这类检查称为"继续认证有效性的检查"。通过本文献第 4 部分"认证与评估的程序进行"。任何在以前检查中指出的问题在继续认证有效性的检查中都要特别给予关注。如果在继续认证有效性的检查中有 D,一年以后要再次检查。如果再次检查还是 D,那么申请院校将失去合格认证资格。另外,如果在检查结果中没有 D 的话,继续认证有效性的检查生效并可以依据检查结果继续给予 5 年或者 2 年的认证有效期。

(4)认证有效期内的问题

申请院校必须在指定日期前提交延长有效期的认证申请,必须按期缴纳认证费用。如果在有效期内与认证标准有关的相关条款发生变化(比如专业的名称,教学目标、课程量、教学措施、教学环境和教学改善等),必须向日本工程教育委员会提交书面说明。收到书面说明后,日本工程教育委员会指定学科评审委员会决定是否进行评审,这种评审称之为"专业修改评审"。如果学科评审委员会认为说明材料详实准确的话,可以不进行现场调查,否则将重新进行调查。

另外,即使没有收到申请院校向日本工程教育委员会提交的书面说明,如果日本工程教育委员会有理由确信申请院校的原专业已经发生显著变化时,也可以采取措施进行"专业修改评审"。

八、评审报告的准备及各部门职责

1. 评审报告的准备

(1)首次评审报告的准备

首次评审报告的格式以参考文献的形式附加在文件的末尾。

1)申请院校

如果在专业检查报告的第二部分中发现对于事实存在错误的辨识的话,申请院校可以在实地评审结束后两个星期内向评审组组长递交报告(这就是所谓的"附加说明")。

2)评审组组长

• 如果申请院校递交了附加说明,那么评审组组长就要通知申请院校他们已经得到说明,并且要与评审员讨论相应的对策。答案不要求直接给申请院校。

● 与评审员进行合作准备专业检查报告和首次评审报告，一般情况下要考虑自评报告、实地评审结果和附加说明。

● 在实地评审结束后的四周之内通过考察小组派出组织，将初审报告和专业检查报告中的第三部分发送至申请院校和指定学会的学科评审委员会和日本工程教育委员会。

● 及时将差旅费上报到考察小组派出组织。

3）评审员

● 如果对专业检查报告的第二部分的条款做出任何修改的话，要及时通知评审组组长，即使修改看似微不足道。

● 和评审组组长一起准备专业检查报告和初审报告。

● 及时将差旅费上报到考察小组派出组织。

（2）再审报告的准备

再审报告的格式以参考文献的形式附加在文件的末尾。

1）申请院校

如果申请院校发现初审报告的内容是不能接受的，它可以向评审组组长递交一个书面的反对意见（也就是所说的"异议声明"），并要对反对的内容作详细的说明。另一个方面如果申请院校要通过对初审报告中所出现的问题做出立即的反应来解决问题的话，它可以向评审组组长递交一个书面的改进性的报告。这些反对性的说明和改进性的报告必须在实地评审完成后七周内通过考察小组派出组织进行派送。

2）评审组组长

① 如果申请院校递交了反对或者是改进报告。

● 仔细阅读反对或者是改进的报告，如果有问题将它们发送到申请院校处。

● 将反对或者是改进的报告发送到评审员处，参考两个报告——初审报告和它的标准，专业检查报告的相关部分是否应当进行修订，在一定的时间内要征得他们的评审和意见（除非是反对或者是改进的报告的内容太简单没有必要以书面的形式发送给评审小组）。

● 在收到评审组对上一条中提到的调查的答复后，评审组组长在与评审员磋商的基础上开始准备再审报告，这次报告也要充分考虑到异议声明和改进性报告。评审组组长将修改审核报告的相关部分。

② 如果没有院校提交反对或者是改进的报告，那么评审小组就按照

原有的形式准备再审报告。

③ 在最短的时间（至少是在实地评审结束后十周之内），通过考察小组派出组织将再审报告，专业检查报告或者是修改过的专业检查报告送交指定学会的学科评审委员会和日本工程教育委员会。

3）评审员

① 如果申请院校递交了反对或者是改进的报告：

• 如果是评审组组长递交的这些反对或者是改进的报告，需要对其进行评审。如果认为有必要对初审报告或是专业检查报告的相关部分进行修改的话，修改稿和修改的原因必须在规定的时间内送到评审组组长处。如果没有修改的必要的话，也要将结果通知评审组组长。

• 和评审组组长一起准备再审报告。

② 如果没有申请院校递交反对或者是改进的报告：

按照评审组组长的指示行事。

4）考察小组派出组织

确定申请院校是否递交了反对或者是改进的报告。如果递交了，要通知申请院校已经接收并要将它们转交给评审组组长。同时不需要对申请院校做出反应。另外，将反对或者是改进的报告整理入档。

（3）专业检查报告的准备

指定学会的学科评审委员会在确定的时限内要完成以下的任务：

• 相关领域内专业的再审报告的讨论和修正，由要送到日本工程教育委员会的学科准备它的专业检查报告。

这里所说的"讨论"和"调整"指的是评审过程，是指评审的结果是否前后一致，特别是在同一个学科领域评审标准都应当是相同的。因为专业内容不同各专业检查报告的内容可能会与再审报告不同，因此应当附带结果与内容不相符的原因，正式公布之前还要与评审组组长进行充分交流。

• 如果日本工程教育委员会的评估和认证合作委员会得出的最后检查报告与学科评审委员会的的结果不一样，这种不同可以通过指定学会的学科评审委员会的主席进行协调。

（4）终期评审报告的准备以及认证评估决定的建议

1）日本工程教育委员会的评估和认证的协调委员会

• 对所有领域的所有专业的检查报告都要进行讨论和调整，考虑该专业是否应当接受检查和是否应该将其推荐给日本工程教育委员会认证委员会的问题，我们要求准备好终期评审报告和建议报告。这里所说的"讨论"和"调整"与前面相同。最终终期评审报告与各专业检查报告在内容上可能会有差异。在这种情况下，必须要保证与指定学会的学科评审委员会的主席进行了充分的交流，更重要的是造成这些差异的内容的原因必须附在终期评审报告中。

• 如果必要的话，评估和认证协调委员会的主席要与认证委员会、申诉委员会、执行委员会和董事会保持联系。

2）指定学会的学科评审委员会

如果日本工程教育委员会的评估和认证协调委员会提出问题的话，指定学会的学科评审委员会要提交是否通过认证和关于相关领域的各个专业的认证有效期的决定，还要解释关于这个决定的意见。

（5）认证评估决定及其通过

1）日本工程教育委员会认证委员会

讨论由日本工程教育委员会评估和认证协调委员会提交的最终报告和认证建议，决定是否对该专业进行评审。

2）日本工程教育委员会董事会

• 审批日本工程教育委员会认证委员会的决定。

• 承担在评估和检查上的法律责任。

2. 认证评审过程中各个部门的职责

（1）日本工程教育委员会

• 接受申请院校要求专业认证的书面请求。决定是否执行评估和认证协调委员会的决策。

• 通知申请院校是否对他们的专业进行检查的决定。

• 评估和认证协调委员会决定申请中可行的部分并且决定考察小组派出组织。在特殊的情况下一个专业常常要包括两个甚至是多个学科领域，如果必要决定就要与相关的学术团体和组织进行协调。接着日本工程教育委员会要求相关的学术团体和组织准备进行评审，为评审做准备并且为他们推荐评审小组（评审组组长和评审员）。如果评审能包括两个或多个学术团体和组织的话,指定学会的学科评审委员会就要与相关的学术团体和组织协商并且负责作决定。此时,计划中的评估标准就要由相关的学术团体和组织确定,他们由评估和认证协调委员会授权。万一没有这样的特殊的学术委员会或组织能够进行检查,那么评估和认证协调委员会就要进行商议并要制定出对策。

• 由日本工程教育委员会审核,通过和正式任命评审组组长,评审员和从考察小组的派出组织中精心选出的观察员。如果必要的话,日本工程教育委员会能与评估和认证协调委员会协商挑选和任命评审组组长、评审员和观察员。

• 通知申请院校制定可行的专业标准,组建考察小组派出组织,说明评审组的组成(包括评审员的个人历史和评审组组长的地址、电话号码、传真号和 E-mail),同时发出和评审有关的文件。如果申请院校对已经设计好的考察小组的派出组织或评审组组成的任何一部分有任何异议的话,日本工程教育委员会在与考察小组派出组织协商的情况下做出一些适当的调整或是妥协。

• 如果有必要的话,在实地评审完成之后,针对申请院校的弱点制定一个问卷。

• 其他一些细节可以在日本工程教育委员会的网页上找到。

(2) 考察小组派出组织

• 评审小组中负责派出的组织称为考察小组派出组织。当一个专业中包括两个或多个学科领域时,考察小组的派出组织就在包括所有与评审学科有关的学术团体和组织的整个讨论过程中作决定。

• 选择评审组成员(评审组组长和评审员),并且有必要的话还有观察员并将他们推荐给日本工程教育委员会。当评审的专业包括两个或两个以上的学科领域的时候,小组成员的选取就要与相关的学术团体和组织协商。

• 对只有获得了一些观察经验的观察员才能成为评审员的问题进行安排。

• 过去的工作做的不好的评审组组长或是评审员,在未来的任命当中不能作为候选人。

(3) 申请院校

• 任命的院校代表要与日本工程教育委员会保持联系。

- 指定的专业负责人要负责专业评审的管理。
- 向日本工程教育委员会提出认证要求。
- 院校代表要与日本工程教育委员会或是专业负责人保持联系,在日本工程教育委员会进行实地评审的时候充当联系人并且在评审小组进行考察时要做好安排工作。
- 与日本工程教育委员会保持联系的院校代表要负责填写在自评报告中所有与院校的预算、人事、运作和管理实践有关的项目。
- 如果评审小组成员(评审组组长和评审员)或是观察员是不能被接受的话,可以向日本工程教育委员会提出申诉。

(4) 专　　业

- 完成自评报告的填写。
- 组织和准备各种文件(测试的问题和答题纸、学生的工作、教学大纲和教科书等)这是实地评审所必须的评审内容。
- 日本工程教育委员会会完全的通知学校的员工和学生整个实地评审的过程,以保证实地评审过程的顺利进行。
- 跟与日本工程教育委员会联系的院校代表保持紧密的联系,并且要提前采取措施确保在评审的执行过程中不会出现任何大的错误。

九、中期评审过程和方法

中期评审在"七、记录评审结果并做出结论"的"认证评估决定"中有描述,它按照下面的过程和方法进行。

① 一个中期评审应当是建立在申请院校向日本工程教育委员会递交的书面申请的基础之上的。申请应该是在日本工程教育委员会规定的时间内提出,并且规定的独立的检查的费用也要附在后面。

② 一般说来,一个中期评审中的成员应该有两个。如果可能的话,他们其中之一应该是工业界代表。如果对前期评审中的信息有需要的话,会安排像前期评审一样的评审员。

③ 递交给中期评审的条款(就是所谓的"中期评审条款")在前期评审中标记为 W,相关的条款标记为 C。

④ 申请院校根据认证标准,认证和评估的过程,方法和自评报告准备指南,在中期评审的基础上准备自评报告,在申请中期评审的那一年是可行的,并且在日本工程教育委员会规定的最终期限结束之前要申请中期

评审。在前期评审中使用的自评报告也可以作为一个参考。

⑤ 如果有必要对哪种专业能符合中期评审的标准做出统计的话,评审小组就要查阅自评报告并进行实地评审。评估的结果使用 A,C,W 或 D 进行评价的方法,并且评估中出现的一些细节性的问题也要以书面的形式进行报告。

⑥ 中期评审条款在中期评审中被评定为 W 或 D 的属于等级 D 也就是不被认可。评定为 C 或 A 等级的被看作是 C 或者是 A 级。

第三节　日本工程教育专业评估标准

这里介绍的日本工程教育专业评估标准是 2002 年 4 月 11 日日本工程教育委员会董事会上通过的 2002—2003 年执行的标准。该套标准保证了基本的教育计划的合格完善,从而发展了由高等学校培养的工程师的水平。计划的合格完善必须提供满足以下六点标准的论证材料的解释说明,相当于在可应用的情景下的"分学科专业标准的补充"。

这里的"工程师"指的是广义的工程专家,包括从事研究和开发工作的那些人。

一、日本工程教育委员会专业评估总标准

1. 标准 1:制定并阐明学习和教育目标

(1) 该专业必须制定并阐明具体的专业学习和教育目标,目标要明确,综合性地覆盖了以下①~⑧所描述的知识和能力,目的是为了培养自立的工程师。

① 具有从总体和全方位的视角去考虑问题的能力和智力基础。

② 理解技术对科学和自然的作用及影响,理解工程师的社会责任(工程师职业道德)。

③ 具有数学、自然科学和信息技术的知识,并具有运用这些知识的能力。

④ 在专业应用领域具有专业化的工程知识,具有应用这些知识提供解决实际问题的方案的能力。

⑤ 具有通过探索各学科以及各种信息和技术,以及根据社会需求组织、设计综合解决方案的能力。

⑥ 日语交流技能包括有条理的写作,口头表述和辩论技巧,以及国际交流的基础技能。

⑦ 在可支撑的基础上进行独立学习的能力。

⑧ 在给定约束条件下系统地实施和组织工作的能力。

(2)该专业必须制定并公布有特色的学习和教育目标,应该考虑到每个学校的传统和资源,考虑一些特殊的领域,在这些领域里毕业生比较活跃。

(3)该专业必须制定并公布能考虑社会需要和学生需求的学习和教育目标。

2．标准 2：课程数量要求

① 这个专业必须包含相当于本科四个学年的学习(教育),而且要达到那些修完 124 个或者更多学分之后取得学士学位的学生水平。

② 课程必须至少包括总共 1 800 个面授课时(课堂学习学时以及教师辅导学习学时)。此外,这些学时中必须有 250 学时用于人文社会科学等学习(包括语言学习),至少 250 学时用于数学、自然科学和信息技术的学习,还有至少 900 学时的专业学习。

3．标准 3：教育方法

(1) 招生和入学

① 该专业必须有足够的条件和能达到学习和教育目标的资源,必须设置并公布明确的步骤程序吸引学生前来学习,而且学生的筛选过程必须依据这些步骤程序。

② 对于那些完成基础课程学习后进入这个专业学习的学生,该专业必须设置并公布明确的步骤程序来筛选他们入学,筛选过程中必须要对学生在申请到入学这段时期学习成绩进行调查。筛选过程必须按照这些步骤程序进行。

③ 对于接受转学的学生的情况,该专业必须设置并公布明确的标准用于考查转学学生的申请,申请转学的学生必须要符合这些标准。

(2) 教育方法

① 专业课程的设置必须确保学生能达到专业学习和教育的目标。此

外,课程必须公布,每个科目与专业学习和教育目标之间的关系也必须公布清楚。

② 每个科目必须依据课程设置来制定教学大纲,且公布出来,每个教育活动的实施必须要符合教学大纲。每一个科目的教学大纲必须能清楚地显示其在全部课程中的位置,还要指出教学内容、方法、要达到的目标以及评价学生成绩的标准和方法。

③ 该专业必须建立一个系统来促进学生对课程作业和其他专业内容的理解,能够在照顾到学生要求的同时提高学生的学习热情。这个系统的结构必须要公布出来并且要实现。

④ 必须允许学生能定期评估自己对于专业学习和教育目标所达到的水平,目的在于激励和促进学生自主学习。

(3) 教育组织

① 该专业必须拥有足够的职员和有才能的教师以及一个教学支持系统,通过合适的教育方法实施设计出来的课程,达到专业的学习和教育目标,获得实际的教育成果。

② 该专业必须建立一个教师培养系统并将其公布,以提高教师的质量,系统内的活动必须得到开展。

③ 该专业必须实施并公布一个评价方法用于测定每一个教师的教育贡献。

④ 该专业必须建立并公布一个教师内部沟通网络系统,用于确保全部课程中的科目之间紧密地协调,增强和完善专业的效力。该专业还必须要贯彻这些相关系统的行为活动等。

4. 标准 4:教育环境

(1) 设施和器材

为了能达到专业的学习和教育目标,该专业必须提供足够的教室、实验室、实践场所、图书馆、信息技术(IT)设施、学习室、休息场所、咖啡吧以及其他相关的设施和器材等。

(2) 财政资源

该专业必须努力保证有足够的财政资源去提供、维护和操作这些设施和器材。

（3）学生支持系统

关于教育环境,专业必须提供、公布并实施一个在考虑学生要求的同时能够提高他们学习热情的系统。

5. 标准5：相对于学习和教育目标的学生成绩水平评价

① 专业必须根据教学大纲里描述的评价标准和方法去评价学生每个科目相对于学习和教育目标的成绩水平。

② 对于这个专业的学生在其他高等教育院校获得的学分,该专业必须提供相应的评价方法,而且这些学分必须根据特定方法予以恰当地转化。另外,在其他院校的学生申请转学到这个专业之前,专业也要提供评价他们学分的方法,这些学分也要相应地得到转化。

③ 该专业必须设置综合性的评估标准和方法去评估学生相对于专业的每一个学习和教学目标的成绩水平。评估必须根据这些方法和标准正确地展开。

④ 所有毕业生必须达到专业的所有学习和教育目标。

6. 标准6：教育改进

（1）教育反馈系统

① 该专业必须提供一个教育反馈系统,在检查教育内容、方法和环境的同时,要能够收集和检查学生相对于学习和教育目标的成绩水平的评价结果,而且专业必须展示这个系统是如何工作的,与之相关的活动必须要得到开展。

② 这个反馈系统必须根据社会需求和学生需要进行设计,系统用来检查已设置的学习和教育目标的合适性,检查学生相对于目标所取得成绩的评估标准和方法的合适性。

③ 该专业必须在反馈系统中展示诸如理事会和委员会会议的这样定期活动的记录。

（2）持续改进

专业要能够根据教育反馈活动的结果来改进其教育内容、方法和环境,有必要的话同时修订学习和教育目标以及评价成绩水平的标准和方法。此外,它必须在当前地基础上系统地执行这些改进措施。

二、日本工程教育委员会分学科专业标准

分专业标准提供了一个将专业评估标准应用到具体学科领域的指导方针。它将首先应用到处理关于学习和教育目标的相关问题。

1. 农业工程和类似名称的工程专业标准

这些专业标准应用于农业工程和相关领域的专业教育。

(1) 知识和能力要求

这个专业的毕业生必须获得以下知识和能力:

① 公共课程知识如应用数学、物理、化学和生物学。

② 农业工程相关领域的下述分支专业的专业课程知识和能力。

• 区域与环境工程专业的专业领域包括:土壤、水、地基和环境。毕业生需要获得以下 3 个领域的知识和能力:土壤、水和地基或者土壤、水和环境。

• 农业环境工程专业的专业领域包括:农业气象学和生物环境学、生物生产系统和食物供给系统、农业和生物环境信息、农业机械作业系统。毕业生需要在 4 个课程领域里获得最少两科的知识和能力。

③ 具备制定计划和开展实验探索的能力,具备在农业工程以及相类似的专业教育的各个分支专业超过一个以上的科目领域进行分析、思考和解释说明数据的能力。

④ 在修完农业工程的基础课程和每一个分支专业的专业课程以后,学生要能够获得在农业工程相关领域调查某一个主题,制定研究计划,利用专业知识和技能解决问题的知识和能力。

⑤ 学生需要获得基本的工程本领和技能以便能够理解实际问题及其主题,并能迅速、恰当地做出准备。

(2) 教 师

必须有以下教师:合格的专业工程师或者能够教授与教育内容相关的工程实践的人。

2. 农业科学和类似名称的工程专业标准

这些专业标准是应用于一般农业学科或者其他指定领域的工程教育专业,包括:森林学、植物学、动物学、农业生物化学、农业经济学以及渔业学等领域。

(1) 知识和能力要求

该专业的毕业生必须获得以下知识和能力:

① 该专业必须证明其毕业生拥有将生命科学、生物产量学、生物资源学和环境科学的知识应用到相关领域,如应用化学、应用物理和经济学的能力。

② 该专业还必须证明其毕业生拥有在以上所说的一个或更多的农业工程领域做实验或对专业领域作调查并精确分析和解释数据的能力,拥有依靠完整的专业课程设计经验来设计工程专业的能力,能够理解一些专业实践中的概念,比如获得、竞标与以质量选择方式的对立、计划设计的交互和专业构建等。

(2) 教　师

专业的许多课程是按照内容组织规划的,对于教授这些课程的教师,必须按照教育背景经历或者教师职业许可证来证明他们是有资格教授这些科目内容的。

(3) 补充说明

专任教师包括那些全职和兼职以及额外的岗位。

那些专门领域的专业,包括森林学、种植学、动物学、生物化学、农业经济学、渔业学等,相关的学术界将会对它们进行审查,并提供详细规划和原则。

3. 建筑和建筑工程学及相类似名称的工程专业标准

这些专业标准应用于建筑和建筑工程学以及相关领域的工程专业教育。

(1) 知识和能力要求(参考标准 1)

建筑和建筑工程教育专业必须设置并公布一套详细的学习和教育目

标,来确保学生能获得:建筑和建筑工程方面的专业知识和能力;专业必须至少拥有与其中一个相对应的学习和教育目标。

对于建筑和建筑工程相关的一些专业领域,上述的情况可以相应的应用,但是也可以自己设立学习和教育目标。

① 建筑和建筑工程专业领域综合性和专业性的知识与能力。

必须在包括艺术、技术、文化、社会、法律和经济等的背景下理解建筑和建筑工程,而且也要从历史和生命周期等时间的角度去理解它们。专业的毕业生必须拥有既广博又专业的知识,而且要对建筑和建筑工程有综合的和系统的洞察力。他们必须拥有规划、设计、实施、运营并维护建筑结构、建筑物和生活环境的基本技能。

② 特定的建筑和建筑业领域的高级专业性知识与能力。

专业的毕业生必须要么拥有更高级的综合性知识,要么拥有特定的建筑和建筑工程领域里的另外的专门知识,这些领域有:建筑结构规划、建筑设计与规划、城市设计与规划、住宅学、建筑环境、建筑设施、建筑结构、建筑灾难预防、建筑材料、建筑实施、建筑运营与维护和建筑保护与修复。他们还要具有能够将学到的知识实际应用的能力。

(2) 教师(参考标准 3)

建筑和建筑工程专业以及相关领域的教师必须在思想观念、知识、技能和实践方面有比较全面的素养,这样的话才能确保他们的学生能够成功地达到专业的学习和教育目标。

4. 生物化学、生物学和生物物理工程以及类似名称的工程专业标准

这些专业标准是应用于生物化学、生物学和生物物理工程以及相近的领域。

(1) 知识和能力要求

专业的毕业生必须获得以下的知识和能力。

① 应用数学知识和应用信息处理方法的能力。

② 在两个或两个以上的学科或者在主修学科领域中的综合性学科,如生物学、生物化学、细胞学、生物信息学、生化工程、生物医学工程和环境生物工程等,应用知识解决问题的知识和能力:

- 在一门主修学科上的知识和能力。
- 规划设计并开展实验或者调查的能力，分析获得的数据以及解释结果的能力。
- 利用专门知识和方法去研究、组织和解决问题的能力。
- 对于工程师们在工程领域里遇到的问题，能够理解并正确处理的基本能力。

（2）教　师

专业的教师必须是那些拥有教师职业资格证或者具有实际工程经验的人，他们要有资格教授这些学科课程。

5. 化学和化学相关的工程领域的专业标准

这些专业标准应用到化学和化学相关的工程领域的专业教育。

（1）知识和能力要求

专业的毕业生必须获得以下知识和能力。

① 工程基础：应用知识（包括应用工程、数学和信息技术）解决基本工程问题的能力。

② 化工基础：应用下述知识解决问题的知识和能力，即应用于化学反应的质量和能量守恒，包括相位和化学平衡的工程热力学以及热量、质量和动量转化。

③ 专业基础部分：应用下述至少 4 个学科的知识和方法解决问题的知识和能力，即有机化学、无机化学、物理化学、分析化学、聚合化学、材料化学、电化学、光化学、表面化学、药物化学、生物化学、环境化学、能量化学、分馏工程、反应工程学和加工系统工程学等。

④ 专业高级部分：掌握在上面一条中列出的至少一门专业知识，并且应用这些知识在考虑经济性、安全性、可靠性和社会及环境方面的前提下解决问题的设计和处理能力。

（2）教　师

专业的教师必须是那些拥有教师职业资格证或者具有咨询、设计和管理经验的人，他们要有资格教授这些学科课程。

[注释]

1. 在化学和化学相关的工程领域,有化学工程和应用化学两门课程,在表1里详细说明。

2. 当化学和化学相关工程领域的每一个专业将要接受评价的时候,有必要参考表1的指导原则将课程详细说明。

3. 每一个专业的教育内容按照下列层次结构组织:工程基础,化学工程基础,专业基础部分,专业高级部分,这种组织形式必须基于在标准1提到的基础知识如数学、自然科学和信息技术等。这个教育内容也就是前面列出的要获得的知识和能力没有具体指明其课程名称,每一个专业可以使用一个合适的名称。而且允许一门课程不止对应于4个领域中的一个。

4. 需要获得的知识和能力有:材料构造、电子工程、材料科学与工程、流体力学、环境工程、安全工程、工程接受、知识产权、制造经济学等,加上工程应用数学和信息技术,这些都包括在工程基础里。这些科目也没有具体指明实际的课程名称。

表1　指导原则

教育内容	化学工程课程	应用化学课程
工程基础	120 学时	80 学时
化工基础	60 学时	60 学时
专业基础部分	120 学时,至少包括 60 学时的化学工程课程如:分离工程、反应工程、加工系统工程	160 学时
专业高级部分	80 学时	80 学时
总　计	380 学时	380 学时

注:表格里列出的指导原则是课程学时的最小要求,各个专业必须着眼于高水平的工程教育,包括提供与专业目标相符的比较先进的教育内容。

5. 在专业高级部分里的专业知识包括从毕业设计工作、研讨会和其他包括演讲的学习机会中获得的专业知识。

6. 允许将从毕业设计工作、研讨会和其他学习机会获得的能力包含到"能力"中去,这种能力是能够将知识应用到实际中,也即在考虑经济性、安全性、可靠性和社会与环境等方面的情况下解决问题、设计步骤和管理专业,这在专业高级部分里已经指明了。

7. 在专业高级部分里提到的设计能力不光是指学会如何设计设备和系统,也指解决问题的方法。

6. 土木工程和类似名称的工程专业标准

这些专业标准应用到土木工程和相关的工程领域的专业教育。

（1）知识和能力要求

专业的毕业生必须获得以下的知识和能力。

① 应用数学知识。

② 物理、化学、生物和地球科学 4 门自然科学中的至少一科知识。

③ 以下公认的主要领域里最少 3 个领域的知识：建筑材料学和力学基础、结构工程和地震工程、地球技术工程、水力学和水力工程、交通工程和全国规划以及土木工程的环境系统。

④ 设计实验并在实验室完成实验的能力，审慎分析实验数据并在③列出的一个以上的领域里解释数据的能力。

⑤ 进行自学和激励自我创新的能力，在③列出的至少一个领域里通过练习解决问题的能力。

⑥ 探索问题的能力，通过将学习到的土木工程专业的全部课程中的专业部分整合起来的方法，构造问题推理步骤并解决问题的能力。

⑦ 对于以下实际专业问题，至少理解其中一个并做出相应合适的回答的能力：

• 促进环境改善和支持可持续发展的知识和能力。

• 在考虑地域特点和文化与文明的重要意义的情况下设计一个有社会意义的专业。

• 综合考虑潜在成本、时间、质量、安全性和可获得性的情况下对一个建筑专业的管理。

• 与土木工程相关的专业实际问题。

（2）教　师

专业的教师必须是那些拥有教师职业资格证或者具有训练和设计经验的人。

7．电气、电子、通信和类似名称的工程专业标准

这些专业标准应用于电气、电子、通信和相关的工程领域（包括：电气和电子工程、信息和通信工程、电子学以及仪器/控制/系统工程等）的专业教育。

（1）知识和能力要求

① 课程体系结构必须既有广度又有深度，能够覆盖此专业名称所蕴

含的工程主题的范围。

② 专业必须证明其毕业生获得了以下的知识和能力：

• 数学知识(包括微积分运算、微分方程、线性代数、复变函数和离散数学)、概率统计、理科基础特别是物理,和为了专业名称以及学习(教育)目标需要的工程科学知识。

• 不仅能够设计实验专业并完成实际实验,而且具有能够分析和解释实验结果的能力,这些能力符合于专业的学习(教育)目标。

• 与专业的学习(教育)目标相适应的能够分析和设计装置、软件和系统的能力。

• 从由专业名称所显示的那样指定的领域里的工程师的视角理解实际问题和主题的能力。

(2) 教 师

教师队伍必须包括这些人,他们具有教授与专业的学习(教育)目标相关的工业界实际经验的资格。

［注释］

1. 电子信息通信工程师协会和电气工程师协会有责任共同参与对本领域专业的评估。

2. 电子、电气、通信和相类似名称领域(如电气和电子工程、信息和通信工程、电子学)的具体学科和专业的教育内容(目标)应该由申请院校设立。

8. 环境工程专业标准

这些专业标准应用于环境工程以及相关的工程领域的专业教育。

(1) 知识和能力要求

专业的毕业生必须获得以下的知识和能力。

① 理解环境管理、环境保护、环境改善与保持、减轻环境负荷等基本科学知识的基本能力,以及正确应用这些知识解决相关问题的能力。

② 观察、理解并分析与环境相关的现象的能力。

③ 应用(工业)数学和自然科学(至少覆盖物理、化学、生物、地球科学中的两门课程)的能力。

④ 至少一科以下环境领域或者其中的综合领域的基本知识:

• 城市环境和环境系统;

• 社区设施及其环境;

- 住宅和居住环境；
- 原料和能源环境；
- 其他与环境相关的领域。

⑤ 在④中列出的一个领域或者更多的与环境相关领域内设计开展研究和实验，并且能够分析、检验和解释其结果的能力。

⑥ 综合利用专业规定领域里的知识和方法识别环境问题，建立任务并按照合适的步骤将其解决的能力。

（2）教　师

专业的教师必须是那些拥有教师职业资格证或者具有实际工程经验的人，他们要有资格教授这些学科课程。

9. 林业学和类似名称的工程专业标准

这些专业标准应用于森林学和相关工程领域的专业教育。

（1）知识和能力要求

专业的毕业生必须获得以下的知识和能力：

① 林业科学和自然环境学的基本知识，以下本领域内的 4 个专业方向（森林科学、森林工程、自然环境和森林产出）中的一个或者一个综合方向的基本知识，以及应用这些知识解决问题的能力。

② 设计开展实验室工作和野外调查，分析数据并通过报告证明自己观点的能力。

③ 发掘主题，去设计合适的方法并运用本领域内专业知识解决问题的能力。

④ 理解并能解决专业工程师的实际问题和主题的能力。

（2）教　师

专业的教师必须是那些拥有教师职业资格证或者具有实际工程经验的人，他们要有资格教授这些学科课程。

10. 通用工程专业标准

这些专业标准应用于通用工程（综合领域或新领域）和相关领域的专业教育。

（1）知识和能力要求

专业的毕业生必须获得以下的知识和能力。

① 工程基础里的一般知识和能力：

工程基础包括以下 5 组科目：系统设计（规划）、信息和逻辑系统、材料和生物系统、机械系统和社会工程。

工程基础部分的知识和能力需要至少 6 个科目课程，上面 5 组科目中每组至少需要一个科目。

② 通用和专业工程里的知识和能力：

• 专业工程里的知识和能力，其通用工程领域（综合领域或新领域）的具体内容应由申请院校自己设立。

• 多个工程领域的基本知识和技能，即让学生能够自由地设计和开展实验、准确地分析数据并从工程角度思考结果做出令人信服的解释。

• 汇集工程领域的基本知识和技能的能力，在探索和分析问题与提出解决方案方面表现出创造性的能力。

• 理解技术上的和可能是由有经验的工程师提出的实际工程问题，并且能够正确分析解决它们的能力。

（2）教　师

教授这些课程的教师需要拥有教师资格证，或者能够证明他们具有实际教学经验。

11．工业工程（管理）和相类似名称的工程专业标准

这些专业标准应用于工业工程（管理）和相关领域的工程专业教育。

（1）知识和能力要求

专业的毕业生必须获得以下知识和能力：
• 工作能力和了解经营管理的原则与方法；
• 数学分析的能力；
• 应用信息技术的能力；
• 工程、经济、管理和相关领域的基本知识。

（2）教　师

专业的教师队伍必须包括那些有资格在工业工程（管理）和相关领域

教授专业实用课程的人。

[注释]

1. 商业管理的主题是一个意义非常广泛的组织,它的主要系统包括人和信息。因此,专业应当给出管理一个清晰的概念,这个概念要与这个主题是相符合的。而且专业应该着眼于向学生传授方法、知识、培养学生利用好管理这个概念的能力。除了教授这个主题规定的技术科目外,专业如果能通过介绍方法的使用从侧面来传授观点也是很好的。

2. 这里包括的能力有:系统地收集数据,考虑随机变化分析数据,通过数学公式对实际问题进行建模,找出最合适的解答。

3. 会使用电脑和其他信息技术,包括编程、系统设计和网络技术,无论水平高低,都可能是具有能力的一个例子。

4. 与工业工程和管理相关的领域的基础知识,如专业工程技术、交叉学科的专业技术、社会科学和其他领域,都属于这个范畴。

12. 信息学和类似名称的工程专业标准

这些专业标准应用于信息和相关领域的工程专业教育,相关领域包括:计算机科学、计算机工程、软件工程和信息系统学。

(1) 知识和能力要求

专业的毕业生必须获得以下的知识和能力。

① 理论分析和问题分析,明确地表达它们,在以下的主题范畴确定设计方案:

- 算法和数据结构;
- 计算机系统结构和组织;
- 信息网络;
- 软件设计;
- 计划编程语言。

② 程序设计和实践。

③ 应用数学包括离散数学和概率统计。

④ 理解和他们的专业应用相适应的基础和高级主题。

(2) 教　师

专业教师队伍必须要有下列充足的教师,一是那些有过开发由第三方使用的信息处理系统经验的教师,二是拥有能成功指导学生参与程序设计部分专业的教学能力的教师。他们必须要献身于专业,要能够帮助学生学习基础和实践知识与经验。

[注释]

1. 日本信息处理协会、电子信息和通信工程学会以及电气工程师协会负责共同开展此领域的专业评估。

2. 信息和相类似名称领域(如计算机科学、计算机工程、软件工程、信息系统学等)的具体学科和专业的教育内容(目标)应由申请院校自行设立。

13. 材料学、冶金学和类似名称的工程专业标准

这些专业标准应用于材料学、冶金学和相关领域的专业教育,相关领域包括:金属、无机材料(陶瓷、玻璃等)、有机材料(聚合物、塑料等)、复合材料、半导体材料以及它们的生产、加工和应用。

知识和能力要求

专业的毕业生必须获得以下的知识和能力:

① 基本理解材料结构和材料性质;

② 基本理解材料加工过程;

③ 基本理解材料性能、材料设计和选材;

④ 从事设计和开展试验并分析数据的基本能力。

上面的①、②、③每一个条目都必须有超过 100 h 实践课时,3 个之和需要超过 400 h,条目④必须拥有超过 200 h 的实践课时。

14. 机械工程和类似名称的工程专业标准

这些专业标准应用于机械工程和相关领域的工程专业教育。

(1) 知识和能力要求

专业的毕业生必须获得以下的知识和能力:

① 对于数学,要有应用线性代数和微积分的能力,概率理论和统计知识。对于自然科学,要有物理学的基本知识。

② 熟悉一个以上机械工程的主要领域(材料和结构,动力学和振动,能量和流体流动,信息和测量控制,设计和制造管理以及机械工业系统),应用它们解决问题的能力(每一领域的要求单独设置)。

③ 设计和开展实验,并且从工程观点分析检验数据的能力。

（2）教　师

教师队伍（包括兼职教师）中必须有这些人：他们有工程师资格证或者有足够的工程经验使得他们能够教授给定的课程科目。

［注释］

在条款(1)的②中提到的每一个领域的要求在自评表中的机械工程和相关领域要求给出了。

条款(1)的③中表明毕业生的能力主要是通过实验和毕业设计研究获得的。根据每一个专业的政策，毕业设计研究可以由参与其他研讨会来代替。

15. 物理学、应用物理学和类似名称的工程专业标准

这些专业标准应用于物理学、应用物理学和相关工程领域的工程专业教育。

（1）知识和能力要求

专业的毕业生必须获得以下的知识和能力。

1）基本能力

① 数学（微积分、线性代数、矢量分析和物理数学）和物理学（力学、电磁学、热物理和量子物理）的基本知识和技能，基本实验研究的能力，信息科学的知识和技能。

② 应用上述知识和技能理解并解决问题的基本能力，能够有效地表述和讨论这个主题的能力。

2）专业知识和能力

需要获得这个专业范围内的至少一门主要学科（普通物理或者普通应用物理、材料科学、科学计量和电子元器件）的高级能力。

① 通过专门班级教授的一门院校化的课程获得高级知识和技能，对于要达到专业的目标来说这种班级是有必要的。

② 应用上述知识和技能探索并相应地解决问题的能力。

③ 通过应用上述知识和技能，理解并解决专业工程师遇到的实际问题，并且要有效地表述和讨论这个主题的能力。

（2）教　师

专业的教师必须有这些成员，他们能够胜任教授那些为了达到专业目标相关的课程。

[注释]

上述标准中(1)的知识和能力包括基础和高级能力,它们是在听报告、参与研讨会和做实验时获得的,这些都作为学习物理、应用物理和其他相关领域课程的一部分。

1. 基础能力

专业的毕业生应当获得以下基础知识和技能。

1) 数　学

微积分,线性代数,矢量分析,物理数学(微分方程、概率统计)。

2) 物　理

力学:牛顿运动定律,质量、动量、能量守恒定律,周期运动,相对论基础,振动,波和共振。

电磁学:库仑定律,高斯定律,欧姆定律,直流、交流电路、复数阻抗,阻抗匹配。

热物理学:温度,热力发动机,卡诺循环,热力势能,热力学第三定律中的零点,统计力学原理,粒子统计学,以及配分函数。

量子物理:波粒二象性,不确定性原理,振动函数,概率密度,薛定谔方程。

3) 基本实验方法

实验基础:数据处理,制图,报告。

4) 信息科学

信息基础:离散数学,数值计算和程序设计语言。

计算机能力:制作文档,电子表格以及数学建摸。

2. 专业知识

这个专业的毕业生应该至少具备如下所列的专业范围内的 4 个主要科目之一的高级知识和技能。

(1) 必修科目及其课程例子

以下科目可能由不同学科组成,目的是为了满足数量上的要求。

1) 普通物理和普通应用物理

应用数学:复变函数,傅里叶级数,拉普拉斯变换以及数值分析等。

物理及应用物理:物理学,固态物理和光学等。

力学及应用力学:刚体动力学,粘弹性,运动方程等。

电磁学及应用电磁学:电磁学领域,麦克斯韦方程式,坡印廷向量等。

2) 材料科学

材料科学:二维空间相图,自由能,正规溶液近似,旋节线分解(Spinodal decomposition），漫射，沉淀和老化，马氏体转换，外延生长等。

固体状态物理：固体胶接，晶体结构，波段理论，电学，光学，磁学，及热力特性等。

工程物理方法：误差容限，最小二乘法，正态分布，仪器使用方法（instrumentation methods）零点方法，补偿法，替换法，传递函数、博德图（Bode diagram），负反馈及比例积分微分控制等。

3）科学测量法

物理测量及控制工程：SI 单位制、偏差方法及零点方法，随即误差及系统误差，准确度和精度，最小二乘法，拉普拉斯变换，传递函数，部件图，频率响应，瞬时控制，反馈控制，安全预测（safety determination）等。

光学及应用光学：折射，反射，和光的吸收，透镜像差，光学传递函数，光的干涉和衍射，菲涅尔原理，全息影像，相干——不相干光，光的偏振等。

信号处理和电子电路：傅里叶变换，卷积积分，脉冲响应，滤波器，离散傅里叶变换，采样定理，校正及波形整流电路，晶体管电路，运算放大器，开关及数字电路等。

4）电子学及原理

固体物理学：固体的胶接，晶体结构，能量波段，半导体，电学，光学，磁性、量子效应等。材料工程电子学，光学，磁性材料，薄膜和表面和晶体生长等。

装置工程：PN 结，晶体管，光学器件，信息输入/输出装置等。

电子电路工程：模拟和数字电路，信号的放大和发送，逻辑运算等。

（2）选修科目例子

通过一个结构化的课程掌握这些选修科目是值得的。以下的科目可能是从与上面条目 1 相关的不同学科综合而成的。

1）普通物理及普通应用物理

计算数学，计算物理，流动力学，弹性理论，振动和波动物理，放电及等离子体物理，热红外物理，辐射物理，统计力学，量子理论，宇宙科学，宇宙射线物理，基本粒子物理，超导物理学，热物理学，地球物理学，气象学，物理和应用物理实验。

2）材料科学

绝缘和磁性材料，软材料科学，表面科学，光学属性，材料加工，热传导材料，无机和有机材料，物理化学，电化学，生物物理，医学材料，生物系统工程,生物基因(biogenetics)和材料实验。

3)科学测量法

数据处理,检测工程,光谱分析,表面结构分析,光磁测量法,真空工程,航空工程,高压工程,激光工程,晶体结构分析,人体工程学,环境测量和科学测量实验。

4)电子学及原理

半导体工程,光学和量子电子学,装置工程,电气和电子器件工程,电路理论,逻辑电路,信息理论,通信工程,集成电路工程,图形图像工程,系统工程,计算应用,电子实验和设计与制图。

所有学科共有的研讨会和练习有:专业英语,实践工程训练,实验研究课题等。

16. 资源、地质工程和类似名称的工程专业标准

这些专业标准应用于资源、地质工程专业和相关领域的工程专业教育。

(1)知识和能力要求

专业的毕业生必须获得以下的知识和能力:

① 以下的一个学科或者由这个领域内主要学科,如地质工程和地震防护,矿物和能源资源开发与生产以及资源重复利用和环境保护等这其中的三个综合而成的学科的知识和能力。

② 一个主要学科的知识和能力。

③ 设计开展实验和/或调查并分析获得的数据,而且能够合理地解释结果的能力。

④ 通过综合①和②列出的知识和能力去探索、调查和解决问题的能力。

⑤ 理解和正确处理工程师在本领域内遇到的问题的能力。

(2)教 师

专业的教师必须是那些拥有教师职业资格证或者具有教育和设计经验的人,他们要有资格教授这些学科课程。

第四节　日本工程教育专业自评报告指南

本自评报告指南是由日本工程教育评估委员会下属标准和程序委员会于 2003 年 3 月 10 日修订完成的,旨在为申请评估的高校(以下称"申请学校")提供指导,帮助其准备自评报告。自评报告是由工程教育专业认证之前提供给委员会的参考材料。自评报告是非常重要的文件,因为它可以帮助申请学校解释其提交的材料是否满足该专业的资格标准,所以,自评报告应该表述清楚,便于理解;而且自评报告可以作为将来改进专业的基础,因为在准备报告的过程中可以发现需要解决的问题。这份文件要讨论有关评估标准的目标、解释和补充,以及需要检查的要点和其他有关方面。准备自评报告时必须涉及评估和考察的程序和方法。

自评报告由两卷组成,分别是正文和次要部分,都要包括参考资料和举例。原则上,两卷加在一起不能超过 6 cm。正文一卷(以下称第一卷)必须要有连续页码和目录表;包含参考资料和证据的次要部分一卷(以下称第二卷)也要有目录,而且要给每个章节排序。紧随目录的应该是一份证据材料清单,以供检查之用。第一卷中引用的材料,在第二卷中必须明确标明其出处来源。考察组所要检查的对象是参考资料和证明材料,而不是附加在自评报告后的第二卷。自评报告只做评估之用,未经申请学校同意不得公开发表。

一、专业内容

以下内容必须作为评估和考察的先期材料提供。

(1) 申请学校的名称

将申请学校的名称输入其提交的专业里。如果专业属于一个系的几个部门之一,那么也要包含这个系的名称。如果专业属于整个系或者几个系,那么就输入最直接的、较高级别的组织单位和集体的名称。

(2) 专业名称

输入专业的名称。对于新启动的专业或者是最近改名称的专业,我们建议选择一个能明确描述其专业领域和其学习教育目标的名称,以便被社会接受和承认。它的名称应该有别于由同一院校提供的其他专业名称。详细来说,必须能把它与没有被日本工程教育资格鉴定委员会承认的专业区分开来。如果该专业是该系提供的唯一专业,该系的名称就可以直接作为该专业的名称使用了。

(3) 授予的学位名称

输入该专业的毕业生的学士学位名称。(指学位证书和毕业证书上所写的学位)

(4) 联系信息

输入同委员会联系的代表联络官(一般来说是院长或是行政部门的领导)的姓名、工作岗位、职位、邮政编码和地址、电话号码、传真号码和电子邮件;输入专业负责人名称。他们都负责同考察组保持联络。

(5) 同专业有关的数据

日本工程教育资格鉴定委员会将会统计每一个申请学校的数据,每几年在合适的时间公布出来。学校和专业的名称保密。

二、自评结果

委员会将根据专业是否达到评估标准决定是否授予其合格,具体做法是评阅自检报告的内容和现场考察。以下 4 点评估标准在考察过程中是要尤其注意的,准备自检报告时要给予足够的重视。

① 该专业是否制定了合适的学习和教育标准,反映了学生的知识和能力水平。

② 该专业是否履行了在自评报告中,以及学校的规章制度和手册中所描述的各种义务责任。

③ 是否所有的毕业生获得的知识和能力都达到了该专业的学习和教育目标,达到或者超过了工程和工业协会所要求的水平。

④ 专业的内在连续自我改进系统是否有效。

准备自评报告时,申请学校必须依据本自评报告准备指导进行自我检测。具体来说,要检查的每一项都要在自我检查中有所体现,在检查标准的基础上,用带括号的数字,如(1),(2),(3)等标出。然后基于自评结果作出的评估必须按照 1 到 5 的标准分级,再输入自评报告卷一的相应表格 1*"自评结果"一栏中。

　　关于每个评估条款对应的检测标准的解释必须是意思完备的,这样考察团无须参考其他评估条款的评价标准就可以确定该项标准适用的范围。然而,应该避免照抄参考文献和证明材料,每项解释都要清楚的列出所应用参考文献的页数和章节。

　　另外,这些评估专业和评价标准必须完全要经过第三工作组来检验,这样就无须日本工程教育评估委员会的再次检验。相关参考资料一定要遵循于这一原则。

1. 标准 1:设置并阐明学习目标和教育目标

　　关于设置并阐明学习目标和教育目标方面,必须要给出标准 1 中第(1)～(3)部分需要考虑的事项。

　　考虑到培养具有独立判断能力的工程师的教育目标,是否这个专业能建立和阐明具体的学习目标和教育目标并全面地概括出标准 1 中第一部分①～⑧所描述的知识和能力。

　　日本工程教育评估委员会所确定的学习和教育目标要成为评估标准的指导方针,并包含保证这个专业必备的具体学习和教学结果。换句话说,学习和教育目标是检验标准 3～5 的基础,并要有具体的内容可以解释学生完成教育目的所实行的教育内容和方法,以及表明学生完成教育目标程度的方法和标准。特别是完成教学目标的程度要经过标准 5 的检验。因此这些学习和教育目标应该足够具体,否则,学校很难证明其教育目标的完成程度。所以,如果这些教育目的给出的形式是概括的,那么要把每专业标分解为更加具体和可以度量的形式,而评估方法要结合每个目标的评价标准一起列明。由于这些原因,要注意到没有具体和清晰的学习和教学目标的专业申请是不会被日本工程教育评估委员会评估和考察的,因为它不具备这一过程所需的先决条件。

　　专业①到⑧给出了基本的框架,并且列明了知识和能力的分类及其标准,通过它们学习和教育目标中的细节内容和等级就变得清晰具体了。前面已经说得很清楚,第①项到第⑧项本身并不可以看作教育目标,每个专业描述的很笼统,这样做是为了扩充教学大纲的多样性。

　　虽然每个专业都能够通过描述第①项到第⑧项中的具体内容和水平

_____

　　*　自评报告卷一的表格内容因篇幅过大而省略。

而建立其教育目标,但是并不一定要求在建立学习和教育目标时为了适时的反映每个专业不同的特点而对第①项到第⑧项逐条加以遵循。最好是根据申请学校总的教育目标和原则来逐项安排内容。

① ～⑧中所描述的知识和能力可以通过单独的或者综合几门的教育课程获得。

每一个学习和教育目标可以同时包含①～⑧中的多条。

① 根据专业的需要逐条列出独特而具体的学习教育目标(如 A,B,C,D 等。如果这个学校和教育目标是以一个概括的形式给出的,那么需要把它分解成为更加具体的内容,每一项可以进行二级分类,如把 A 分成(A—1),(A—2),把 B 分成(B—1),(B—2)等。

② 要证明这个学习与教育目标能涵盖第①项到第⑧项中所指出所有知识和能力,标准 1 应包括这一领域内所有的专业标准。尤其要解释申请学校如何将第①项到第⑧项中所涉及的知识和技能与教育目标联系起来,并且如何用图表来阐明两者之间的联系。在假设学生已经达到专业规定的学习和教育目标的基础上,证明这个专业如何保证学生能够获得第①项到第⑧项所规定的知识和技能。

③ 在第二卷的表格 3 中指明评估的方法以及表明学习和教育目标完成水平的标准,以使教育和学习目标足够具体来对专业进行客观的评价。然而,在相表格中的例子仅仅是为了举例说明这些方法和标准,而申请学校则要尽力去阐明和贯彻自己合适的评估方法和标准。

④ 解释这些学习和教育目标公开的程度。列出申请学校现行出版物的名称,如宣传册、注册向导、学生手册、班级日志、教学大纲、以及关于老师指导和其他网站活动情况的记录,并清晰的说明这些出版物的出处(对学习和教育目标而言,来自的校内外的阐述是同样重要的。因为毕业生的知识和能力水平要为社会服务)。同时,也要说明保证学生和专业相关的全体教员能够充分理解这一学习和教育目标的方法。

⑤ 这些申请学校是否能给予资格鉴定取决于该专业的学习和教育目标迄今为止的修改和公布的情况。如果教育目标曾被更新或修改,要解释教育目标变化的历史,其中要详细说明最后被修改的教育目标的时间选择,列出教育目标的内容迄今为止变化的过程。描述这些学习和教育目标包括其变化是如何根据每个学年注册的学生情况来制定计划和贯彻执行的。建议例子中引用的文献和证据材料应该包括每个院系的手册、网站、班级日志和老师指导的记录。相关材料的影印版要作为自评报告

第二卷的考察标准的附件。

这些学习和教育目标是否根据一些因素诸如学校传统、资源以及学校毕业生在这一方面活跃程度而拥有各自独特的特点呢?

在描述这些特点的细节时,具体地证明这些独特的学习和教育目标是在第 a 项到第 h 项所提供的框架下建立的,有时在一些领域甚至超越这一框架,考虑申请学校的传统、资源以及毕业生在这一方面活跃程度等相关因素。并且解释这些独特的学习和教育目标建立的过程。建议引用的文献和证据材料在这里应包括所有毕业生雇主的名单。这些名单的相关影印件要作为自评报告第二卷中检测标准的附件。

这些学习和教育目标是根据社会的需要和学生的要求建立起来的吗?

阐述根据社会需要而确立教育目标的内容和水平的过程,这些社会需求包括一些行业,在这些行业中该专业的毕业生表现出不同积极性。另外,在保证社会需求的水平的同时考虑到学生的要求。举例中引用的参考文献和证据材料应包括团体、成员名单、会议时间安排记录,如果申请学校为此召开会议,也应该包括会议记录。并且应该包括校友会的活动、毕业生雇佣情况的调查问卷的结果以及来自外部评估的结果也可应用于此。这一部分相关材料的复印件应该作为自评报告第二卷中评估标准的附件。

2. 标准 2:课程数量要求

这个专业本科生在四年的学习中所修的课程以及这些毕业生为完成学士学位是否需要 124 学分或是更多的学分?

(1)详细说明申请学校对学生毕业的要求,通过联系相关的制度和学分分配表阐明学生为了完成四年的本科教学计划应该至少修满 124 学分。

在四年本科的学习中所获得的学分和在大学里较高年级(四年级和五年级)学习技术方面的高等课程所获得的学分是平等的。此外,如果能够证明这一计划所规定教学内容的水平等同于大学里本科的学习水平,那么在三年级所修的关于技术方面的课程所获得的学分跟前面高年级所获得的学分也是等同的。这样,就需要有相关的材料来说明这种平等对待学分的方法,如理由要点集录、现场考察的问题和答案。例子中所引用的参考文献和证据资料应包括:2002 年本科生所获得学分的具体情况或者完成同等性质课程所修的学分(不要求列出学生的姓名),学校的规章制度,本科全体教员手册,院系课程手册等。这一部分相关材料的复印件应该作为自评报告第二卷中评估标准的附件。

这些课程是否至少包括 1 800 个相关学时。并且,这些课程是否包括在人文和社会科学方面所需的 250 个学时(包括外语学习),在数学、自然科学和信息技术所需的 250 个学时以及在专业范围所需的 900 个学时。

申请院校应当提供一种教育形式,特别是工程教育。在这种教育方式里,学生在老师指导下自主独立地学习,而不是那种仅仅包含单向地将知识传授给学生就可以的教育形式,这一点很重要。

为了鼓励学生主动学习,提供一个双向的教育形式是重要的,在这种教育形式里要处理诸如学生对教学内容和学习指导等的问题和需求。这就是为什么每一个评估的专业都趋于提供多种教育形式的混合体,如讲课、实习、实验室工作、课题和毕业设计,通过教学和指导,由此教师将不光是传授知识而且也引导学生独立自主地学习达到启发学生的目的。

因此,设计目的是为了培养自信的工程师的有社会意义的基础教育专业,应当提供至少 1 800 个完整学时用来类似的教学和指导。

上述按照类别细分相关时间的标题,如"人文和社会科学等(包括语言学习)"、"数学、自然科学和信息技术"和"专业领域学习"并不与课程科目的分类相符,也不与申请院校的组织的框架相符,但它正好反映了具体的学习内容。例如,如果一个名称为"工程道德"的科目是在"专业领域学习"类别里正式设置的,它仍然能够计算在"人文和社会科学等(包括语言学习)"类别里。而且,接触学时还可以在科目里细分。然而,同样一种学习内容在两个或以上类别里重复计算其学时是不允许的。

(2)考虑前述的要求,专业可以通过引用和提交第二卷的相关表格,证明能够保证至少有 1 800 个相关学时,其中至少 250 学时用于人文和社会科学(包括语言学习),至少 250 学时用于数学、自然科学和信息技术,以及至少 90 学时用于专业领域的学习。在准备日本工程教育委员会 2003 自评报告准备指南应当基于相关的规章和课程科目分配目录等。在准备表 4 的时候可以参考下面的"参考信息"。

[注释]

① 准备好"参考表1*"作为第二卷最后一页的附件B,这是准备表4过程中的一步(注意:有关分领域的专业标准,相关学术团体也可能会提交相似的表格)。

② 在参考表1的表格里,所有科目的名称在竖排列出,同时学分数量,是否必修或选修,讲课时间安排(标明年级和学期等),提供的教育形式如讲课、实习、实验室工作或者毕业设计,总学时数量(单位:h),接触时间,以及支持每一个学习和教育目标的程度都在横向列出:如果专业提供的科目属于"评估和考察的步骤与方法"中5.2部分描述的类别,即(P):其他学校的讲课等;(Q):实习;(R):讲座,比如通过录像播放、网络,空中大学等方式提供的讲课等,这种讲课可以作为教师为学生准备的课程的一部分,但不允许学生提问题,(S):网络实习,允许学生提问;(T):教师指导下的学习等,应使用上面的符号"P,Q,S和T",在列里面列出提供的教育形式,如"讲课,实习,实验室工作或者毕业设计等"。

③ 在"总学时"栏里填入每一个科目的总的学时数(每一个完整学时包括60分钟)。对于上面(P),(Q),(R),(S)和(T)类别提供的接触时间,详细地描述一下每一中教育形式的具体情况,即这些学习活动是在哪开展的、是如何开展,以及在这些活动里教师是通过什么方式提供教学和指导的;接着根据每一种教育形式的效率等计算一下相当的小时数。计算总学时数时可以参考"评估和考察的步骤与方法"中5.2部分。

④ 将总学时数分配到下列名称的类别里,"人文和社会科学(包括语言学习)"、"数学、自然科学和信息技术";还要再细分到(1),(2),(3)等条目里,特别是在"专业领域的学习"。将上面(1),(2),(3)等的总和填入到"专业领域的学习"类别里的"总学时数"一栏。

⑤ 同样地,将总学时分配到下列名称的四种教学形式,"讲课"、"实习"、"实验室工作"和"其他"。然而,这并不适用于有些情况下,如毕业设计,当总学时数不止分布在一个学习内容里时,于是很难将学时细分成"讲课"、"实习"、"实验室工作"和"其他"这四种形式。

⑥ 列出对每一个学习和教育目标的支持程度,用(A),(B),(C)等在行里标出。对于每一个学习和教育目标的支持程度,可以通过用双圆圈(◎)表示强烈支持,一个圆圈(○)则表示比较弱的支持。

(3)如何使用参考表1来准备表4。

1)必修和选修课程学分

对于合格的专业毕业生所需的必修课程,计算每一个科目的"学习内容类别"的相关学时总和。

注意那些为了满足毕业要求的最少学时数不能够计算选修课在内,

---

* 自评报告第二卷的参考表内容略。

也就是本身自己超过最少要求的相关学时数不能计算进去。因此,有必要参考限制选择科目范围的规定来解释一下计算的基本原则。通过这种方法计算出的最少相关学时,与"学习内容类别"相符的应当填到表 4 中"必修或选修科目总学时数"一栏。这种方式计算出的总学时应当达到下列每一个学习内容类别的最小数目:人文和社会科学(包括语言学习)250学时以上;数学、自然科学和信息技术 250 学时以上;以及专业领域学习900 学时以上。总的来说,最少需要 1 800 个学时。当多个选修科目跨越一个以上的"学习内容类别"时,在有些情况下,不可能证明已经完成了必需的学时,这主要取决于选修科目的方法。解决这个问题的一个方法是绘制一幅相关学时图给每一个学生,在这个表里说明所有完成这个专业学习的学生已经达到表 4 里的最少相关时间要求。

2) 讲课、实习、实验室工作和其他

对于那些科目,它们能够在第二卷参考表 1 中将总学时数细分成四种教育形式,即"讲课"、"实习"、"实验室工作"和"其他",填入它们的总接触学时数。

虽然学科的不同,但一些必要的材料适合所有专业作为引用的参考和证明材料,如保证每一个科目的相关学时要求的计划安排、保证每一个学生相关时间的计划安排、以及每一个学生毕业论文工作所花的时间记录。在自评报告第二卷中应该将这些材料的相关部分复印件附在每个考察标准的页面里。

3. 标准 3:教育方法

(1) 招生和入学

该专业是否设置并公布一项招生政策,用于吸引具有优质的学生去了解该专业的学习和教育目标。此外,它是否设置并公布其具体的筛选学生的方法去执行招生政策。而且,在采用多种入学考试方法的情况下,对知识或能力不够充足的学生,该专业是否提供了措施(如通过入学后补充的讲课)加强它们,以保证他们最终能够完成专业的学习和教育目标。

学生如果完成了基础课程学习才进入专业学习,这种情况下考虑到学生从申请到入学这段时间的学习成绩都要测试,专业是否设置并公布具体筛选申请入学的学生的方法? 而且学生的筛选过程实际上是不是与这些方法相符?

① 说明什么时候以及执行了什么样的招生政策,同时要引用和提交相关的规章制度等,阐明它与申请入学和毕业是怎样的关系。在这里建议的一些引用的参考材料和证明材料的例子包括:入学考试指南,每年申请入学和实际入学人数数据(希望的是最近四年的数据)。而且在一些特殊的情况下,如学生是在完成公共课程学习后将要入学等,这些材料的相关部分的复印件,如入学分配规章制度、学生注册信息(3 年级和 4 年级)、网站等,都必须附在自评报告第二卷中的每一个考察标准后面页里。

② 招生和入学的模式是多样化的。学生的知识和能力在入学或申请的时候有可能低于最低等级要求,要说明有哪些措施可以用于加强学生知识和能力,要提供一些措施,以保证他们最终能达到专业的学习和教育目标要求。

③ 在上面引用的参考材料和证明材料里列出发布招生方法的媒体,并详细说明它们的分布情况。

该专业是否设置并公布一套转学招生政策,用于从其他院校或者高等学校向此专业提供的转学学生? 此外,专业是否设置公布以及执行了具体的招生方法和标准去实行这项政策?

详细说明接受能够继续在该专业学习的转学学生所采用的步骤和标准。在建议的一些引用参考材料和证明材料的例子包括,接受转学学生的规章制度,公布的证据(有多种公布的行政方式,如复印件的传散也是可以接受的)。

(2) 教育方法

为了确保学生能够达到专业的学习和教育目标,全部的课程是否通过一定的方式设置和公布出来? 每一个科目和专业学习和教育目标的关系是否也在课程里清楚地反映出来。

① 说明课程设置的原则,这些是为了确保学生能够达到专业的学习和教育目标。

② 制作一个表(第二卷表 5)公布科目的时间安排,这是为了达到每一个学习和教育目标的,并且要解释计划了哪些相关的科目使得那些目标获得了提高。如果学生被要求在完成科目学习的时候遵循一个特定的序列,那么需要详细说明这个序列。在第二卷参考表 1 中每一个科目用双圆圈或单圆圈做标记之后,准备表 5 的时候,仍用它们在括弧里做标记可能也是有用的。同引用的参考材料和证明材料一样,院系班级手册的

相关部分的复制等应当附在自评报告第二卷中的每一个考察标准后面页面里。

③ 通过引用和提交用于展示的材料,明确地说明课程的展示情况。

教学大纲是否基于课程的设置来制定的,同时它是否是按照原来计划公布并执行的? 教学大纲是否清晰地反映了每个科目在全部课程中的地位和作用? 是否清晰地指出了每一个科目的教育内容、方法、要达到的目标以及学生成绩的评价方法和标准? 设置教育内容、评价学生成绩的方法和标准的时候,是否考虑了社会需求水平?

证明教学大纲是基于全部课程为每一个科目制定和公布的,通过引用和提交公布用的材料去展示这种公布的状态。通过介绍实际在使用的教学大纲,证明它们至少已经描述了每一个科目在全部课程中的地位,在教育内容(方法)、教材和使用的参考资料、要达到的目标以及评价学生成绩的标准和方法等方面也是如此。对于引用参考资料和证明材料、教学大纲的复印件(如果体积太大,仅需要那些与达到足够目标相关的主要科目的部分大纲),例如可以附在自评报告第二卷中的每一个考察标准后面页面里。

该专业是否设置、公布和实施了一个激励系统,增强学生对课堂作业和其他活动的理解,促进他们的学习热情,同时又照顾到他们的要求?

通过引用和提交相关材料给出对这个系统和教育方法的具体解释,采用并实施它们的目的是为了增强学生的理解力、促进他们的学习热情,同时又要考虑他们的要求,此外还要解释这个系统和方法是怎样公布的。它们是怎样与学生进行特殊的沟通的,是否应该具体描述一下? 在这里建议的一些引用的参考资料和证明材料的例子包括,将教学大纲发布在网上,公布学生对教师水平测评的结果以及教师对此的反应,以实验室为主的科目中助教的任务分配记录,多种活动包括指导的记录,教师工作时间的记录。这些材料的相关部分的复印件必须附在自评报告第二卷中的每一个考察标准后面页面里。

是否允许学生依据该专业学习和教育的目标定期地评估他们所获得的成绩水平,这样的目的是为了激励他们自己学习和给他们的学习定位。

引用和提交相关材料,解释采取和实施哪些方法允许学生本着激励学习和给学习定位的目的,评估自己相对于学习和教育目标的成绩水平? 例如,解释清楚学生怎样以及何时能够获得自己每一个年级或学期的测试成绩。同样地,具体解释一下当学生未能通过科目学习或者考试成绩不理想时,采取了什么措施去指导学生学习。这里建议的一些引用参考资料和证明材料包括,与学生相对于学习和教育目标成绩水平的布告相关的材料,与学生学习相关的文件(portfolio)①,答题纸回收比率和试卷判分后的报告。这些材料的相关部分的复印件必须附在自评报告第二卷中的每一个考察标准后面页面里。

(3) 教育组织

虽然国立学校或者其他公立学校的教师职员总数通常是由政府的规章所规定的,但是对于自身教师队伍的挑选通常是由每一个学校自己决定的。因而说每个学校对教师队伍没有控制力是不可能的,这就是为什么这个问题会包括在考察专业里。此外,申请学校对周围的校外人员的影响和启发也是有必要的。另外,如果专业被认为没有达到评估标准,哪怕只是其中一项,评估也不会通过。

该专业是否拥有足够的职员和有才能的教师以及一个教学支持系统,通过合适的教育方法实施设计出来的课程,以达到专业的学习和教育目标,获得实际的教育成果?

① 准备好"教师成员的个人数据"(自评报告第二卷附件 A②)和"教师成员列表"(第二卷表6),并根据这些证明教师队伍是足够充足和有才能的,能够获得实际的教育成果。③ 还要通过引用和提交相关参考材料,以及提供一份关于教育支持系统角色的描述来证明专业确实从这个系统中受益了。表6可以从教师成员的个人数据中获得相关数据而制成。

② 为了测定教师的工作量是否合理,准备一个表(第二卷表7),在这个表里记录表6里列出的所有教师的活动状况,同时要提供一个关于实际情况和注释的说明。表7可以从教师成员的个人数据中获得相关数据而制成。在这里建议的一些引用的参考资料和证明材料的例子包括,规章制度和支持系统,如院(系)办公室或者院(系)技术支持办公室的活动记录。这些材料的相关部分的复印件必须附在自评报告第二卷中的每一

---

① "portfolio"原意指的是一种有开关的文件夹用于固定和存储手写材料。它是一种个人信息文件,包含已学课程记录、考试结果、报告、论文和其他学习内容、结果以及评价。可以有很多种方式保存一个文件,如对每一个学习目标收集学习结果等。更多关于文件的信息可以参看 https://reps.rose-hulman.edu/newdemo/obj.cgi。

② 第二卷中附件和表的内容略。

③ 原则上,负责表5中列出科目的教师必须在这里详细叙述。

个考察标准后面页面里。

该专业是否提供一个教师培养计划并将其公布,制定这样一个计划是为了提高教师的质量,该专业是否有效地执行了与此计划相关的活动?

通过引用和提交规章制度和相关的参考材料,证明专业确实建立了一套教师培养系统并且已经用于提高教师的才能,以及具体说明在这个系统下进行的活动。在这里建议的一些摘录参考和证明材料的例子包括,教育提高的案例(教师发展报告)以及相关学校间的委员会的活动数据和记录。在自评报告第二卷中应该将这些材料的相关复印件附在每个评估标准的页面里。如果篇幅太长的话,可以只提供一些典型的例子。

该专业是否设置并公布了一个评价方法去测定每一个教师的教育贡献,这个评价是否相应地开展了?

清楚地说明用于评价教师教育贡献的评价方法,以及通过引用和提交相关规章制度和其他材料,说明这些方法是怎样公布的和向教师传达的。如果这个评价反映为教师的晋升等,要说明它的影响程度有多大。在这里建议的一些摘录参考和证明材料的例子包括,有关的学校间委员会的活动数据和记录。在自评报告第二卷中应该将这些材料的相关部分复印件附在每个评估标准的页面里。

该专业是否建立并公布了一个教师间沟通的网络系统,用于确保全部课程中的科目之间紧密地协调,以及增强和改进该专业运作的效率?还有该专业是否基于此系统开展了相应的活动。

① 通过引用和提交相关的规章制度和其他相关参考材料,证明这个教师间沟通网络系统是在运转以及它适时地公布了。而且如果为了使系统有效地工作创造了一些措施,那么需要具体地说明。

② 通过引用和提交相关参考材料,具体演示说明这个网络系统的活动状态。而且,如果已经观察到有任何改进的话,具体地解释一下这个系统是怎样工作以确保教师之间的紧密协调,以及增强教育的效率。在这里建议的一些摘录参考和证明材料的例子包括,有关的委员会的活动数据和记录,班级全体教师开会时间以及系统的教育行为计划和报告等。在自评报告第二卷中应该将这些材料的相关部分复印件附在每个评估标准的页面里。

4. 标准 4:教育环境

当然,仅靠专业自身单方面的努力是不容易改变或改善教育环境的。

不过,考察可以帮助专业的全体人员更加投身于专业之中,能意识到专业的实际环境状况,同时他们还能够获得数据和有机会与院校高层领导探讨如何改进,这是考察带来的最大的额外好处。问题的实质最重要的是是否真的努力去改进了。另外,如果专业被认为没有达到评估标准,哪怕只是其中一项没有达到要求,而且专业负责人和其他专业内人员都对其没有责任,评估也不会通过。

(1) 设备和设施

为了能达到专业的学习和教育目标,是否提供了足够的教室、实验室、实践场所、图书馆、信息技术(IT)设施、学习室、休息场所、咖啡吧以及其他相关的设施和设备。

具体地说明上述设备设施的安装和维护状态,可以通过引用和提交相关的参考材料去证明它们是足够的是能够符合专业的学习和教育目标,当然还要考虑与学生舒适性相关的问题,如每个学生平均场地面积,安全问题也是一样需要考虑的。在这里建议可以作为证据的摘录参考和证明材料包括各种设施的使用指南和小册子(分发给学生),根据用途和结构划分的预定区域安排(如提供一个总结也是可以的;如果这些信息没有的话则需要接受现场考察),列出的机器和设备的安排(如果这些信息没有的话则需要接受现场考察)等。在自评报告第二卷中应该将这些材料的相关复印件附在每个评估标准的页面里。

(2) 财政资源

为了达到专业学习和教育目标,是否努力提供足够的财政资源去维护和操作这些设施和设备的保证足够的财政资源。

引用和提交相关的参考材料,用具体的词语解释说明如何去努力确保财政资源。在这里提供的一些摘录参考和证明材料的例子,包括分配教育和研究经费的数据(如果这些信息没有的话则需要接受现场考察),在自评报告第二卷中应该将这些材料的相关复印件附在每个评估标准的页面里。

(3) 学生支持系统

关于教育环境,这个专业是否提供、公布和实施了一个在照顾学生要求的同时能够提高他们学习热情的系统?

引用和提交相关的参考材料,具体地去证明上述系统是存在的以及它是如何运作和安排的。学生支持系统包括学习课本、计算机系统、通过电子途径获取计算机化的教学大纲的装置和其他的一些促使学生更加积极的设备和设施,如学费和住宿支持。在这里提供的一些获得摘录参考和证明材料的例子,包括学生调查问卷的结果、在网络上公布的数据、与辅导系统相关的课程活动的记录,在自评报告第二卷中应该将这些材料的相关复印件附在每个评估标准的页面里。

5. 标准 5:相对于学习和教育目标的学生成绩水平评价

必须能够证明所有该专业毕业生达到了专业设置的所有学习和教学目标。如同在完善教育方法中一样,申请学校必须承担起证明方法和考察级别设计的责任。

是否根据教学大纲中描述的评价方法和标准对毕业生的水平分学科进行了评价?

必须阐述一个清单(第二卷表8),说明那些用于评估那些学习和教育所达到目标的必需的主要学科的方法和标准(在课程教学大纲列出),特别是表5中用双圆圈标记的那些学科。而且还要提供一个解释说明,证明每一个学科成绩水平已经得到了评价的要求。

考察团将主要通过在现场考察时间里翻阅相关参考材料来判定分学科的目标成绩水平是否得到了评价合格要求,这些评价是根据教学大纲规定的评价方法和标准进行的。

① 因为上面提到的证明材料(教学大纲、学生成绩报告、测试题和答题纸、课程作业、学生作品和毕业论文等)将得到检查,特别是评估结果在通过与不通过之间的时候,所有的材料都应该通过标记的方式使用规范的格式表述,这样可以减少考察团的麻烦。最起码在考察团现场考察时要提供所有学生中最低及格等级以上的答题纸(复制品也可以)。在评价中用 A,B 和 C 或者用"优秀"、"良好"和"一般"去区别不同的及格以上等级,例如名词"最低及格等级"指的是 C 或"一般"。当要决定一个学生是否及格时要看多次测验或多种测验的结果,而且要给出一个明确的解释测试结果是如何考虑和评价的。用于这种评价的典型例子就是,最起码要考虑所有学生都能在最低及格等级以上通过。最好能附上通过与不通过之间的线是如何划分的。要具体地说明一下准备情况。

② 关于对每一个学科的评价,将有助于解释是否有任何特殊的方案。

如将全体教师从功能上划分为教学和评估两个部分,或者通过评估非官方教师认定。在这里提供的一些摘录参考和证明材料的例子,包括与系内委员会相关的活动记录,由一个以上教师评阅的用十字做标记的毕业论文、教学大纲(如果这些材料已经提供,从中的部分摘录也是可以的)和学生的成绩单以及其他相关材料(学生姓名不要求提供)。在自评报告第二卷中应该将这些材料的相关图片附在每个评估标准的页面里。

对于这个专业的学生在其他高等教育院校获得的学分,是否提供了相应的评价方法。这种水平的认可是否根据这些方法恰当地转化? 另外在其他院校的学生申请转学到这个专业之前,是否提供了评价他们所获得的学分的方法? 它们是否相应地得到了转化?

引用和提交有关规定和其他相关材料,解释采用什么评价方法和标准以及学分转化方法去处理这个专业的学生在其他院校获得的学分和那些尚未来这个专业学习的申请转学的学生获得的学分。特别地,还需要论证基于这些评价方法的学分转化方法是与对学生相对于专业学习和教育目标的成绩水平评价相符合的。在这里提供的一些摘录参考和证明材料的例子,包括阐述评价方法和介绍一些实际评价案例的文档。在自评报告第二卷中应该将这些材料的相关复印件附在每个评估标准的页面里。

除了对每一个学科进行评估外,专业是否设置了综合性评估方法和标准去评估学生相对于专业学习和教学目标的成绩水平? 例如,对每一个学科进行加权和使用客观性测验结果等。评估是否根据这些方法和标准正确地开展了?

① 引用和提交第二卷表3和其他相关规章和材料来证明那些评价的标准和方法已经被用于综合性地评价了学生相对于学习和教育目标所达到的成绩水平。在这里也采取了一些用于测定学生成绩水平的测试和其他评价方法,所以那些在上面描述的这个"自评报告指导"标准5中的测试题目和答题纸都相应的需要准备。

② 必须要设计出一套有效的报告书和说明的样式,这样考察团就能意识到使用这些评价标准和方法能够确保学生达到或超过了社会需求的如标准1所描述的知识和能力水平。

③ 具体地说明基于什么做出判断,设置关于学习和教育目标方面社会需求的水平以及评价标准和方法。在这里提供的一些摘录参考和证明材料的例子,包括一些关于评价结果和评价商讨会议记录,以及关于毕业

生就业状况(从毕业生和雇主获得)的调查结果,外部评价的结果等。在自评报告第二卷中应该将这些材料的相关部分的复印件附在每个评估标准的页面里。

该专业有没有设置一个方案去确认是否所有该专业的毕业生已经达到了所有的专业学习和教育目标?对于判断专业学习是完成与否是否是基于这个方案?

① 所有完成专业学习的学生,需要通过明确地公布评价标准和方法去评估他们的完成情况,以此来证明他们已经成功地达到了专业学习和教育目标。而且,在现场考察的前一年就要准备好一份关于所有毕业生完成学业的情况总结(如果这个专业是第一次接受评估,也可以是那些所有预计要毕业的学生的完成状况)。这个总结必须包括对学生相对于学习和教育目标所达到的成绩水平的评价结果。在这里建议的一些摘录参考和证明材料的例子,包括一些关于在前些年完成专业学习的学生或者那些预计要毕业的学生(他们不用提供姓名)的评价结果或者评价商讨会议记录等。在自评报告第二卷中应该将这些材料的相关部分的复印件附在每个评估标准的页面里。

② 通过图表来说明这个专业前几年招生人数和毕业人数的变化过程。对于第一次接受评估的专业不作要求。

6. 标准6:教育改进

(1) 教育反馈系统

① 该专业是否提供了一个教育反馈系统,这个系统能够收集和检查学生相对于学习和教育目标的成绩水平评价结果,而且能够核查教育内容、方法和环境的有效性?专业是否公开展示了这个系统是如何工作?此外,与这个系统相关的活动是否实际得到开展了?

通过举例介绍,描述这个专业提供的教育反馈系统及其是如何工作的,可以展示组成系统的各个部分,如委员会的工作流程,可以采取说明系统内每一个部件的作用和系统作为一个整体的功能的方式展示这个工作流程。还要通过引用和提交相关材料详细说明系统是如何公布的以及与系统相关的活动是如何开展的。在这里提供的一些摘录参考和证明材料的例子,包括系统内院校和委员会的成员花名册和规章制度等,此外,还包括一些面向教师的班级活动改进计划的样例,系内有关委员会的活动数据和记录,以及系统性的教育活动和相应的报告。在自评报告第二卷中应该将这些材料的相关部分的复印件附在每个评估标准的页面里。

② 这个教育反馈系统是否是根据社会和学生的需求来设计的,是否真正地运转起来,用于检查设置的学习和教育目标的合适性,评估的标准和方法是否适合检查学生达到学习和教育目标的成绩水平? 这些检查过程是否相应地开展了?

引用和提交相关的规章制度和材料,给出组成这个教育反馈系统的院校和委员会成员的简介也就是他们的作用,去清楚地证明这个系统组织得有条理,能够根据社会和学生的需求检查设置的学习和教育目标的合适性,以及学生成绩水平的评价标准和方法。另外,要通过引用和提交那些院校和委员会商讨会议的备忘录和其他材料去证明确实已经开展了足够的测试。在这里提供的一些摘录参考和证明材料的例子,包括相关理事会和委员会的成员花名册,理事会和委员会会议安排和它们的时间,以及调查问卷的结果。在自评报告第二卷中应该将这些材料的相关部分的复印件附在每个评估标准的页面里。

③ 这个教育反馈系统内的理事会和委员会的日常活动记录如召开的会议是否适时地公开地发布出来。

说明发布这些日常活动记录使用了什么方法和这些记录公开的程度。在这里提供的一些摘录参考和证明材料的例子,包括系内有关委员会的开会时长和活动资料、班级全体教员会议的资料和时长以及学校内有关委员会开会时长和活动资料。在自评报告第二卷中应该将这些材料的相关部分的复印件附在每个评估标准的页面里。

(2) 持续改进

该专业是否根据教育反馈系统的结果来实行改进它的教育内容、方法和环境的措施? 它能否根据需要修订学习和教育目标以及评价学生相对于这些目标所达到的成绩水平的标准和方法? 此外,是否有一个系统在当前的基础上有效地执行这些改进措施,这个系统是否真的运行了?

① 如果该专业能经常地根据教育反馈活动的结果来修订它的教育内容、方法和环境,修订学习和教育目标以及评价学生相对于这些目标所达到的成绩水平的标准和方法,那么就要具体地解释一下这些修订是根据教育反馈活动反映出的什么问题来进行的,修订了什么内容以及如何修订的。

② 明确地说明这个系统是如何安排的以致能够实行改进活动,说明它的内置的持续改进系统实际工作得很有效,可以参考组成系统的院校和委员会的成员简介和它们的作用等。在这里提供的一些摘录参考和证明材料的例子,包括校内有关委员会的开会时长和活动资料,教员会议的安排(需要具体指明开会的频率和会议时长),系内有关委员会活动资料和时长以及系统的教育计划等。在自评报告第二卷中应该将这些材料的相关部分的复印件附在每个评估标准的页面里。

7. 学科的专业标准

该专业与分学科的专业标准里的每一条目相符,这一点必须在自评报告的某处列出来。所列出的位置要有必要说明,可以通过准备一个清单,清楚地显示证据都列在哪些地方,这样考察团就能够迅速识别和了解。

第三章　澳大利亚高等教育质量保障体系

引　言

澳大利亚高等教育质量保障的基本构架由国家资格认证、综合大学评估、州联邦政府认证、大学质量代理机构（AUQA）审核等几部分组成。

1. 高等教育国家草案

澳大利亚已经制定了一套高等教育质量保障国家草案，用以对新大学的认可、海外高等教育机构的运作和非自我认证机构所提供的高等教育课程的认证，在澳大利亚国内已达成一致的标准。这套国家草案包括：大学被认可的标准和程序；寻求在澳洲运作的海外高等教育机构；由非自我认证机构提供的高等教育课程的认证；授课安排；为海外学生提供的课程认可。

2. 质量保证程序的执行

澳大利亚国内的大学可以自己认证自己的课程。这些大学通常有一个正式的、循环评审系统和组织单位，其他的监控过程包括定期调研收集外部反馈。对于某些大学来说，参与澳大利亚或国际高等教育网络以及由这些网络机构承担的基准项目，是他们质量管理过程中的一个很重要的部分。大学内部的教育质量保证过程涉及的主要方面有：

- GDS 和学生评估调查；
- 专业团体和协会认证专业课程；
- 一年一度在《高等教育机构的特征和绩效》中公布的指标；
- 为获得更高一级的研究学位和荣誉学位而启用外部主考官；
- 通过联邦政府高等教育创新项目的特殊鼓励基金鼓励创新和优秀教学。

大学通过其董事会对社会负责。对那些接受联邦公共基金的大学，则通过向联邦政府提供作为年度讨论的部分信息而向社会负责。大学通过它们的质量保证计划和改进计划向政府汇报工作。该计划概述了目标、策略，以及评价是否成功完成目标的指标。这些报告由联邦政府每年公布一次。

3. 澳大利亚大学质量代理机构

大学质量代理机构（AUQA）是一个由教育、就业、培训和青年事务部长会议 MCEETYA 建立的独立团体，每五年对澳大利亚大学的教学、研究和管理进行一次评价。AUQA 也将审核州和地区高等教育认证权威机构的认证程序。它从 2001 年开始，且将有关报告公布。

4. 国家的绩效监控和正式批准

除了上面提到的内容，联邦教育、科学和培训部门（DEST）发布一系列可比资料为学生和高等教育机构提供大学的特征和绩效方面的信息。DEST 每年出版一次大学质量保证计划和改进计划，为有创新的教学实践提供奖励，而且通过澳大利亚大学教学委员会（AUTC）资助那些提高教学质量的项目。

5. 澳大利亚大学校长委员会

作为大学首席执行会议的澳大利亚大学校长委员会（AVCC）在发展质量保证相关的指导方针方面长期扮演着重要角色，这些方针、政策包括：大学的本质；维持和监控高学位的学术质量和标准的实施规则；大学课程开发和审核方面质量保证的指导方针；大学提供留学生教育的实施规则。AVCC 也在学位、研究生、更高学位的资格、制订方法和政策（包括对前期学习的认可和学分互认）方面提供信息和建议。

可见，澳大利亚的大学已经发展了一系列保证和提高其质量运作的方法。《澳大利亚资格认证框架》帮助维持其高等教育的质量及其公平性。在一个变化多样的高等教育系统中，质量将成为战略规划的重要组成部分。州和地区政府负责进行立法安排，用来保护对澳大利亚大学高等教育学位授予的公正性。在国家层面上，联邦政府的监督推动着质量系统中的跨部门和公开性报告的进展，帮助大学生进行见多识广的选择，同时给国内和国际社团提供关于澳大利亚大学标准的必要保证。澳大利亚大学质量代理机构审核大学和资格认证权威机构来检验其系统的质量。因此,澳大利亚建立了一个稳健而灵活的高等教育质量保证机制。

第一节　澳大利亚高等教育质量评估的发展

自从 20 世纪 70 年代后期开始,澳大利亚联邦政府已经发起了一个在高等教育部门进行批判性自我评估的思潮,并且鼓励澳大利亚大学监控自己的绩效。在 20 世纪 80 年代,该关注的焦点已经延伸到改进绩效和效率、以及对公共义务(Public Accountability)的较多关注。

20 世纪 80 年代中期,重点对高等教育系统范围进行研究。为了制定标准,提高质量和效率,主要的学科审查都会受到资助。因为学科审查是为了突出质量保证在高等教育机构内部和整个高等教育部门的重要性。

在 20 世纪 80 年代后期,澳大利亚高等教育部门经历了大规模的结构改组。20 世纪 90 年代早期,政府更多地干预高等教育的发展。这样,联邦政府关注于向社会的保证:澳大利亚高等教育的质量已在一个适当的高标准上,而且它会得到维持和提高。

在 1991 的《高等教育:在 20 世纪 90 年代的质量和差异》报告中,政府试图克服质量保证的学科审查方法的弱点。它宣布了一套完整的关于提高高等教育教学和研究质量措施。一个重要的创举就是为那些质量有保证的大学提供基金资助。

1992 年 11 月,联邦政府建立了高等教育质量保证委员会。该委员会主要是针对质量保证提出建议,对学校层面的质量保证措施和程序进行评审,为政府分配与质量相关的年度基金提出建议。从 1994 开始,学校就可以得到这些基金。

1993—1995 年,在质量保证项目的资助下,完成了对所有高等院校 3 次独立的评审。质量保证项目中,由高等教育机构自愿承担的自我评估,增加了对内部质量保证重要性的持久认识,因此在高等教育系统引起了相当大的变革。实际上,评审的程序是一种改革的机制,而不像学科审查那样仅仅提供了对当前行为的一个简单印象。这种整体的方法优点在于:使很多大学参与到自我评估中,同时评价学校的方针政策而致力于大学未来的发展。

1998 年,经过广泛磋商后,政府把高校质量改进整合到高等教育机构之间的年度资助谈判中。要求 1998 年起大学提交质量保证和改进计划,并且由教育、培训和青年事务部每年进行公布。人们期望这些计划包含维护和提高质量保证的目标和策略,涉及教学、研究、管理和社会服务的关键领域,并且关注的是质量保证的结果。

1999 年 4 月,联邦、州和地区教育部长在教育、就业、培训和青年事务的部长委员会会议上,向来自州、地区和联邦教育部门的高等教育官员委员会,提出了关于高等教育认证标准和程序的通用方法的问题。在 20 世纪 80 年代和 90 年代,澳大利亚高等教育部在质量保证方面的发展,以及在国际范围内的发展,都给这个委员会提供了信息。

委员会发现了现有质量保证体系的优点,并试图继续发扬这些优点。它认识到所有州和地区对通用认证方法的需要、对独立评估这些认证方法的需要和学校采取内部质量管理方法的需要。2000 年 3 月,委员会将其建议提交给部长:部长签署《高等教育批准程序的国家方案》;建立澳大利亚大学质量署。最后,这两个建议被接受,并被整合进澳大利亚高等教育质量保证框架中。

第二节　澳大利亚高等教育质量保证框架

澳大利亚高等教育质量保证框架已经由澳大利亚州、地区和联邦政府以及澳大利亚大学校长委员会支持和发展起来了。它包括连接大学与政府的质量保证过程以及国家政策手段。下面将对此作进一步详细描述。

"大学"这个术语受到澳大利亚的立法保护。在对大学学术和财政信任度的详细评估基础上根据州或地区立法建立大学。

大学是可以自我评估的实体。也就是说,它们有权评估自己的课程,而且对自己的学术标准负责。它们必须有适当的质量保证过程,并使之正确运行,包括同等的评估过程、高等学位的外部考试,以及在特殊专业进行评估所涉及的专业团体。也有很小一部分非大学自评的高等教育机构,它是特殊的历史背景的产物。

《澳大利亚资格认证框架》(AQF)的注册名单列出了大学名称。注册中的列表清单指定教育、就业、培训和青年事务部长会议(MCEETYA)为高校质量提供保证。州和地区政府认证权威也对非自评提供者递交的高等教育课程进行资格认证,这些非自评机构名称也在注册清单中列出。

除此之外,所有留学生的课程必须经过相关州或地区认证权威批准,这些课程列在联邦注册的公共机构和海外学生课程(CRICOS)的清单上。

质量保证深层原因是由于网络大学的出现。现在能从全球市场的观点在澳大利亚展开学位评估,其评估可能包括非常知名的高等教育机构(例如哈佛或者牛津)和那些被澳大利亚认可的学位授予机构。有远见的学生希望检验这些学位的知名度,包括它们是否通过州和地区澳大利亚资格认证框架的认证过程,而且实际上这些学位就应当接受相关州或地区认证机构或者澳大利亚资格认证框架顾问董事会的检查。

图3.1是澳大利亚高等教育质量保证的基本构架。它由澳大利亚资格认证框架(AQF)、综合性大学学术标准、州联邦政府相应职责、大学质量代理机构审核等几个部分组成。下面将分别对澳大利亚高等教育质量保证框架的各个部分进行较详细的介绍。

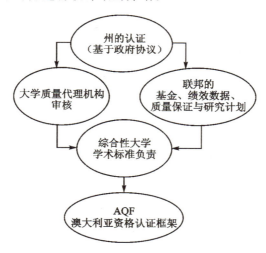

图3.1 澳大利亚高等教育质量保证框架

一、资格认证框架

《澳大利亚资格认证框架》是在教育、就业、培训和青年事务部长会议的指导下发展起来的,它是为了保护澳大利亚教育和培训质量的重要国策。它包含以下几个方面:

• 符合当前在学校、职业教育/培训和高等教育部门方面的12种国家资格证明的指导方针;

• 符合清晰度和信用传递的原则;

• 政府授权注册了认证资格和发行资格;

- 发行资格的协议,以及一个监督下执行 AQF 并可以警告其部长的框架,其中包括变化的介绍;

AQF 顾问董事会扮演着政治角色,而不执行 AQF 的操作;同时支持 AQF 的广泛的质量保证过程要对每一个部门负责。

澳大利亚外部质量保证机制包括 3 个主要部分:学校、职业教育和培训(TAFE 和私人投资者)、高等教育(主要是大学),它们反映了澳大利亚基于 AQF 的 3 种质量保障模式。

二、大　学

澳大利亚的大学是由联邦、州、地区立法建立的。它们有权相信自己的课程设置,而且对自己的学术水平和支持它们的质量保证过程负有直接责任。认可澳大利亚大学标准之一体现在能够负责任地行使这种权利。

参议院进行相关的立法活动或委任一个主管团体进行负责。该立法由联邦、州或地区政府负责。主管团体通常由大学名誉校长、资深大学教师组成,也包括学术委员会的主席、外部成员、政府任命的官员、学校职工和学生代表。

所有大学都完善它们的年度质量保证和改进计划。这些计划是教育机构所规划的重要组成部分。计划包括机构的目标、发展纲要和成果报告。它们提供大学毕业生特征品质的定义,同时包括一系列教学质量信息。

在录取、教学、学习和评估等领域,大学有其内部的程序去保证其质量。用一套在一个连续的基础上存在的程序,去评估新课程的方案,以及监督和评价课程开设情况,包括定期对学生的反馈进行评价。这种机制涉及对相关专业或者专团体以及大学正式评价的诊断和通常的资格鉴定。

在保证澳大利亚高等教育持续高质量方面,外部团体扮演着一个关键的角色。在澳大利亚的大学里,安排专业协会负责完成诸如会计师、工程学、建筑学、牙科医学和药剂学等专业的审核已成为一种公共的准则。专业认证人员调查课程的大体结构、内容、专业水平和课时。关于课程、实践经验、所包含的学科和教育模式的准入水平,它们对比建立了相应的准入的标准。准许大学将其学院的活动质量与其他机构进行比较,并保证其毕业生能被很好地安置。

大学之间也相互合作,以便得到对荣誉学位和科研高等学位的外部评价,也得到竞争同行的审核。在深层次的评价中,使用国际性的主考官是一个共同的准则。许多大学参与国内的和国际的网络合作,并由这些网络所采用的基准设定方案。

在澳大利亚的大学里,不同的评价制度是为了对教职员工的教学和研究进行评估和改进。学校采用学生评价教学的方式,开发了对教学进行改进的特殊项目,也对优秀教学提供内部奖励。通常把晋升标准的重点集中在对教学质量、研究活动和社会服务的贡献上。大多数学校已经和其他的澳大利亚大学和国际大学建立了联系,以促进教学人员的交换、研究的合作和课程对接的基点标准。

当一个澳大利亚的大学或者其他的自评机构开始一个远距离的评价并以它自己的名义颁发一个奖励时,大学或机构的委员会或主管团体就要为质量保证负责。对于它设在海外的大学,不管海外政府有何种特殊的要求,都期望评估机构提供至少与国内同等的要求来维持这种标准,也期望大学能够通过公民表决和其他安排(在这种安排下,大学不直接讲述课程)来保证所开设课程的质量。当严重影响到课程讲授的质量时,可以让州或地区政府对那些安排进行审核。

三、州和地区政府

关于高等教育的质量保证,澳大利亚的州和地区政府负有许多的职责。在 2000 年 3 月澳大利亚教育、培训与青年事务部(Department of Education, Training and Youth Affairs,简称 DETYA)签署的《高等教育批准方法的国家协议》中,这些职责被标准化。在此之前,州和地区使用的方法多种多样。这个协议用以保证标准的一致性,并保证新大学的认可、高等教育课程的资格合格鉴定、涉及其他组织的高等教育课程的讲授安排、在澳大利亚的海外高等教育机构的运作以及为留学生开设的高等教育课程的认可等在澳大利亚的标准达到统一。

1. 大学的建立和认可

对希望在自己州或地区里以大学身份运作的机构,州和地区政府应该对它们的批准负责。

为了建立一个适合整个澳大利亚的共同的标准和方法,这个协议指定了一个通用的澳大利亚的大学的定义,这个定义是:"一个按照国家标准建立或认可的在州、地区或联邦立法之下的作为综合性大学的公共机构。"

一所澳大利亚的大学必须具有以下各项特征：

• 通过法律的批准授予高等教育跨地区范围的资格,建立与澳大利亚及国际性标准相一致的资格授予标准;

• 从事先进知识和探究的教与学的活动;

• 一种相同的奖学金的文化,其范围从通知询问、基础的教与学扩充到通过研究和原始的努力创造而获得新知识的创新;

• 允许教师、研究员、课程设计者以及评估者进行自由探索和系统性的获得知识;

• 管理、程序规则、组织、招生政策、财政安排和质量保证过程,受到上述价值和目标的支持,它们充分保证了公共机构理论课程设置的完整性;

• 充足的财政和其他的资源使机构的计划能够实现,并且能在未来也保持不变。

2. 涉及其他组织的交付安排

协议详细叙述了州和地区部长的权力高于大学,大学在它们的权力范围内只有一个校园。同时,这个协议也在其他地方被作为基础。一个大学所在的州或地区的部长可能与它们的质量有很重要的关系,与建立大学的州或地区的部长进行磋商并执行独立的审核。这个审核将使州或地区政府能够：

• 提供在州或地区持续活动的条件;

• 在州或地区内的大学接受另一个机构的监督;

• 在州或地区关闭校园和停止办学。

协议也要求大学提供的奖励将服从于它们在州或地区操作的认证要求,而不管它们是否已经使用其他机构提供的课程和材料。

3. 非自评机构提供的高等教育课程的资格鉴定

希望提供课程的非大学机构必须服从州和地区的规章制度。在权限之间的安排应该相互认可,而且提供者可以申请在两个或者更多的州或地区同时提供课程。

非自评机构提供的高等教育课程必须做到：

- 满足 AQF 建立的奖励水平的要求；
- 与澳大利亚的大学开设的课程水平相当；
- 能够在认可的水平上成功地讲授；
- 机构必须适当做好财政和其他方面的安排，以保证课程的成功讲授，而且必须有适当的人负责这门课程的讲授。

4. 海外高等教育机构的认可

澳大利亚大学在国外的司法权中得到运作权的认可，必须满足下面的标准。

- 它是一个真实的机构，在本国合法成立；
- 提供的课程已经被提供者所在国家的权威机构认证，澳大利亚司法权的决策者的意见是合适的权威；
- 认证机构的身份地位如果不被决策者接受，决策者可以要求提交的课程接受全部的认证过程；
- 在要求上和学习效果上，课程必须与澳大利亚相似领域开设的课程处在同样水平上；
- 授课安排（包括学术概况的安排和被海外机构提议的质量保证）与认可的澳大利亚提供者提供的安排的水平相当；
- 存在适当的财政和其他安排，以便在澳大利亚开设合法课程的成功讲授。

5. "大学"这个术语的保护

直到现在，澳大利亚的大学仍被想当然地认为是由具体法律制定的公共机构。澳大利亚所有的州和大陆地区都有法律上或程序上的安排，这些安排能够对一个希望在它们地区通过立法手段建立的大学的公共机构提出有效要求。

为了保证澳大利亚的大学能够在国内或国际上立足，"大学"这个称谓现在通过两种方式被保护起来：

- 在商业名称或协会立法中，"大学"这个称谓受到国家立法的保护；
- 只有在澳大利亚立法框架权限内建立具体的、一致的标准和程序，一个机构/组织才可以用"大学"这个称谓。

6. 留学生课程的认可

从 1991 以来，在联邦留学生教育服务机构（ESOS Act）下，认可适合海外留学生学习的课程已经是州和地区政府的职责所在。为了给学生发行签证这一目的,联邦已经接受了这种认可。

为了保护学生和澳大利亚奖学金的世界声誉,当认可权威相信所开设课程的标准与相关领域开设的课程标准一致,设备和服务标准适当,组织为了确保完整和有效地开设课程而提供的课程有财政和其他资源保证时,才对课程的开设给以认可。

由开设课程所在的州或地区对留学生课程给以认可。

只有州或地区负责资格合格鉴定和高等教育奖学金授予的官员给出认可或建议时,才会认可留学生高等教育的课程。如果开设的课程是在特定的环境(例如在远距离或通过一个代理)下完成的,认可权威要求它们满足特殊的条件:

- 在入学之前,专业课程已经为学生分得很清楚;
- 设备和服务满足开设课程的标准;
- 如果通过代理授课,那么教学人员必须具有足够的资格,正确运行有效的质量保证措施,以及为了保护学生而由主要的机构给以的适当的担保;
- 课程认可不可转让给其他的授课者;
- 当课程讲授机构不是大学或其他自评机构时,对比有特殊的要求;
- 课程应该是由非自评机构具体指南认可的,而且机构必须得到批准在权限范围内授课;
- 课程认可不可转让给其他的授课者。

这个协议将受到《对留学生提供教育和培训的注册权威和提供者国家实践规范》的保护。这个规范提供一种全国性一致的、在法律上可实施的框架。这个框架是为了对海外留学生的教育和培训机构进行课程教学的注册。

四、联邦政府

通过教育、培训和青年事务部,联邦政府在质量保证框架里扮演着关键的角色。它充分资助大学,监控和公布绩效数据,而且设立部门去管理设备和推动提高结果的质量。

《高等教育基金法案 1998》作为 3 年一度的基金协定提供联邦高等教育基金。整合澳大利亚高等教育基金是一个义务性的构架。因为是建立在法案之下,公共投资机构必须递交年度教育概况给联邦政府,概述它们在多个关键领域取得成绩的策略、先前学生担负工作的信息以及一个详细的财务报告。得到运营资金的条件是机构花费的财政补助必须与提交给联邦的教育概况一致。

经过概述过程,DETYA 从大学收集了一系列数据。在准备会议时提供的信息使 DETYA 能够评估机构许多方面的绩效,并提供评价它们资源需求的方法。作为概述过程的一个部分,每个机构需要提供质量保证、研究以及本土教育和资产方面的计划。每年,联邦出版一次大学机构的质量保证和提高计划、本土教育和资产计划,以及从 2001 年以来它们的研究和研究培训管理计划。

1. 质量保证和提高计划

如同上面指出的,自从 1998 年以来,要求所有受到 3 年一次教育资助的机构向联邦递交一个机构质量保证和提高计划,这作为教育概述过程的一个部分。这个计划概述了大学在教和学、研究、管理和社会服务等关键领域的目标和目的,要求每个机构提供详细的策略和指标。得到采纳的这些策略帮助完成了它们的目标,而指标用来评估它们的成就。

这些计划期望能包括来自两个国民调查(评估新近毕业生的职业成就,以及毕业生对授课的理解)的结果数据。这些计划使联邦政府能够对更广泛的社会团体汇报澳大利亚的大学质量和质量保证过程。更重要的是,为了给澳大利亚大学授予公共资助,这些计划是一种在质量保证领域对公众负责任的方法。而且,这些计划使学生能够得到更多选择最适合他们特殊需求机构的信息。

2. 绩效管理工具

联邦政府提供工具、激励机制和信息,用来鼓励澳大利亚的大学进行教学结果的改进。近来,联邦政府投资开发了高等教育机构的标杆手册。这个手册提供了 67 个标准,大学可以利用它们来评价自己而不是利用相似的机构来评价。这些标准覆盖了从教学到研究、财政、内部管理和国际化各个方面的大学活动。

众所周知,毕业生去向调查(GDS)是一个关于学生毕业后的工作成绩的系统性的调查,从 1970 年开始它由澳大利亚毕业生职业委员会进行调查。联邦政府对这种调查给以资助,而机构提供必要的行政支持。在修完它们的所有课程的 4 个月后,毕业生就完成了这个调查。它提供关于每个机构的毕业生全职就业(包括行业、职业和薪水水平)的比例信息和全职研究(包括水平和领域)的比例信息。这个调查为公众提供了相当有价值的信息,以及给大学本身提供了有用的标杆信息,帮助它们评价它们的毕业生在竞争激烈的劳动力市场上的成就。

联邦基金资助年度大学本科生课程经历的问卷调查(CEQ)和更新的研究生新生研究经历的问卷调查(PREQ)。这两个学生调查问卷都由毕业生职业委员会散发,而且这也是一个获得对于学生在学校经历理想的信息来源。这个课程经历调查问卷涵盖教学、目标和标准、工作量、评价、一般的技能和整体的满意度。联邦现在正在投资发展 CEQ 的更多方面,CEQ 将测量学生支持、学习资源、学习团体、毕业生质量和智力动机等领域的学生经历的主要方面。

PREQ 是由澳大利亚教育研究委员会和毕业生职业委员会联合发起的,在 1999 年首次进行了全国性的调查。它测量研究关于毕业生在管理、技能发展、智力思维、基础设施、论文考试和目标等方面的满意度。CEQ 和 PREQ 两组数据的收集来自于机构一年一次的概述过程,也包含在它们的质量保证和发展计划中。

受到联邦资助的另一个测量绩效的工具是毕业生技能评估(GSA),它用来评估大学毕业生的一般性技能。这个由澳大利亚教育研究委员会发展起来的非官方的工具用来测量大学生入学时和毕业时的一般技能。测试的内容包括批判性思维、解决问题的态度、相互之间的理解和书面的沟通。在 2000 年早期,GSA 随着大学的评估引入,在 2000 年后期第一次被澳大利亚的毕业生所接受。入学时的水平测试可能被机构用来帮助表现差的学生。毕业时的水平的测试结果可能被机构用来决定毕业生是否准予毕业,以及被用人单位用来判定他们职业目标的一般技能。GSA 也用来测定机构附加的价值,或者比较学生在不同研究之间的不同情况。

联邦出版了《高等教育机构的特性和绩效》,提供说明部门交付的指标范围。这些指标包括学生特性、教员、研究、财政和一些成果措施。这些措施包括保持率和前面提到的毕业生结果数据。

结果数据被机构用来审核自己的绩效(基于机构内部或者跨机构间),也被联邦政府用来监督跨高等教育部门的质量。这些数据包括在自费生指南中,能帮助学生获悉选择的信息。

3. 质量支持程序

在 2000 年,联邦政府建立了澳大利亚大学教学委员会(AUTC),这个委员会的任务之一就是提高澳大利亚的大学教学和学习的质量和卓越性。

AUTC 已经被简化成：

• 确定澳大利亚教学和学习中出现的问题，并且为解决这些问题提出解决策略；

• 识别和支持提高学习的有效方法；

• 鼓励共享和接受跨澳大利亚的大学各部门的方法；

• 促进协作和交换国际、国内的教学和学习信息，鼓励和培养高等教育教学和学习的革新活动；

• 管理大学教学的享有声望的奖励。

五、澳大利亚大学质量代理机构

上面介绍的澳大利亚质量保证框架的要素以及那些被高等教育部门、州、地区和联邦政府所采纳的内容，在过去 20 多年里在很大程度上得到了发展和改善。但是，大学和政府意识到，需要独立检验它们的质量保证安排，同时，同意建立一个新的审核代理机构。

在 2000 年 3 月，澳大利亚质量代理机构的建立得到了教育、就业、培训和青年事务部长会议的批准。AUQA 作为一个独立的、国家级的监督、审核、报告高等教育质量保证的专门机构，于 2001 年开始着手它的审核（Audit）工作。

1. 职　责

大学质量代理机构的职责包括以下几个方面：

• 管理自评机构、州和地区资格鉴定权威机构的质量审计，每 5 年进行一次；

• 向公众提供审计结果的报告；

• 报告新大学和非大学高等教育的资格认证的合格标准，作为在机构、州和地区资格鉴定过程的审核过程中得到的信息的结果；

• 报告相关标准、澳大利亚高等教育系统的国际声望以及它的质量保证过程，作为结果在审核过程中可以得到这些信息。

州和地区高等教育资格鉴定权威的审计将特别关注它们的过程，和经过协商的高等教育质量标准保持一致，以及与其他的州和地区的相关评价保持一致。

关于自评机构的理论审核是基于一次自评和一次定点调查的对整个

机构的审核。它们将重点放在教学和学习、研究和管理的关键领域上,以及机构质量保证安排的充分性上。它们将评价机构维持和澳大利亚大学教育标准一致性所取得的成就上。代理机构利用具有真正资深理论和高等教育的管理经验的专家座谈小组去完成审核任务。这些审核对大学来说不会过于繁重,代理机构会特别关注维持高等教育部门的多样性。

AUQA 不负责调查对机构或授权的代理机构的投诉。对负面审核报告负责采取行动的是公共机构的管理机构,或者是州和地区资格鉴定权威机构,或者是相关的政府部门和部长。但是,报告将公布于众,未能对消极的报告进行反映可能影响联邦政府的基金支助,或者导致相关州或地区调整性的行动。

2. 组织管理

AUQA 是一个独立的、非营利组织,由部长委员会成员组成。它独立于政府而运行,并且由一个适合的、结构化的董事会来直接领导。它接受来自联邦、州和地区政府的资助,审核的费用由与审核相关的实体承担。

AUQA 董事会全体会员包括:

• 5 个由高等教育机构的首席政府执行长官选举的成员(其中,4 个由包括大学在内的自评机构选出,另一个由高等教育课程的非自评提供者选出);

• 6 个由部长提名的成员(3 个由共和国的教育部长提名,3 个由州和地区高等教育部长提名);

• 一个首席执行长官。

AUQA 董事会的董事长由联邦部长提名,其他的职位由董事会选举产生。

澳大利亚高等教育质量保障和评估体系历经了多年的实践,已经成功地实现了对高等教育质量的管理,推动了其高等教育的变革和发展。目前,高校通过质量保证与改进计划向社会汇报它们的目标、所采用的策略,以及用来评价它们在完成目标是否成功时所采用的指标。几乎所有的学校都有一个适当的系统进行系统的、循环性的评审,它涉及外部审核员对教学计划、组织单元的发展/评审。其他监控过程涉及通过定期调查收集外部反馈。一些学校参与了澳大利亚和/或国际高等教育网络教学活动,也参与了这些网络所采用的基准计划。这种参与是它们质量管理过程的一个重要组成部分。

第四章 马来西亚高等教育质量保障体系

引 言

马来西亚高等教育质量保障与评估体系比较完整地体现在由教育部高等教育司下发的《公立大学质量保证实践指南》（以下简称《指南》）中。《指南》包括两个核心部分：一是高等教育的标准（criteria）和规范（standards）；二是高等教育质量保证程序。

《指南》的制定参考了马来西亚医学本科教育的一套基本标准和世界医学教育联盟（WFME）的发展指南。它的基本准则是马来西亚大学专业自评、专业认证委员会鉴定（accreditation）和具体部门评审（review）工作的依据，它将应用于高校专业自评、相关评估委员会、专业认证组织的实际评估工作中。

马来西亚大学质量保证部门的使命是提高公众在高等教育质量的保持和增强方面对其提供的质量和授予标准的信任度。

信任度的提升依靠以下几种方式：①引导对专业成果的执行、学习机会的质量、学校能力和规范质量管理的评估进行的学术性评审；②运用国内认可的标准规范、质量结构和质量保证程序，加强对学术评审工作的审查力度和透明度；③汇报和制定有关评审工作可以用的客观、独立的信息。

马来西亚大学学术评估的内容集中在以下3个方面：

① 学术标准：与国内专业水平和资格框架相联系的预期学习成果的适应性；课程设计的有效性；学生测评的有效性；学生实际成绩、预期效果与资格水平的关系。

② 提供学习机会：在符合专业目标和内容上的教与学活动的有效性；对学生的录取、进步和对学术支持；运用和管理教育资源（包括全体教员、全体行政人员、为学生的服务、学校设施和财政）的充足性和有效性。

③ 学校管理规范和质量:领导人员和政府官员;专业的认可、监控和评审及质量的持续进步;学生测评过程的管理;学术信誉和资格条件排列的管理;与其他学校协作安排的管理。

马来西亚大学学术评估以 5 年为一个周期,然后进行循环评审。

第一节　马来西亚公立大学质量保证准则

公立大学质量保证体系的应用在马来西亚已不是新鲜事物。优先正式获得批准并采用质量保证体系标准进行测评的大学,已经运用了各种测量方法来确保学校的质量。

教育民主化的快速发展要求建立一个更为统一和系统的公立大学质量保证体系的标准。《实践的行为准则》的制定就是为了达到此目的,以此来提高公众对现有的高等教育水平的信任。

公众对高等教育水平的信任度是通过对细致高效的学术评审工作,对使用标准、规范、程序的透明性以及对一套包含学校教育目标和独立风格的报告而提高的。这种实践的行为准则包含如下内容:

- 马来西亚质量保证概要;
- 高等教育的标准和规范;
- 质量保证程序;
- 机构数据资料准备、自评报告、指导外部考察和起草质量评估报告的指南。

对大学内部质量进行评价是学校的职责,它是质量评估过程中的一个关键环节,因为它可以提供学校外部的自我研究报告和数据资料。公立大学在内部评估工作中运用学术委员会一致同意的标准和规范。大学教授和学校的股东们根据学校提供的资料来判断学校的各项指标是否遵守了高等教育质量评估这套标准。

大学外部的质量评价用来证实和确认学校内部评估过程中产生的信息。它是一种大学或教育组织间的评估(collegial assessment),是为了更进一步促进大学所设置的专业教育质量。该评估小组的工作是通过实地调查而评述或与相关人员面谈及通过进一步调查来核实自评报告和数据资料中的信息。评估小组会把带有推荐性的报告递交给教育部质量保证部门,然后由全国技术委员会对这个报告进行评审,其评审的结果要通告学校和相关的股东人事。

第二节　马来西亚高等教育质量保证体系

1. 质量保证体系内涵

质量保证体系包括所有有计划的和系统性的行动（如政策、战略、态度、程序和活动），用来确保公众对以下两方面给予充分的信任：一是质量保持一定水平并不断提高；二是产品和服务水平达到明确的质量标准。在高等教育中，质量保证是一个集资源和信息为一体的完整体系，有助于保持和改进教学与学术研究的质量和规范。

2. 质量保证基本原理

大学的传统做法是靠几个机构去确保它们专业的质量。外部主考官的使用、学校学术活动的开展、在资格认证上专业协会的参与、国际上对教员职务任命和晋升的同行评估，对信息的交流和维持高水平的学术规范都有明显的效果。然而，这套在精英教育体系适用的机制在大众教育中已不再够用。高等教育的大众化导致学生的数量和教育组织飞速膨胀。在那里，国际化的劳动力市场、国际化的教师、研究人员、学生和专业教育的竞争也快速增长，这就需要能够进行量化评估的标准、规范，资格、能力和学分。社会对高等教育质量关注的增长也并不奇怪。与其他社会活动相关的公众消费需求的透明度和定义教育优先权的必要性都对高等教育政策制定者采用正式方法来保证教育质量这一点上。

国际认证委员会于 1996 年以法律条文形式出版了关于保证私立学院和大学专业管理的最低资格认证规范。教育部质量保证部门作为负责管理和协调公立大学质量保证体系的国内机构已于 2001 年 12 月出版了相关文献。

3. 质量保证部门的使命

马来西亚大学质量保证部门的使命是提高公众对其在高等教育质量的保持和增强方面提供的质量和授予的标准的信任度。

信任度的提升依靠以下几个方式：

① 引导对专业成果、学习质量、学校能力和规范质量管理的评估进行的学术性评审。

② 确保通过运用国内认可的标准规范指南、质量结构和质量保证程序,加强对学术评审工作的仔细审查和透明度。

③ 汇报和制定有关评审工作可以用的客观、独立的信息。

4. 学术性评审重点

学术性评审集中在以下 3 个相互联系的方面。

① 关于测评和报告的学术标准由以下几点组成:

• 与国内专业水平和资格框架相联系的预期学习成果的适应性;

• 在达到专业成果方面课程设计的有效性;

• 在达到预期结果方面学生测评的有效性;

• 学生实际成绩预期成果与资格水平的关系。

② 在提高学生学识和成绩上学习质量的测评和报告由以下几点组成:

• 在符合专业的目标和内容上教与学活动的有效性;

• 学生的录取、进步和学术支持;

• 运用和管理教育资源(包括对全体教员、全体行政人员、学生的服务、学校设施和财政)的充足性和有效性。

③ 与学校职责相关的管理规范和质量的测评和报告。这时,学校作为一个能授予学位和授予其他国内、国际荣誉的实体它的管理从属于一种锻炼自身的实力和活力的方式以及与以下的保障过程和程序中。

• 领导人员和政府官员;

• 专业的认可、监控、评审及质量的持续进步;

• 学生测评过程的管理;

• 学术信誉和资格条件排列的管理;

与其他学校协作安排的管理。

5. 优秀实践

长期学术自治的传统建立在基础教育原理以及大学毕业生能力和质量在社区、行业、雇主和政府中所得利益合法性的基础上。质量保证程序以如下内容为基础。

① 激励大学按照国内认可的标准和规范进行自我评估。这种标准和规范是在国际高等教育认可实践基础上建立的。

② 激励学校采取自我评估,它有别于那些参照国际高等教育认可的

实践而建立的国内统一的标准和规范。
- 以持续提高为基础而提高对学校实力和弱点的辨别能力。
- 鼓励大学制定根据统一标准而不断提高自身质量的计划。
- 对学校不要强加任何特殊的方法。
- 包括所有主要的股东。
- 对外部公众的审查实行开放政策。
- 引导进行咨询和建立一致意见的风格。
- 在大学生和组织之间而不是单纯在组织内部进行磋商。
- 鼓励革新和针对需求而重新定位。
- 鼓励教与学方法的多样性。
- 确保学生选择可靠的评估方法以及与选用的教学方法相适应。
- 确保课程内容有充足的资源。
- 关注优秀结果而不关注对内容规范的详细说明。
- 有方法和权威去实施自评结论。
- 监督复审工作的进展。
- 避免工作重复和给学校带来不必要的负担。
- 是质量促使(quality-led)，而不是责任促使(accountability led)。
③ 在质量评审报告和基金之间没有直接关系。
④ 在报告上要维持适当的信任度。
⑤ 在报告结果和经验中不要判断或排列学校。
⑥ 通过权利的协调平衡官方的学术优先权。

6. 标准和规范的定义

在满足广大参与者、未来的学生、家长和学校雇主们的高等教育制度中，需要有介绍学校课程和资格的清楚信息及授予不同奖项的标准和成果所达水平的详细说明。学校同样需要明确地理解他们用学术评审的角度来判断事物是否违背标准。质量保证部门需要清楚地界定和解释标准和规范，从而为他们评审和报告一个专业或学校的需求、能力和专业成果提供参考。

标准和规范必须是有意义的、恰当的、相互关联的、可测量的和易于描述的，而且它不仅是一套文献，又能易于接受。标准和规范不鼓励学校遵从新的范例和方法进行冒险实验。与标准和规范有关的活动一定是对专业发展的动态关注和对在课程上、可利用的资源上、社会经济发展阶段上、社区需求上、组织结构上、法定的框架和学术传统上的不同点的应用。学校必须规定质量发展的方向和拥有作为新的规范实例的独一无二的质量标准。

(1) 规范的领域和方面

规范不是特别定义产品的质量(例如一套规定的课程),而是用来描述结构、过程、高等教育成果及学校质量保证体系的必要条件。《马来西亚高等教育标准规范指南》是 2002 年 3 月由学术委员会一致同意后制定的。它提供了优秀实践及在高等教育结构和过程中通常要求的 9 个领域的规范。这些领域来源于学术评审的重点内容。这 9 个领域的分类更利于数据的收集和有关自评及外部评价工作的分析,具体如下。

① 愿景(Vision)、使命和目标;
② 教育和教学方法的设计;
③ 学生的评价;
④ 学生的选择和支持体系;
⑤ 专职学术人员/全体教员;
⑥ 教育资源;
⑦ 培养计划的评估;
⑧ 领导和管理阶层;
⑨ 质量持续进步。

(2) 标　准

每个领域都进一步划分为特定的标准,这些标准在操作层面上定义并作为高等教育质量成果的指南。它们反映出 3 个关键性因素:输入因素、执行因素和质量管理因素。例如,愿景、任务和目标方面被划分为 4 项标准:

① 定义对愿景、使命和学校教育的任务和目标;
② 重要投资者的参与;
③ 学生自治;
④ 专业学习成果或目标的陈述。

(3) 规　范

规范定义了每一个标准所期望达到的水平和绩效指标,又分为两种规范。这两种规范是为了了解大学不同的发展阶段及为了强调质量进步是一个持续发展的过程。因此,必须培育灵活和满意的多样化规范以促进教育的创造性发展。

① 基本规范:这个规范必须满足每个评价项目并且服从于外部评价期间的论证。基本规范须用"必须"这个词来表达。

② 质量发展规范:这个规范与国际和国内一致同意的优质高等教育相一致。学校应该能够论证一些或全部成果,或者主动去做已经承担的或将要承担的任务。这些规范的完成将改变学校的发展阶段、资源和教育的政策,虽然大多高质量的学校不一定遵守所有的规范。这种质量发展的规范须用"应该"一词来表达。

(4) 学科规范

国内的规范适用于在不同资格水平上相适应的很多学科(例如医学、工程学、社会科学和法律)的要求。学科规范赋予学科自身的一致性和同一性,并且定义了对毕业生智力水平、态度、技术的期望和在学科领域中由学术性的奖励带来的竞争性。

(5) 培养计划说明

培养计划说明是一套由每所大学提供的本校专业信息的规范。这套详细的说明是在学科指南的主要框架内制定的。它包括知识掌握、智能、技能、态度和专业学习成果的其他特征。为了保证一名学生成功地完成一种特定专业、详述专业教—学的核心内容和评估方法以及在随后职业生涯上得到发展。这套详述同样也制定出一种与资格框架相关的专业方法。

(6) 合　作

专业需要专业性团体认证。通过和专业团体(例如马来西亚医学委员会——MMC)的 QAD 的协作可避免不必要的重复工作,国内认证部(LAN)、公共服务部(PSD)和大学已建立了认证的规范和程序的共同指南。在 1999 年,医学领域一个联合 MMC/LAN/PSD/QAD 的技术委员会负责建立了包括私立和公立学校的认证程序。在工程领域里认证委员会也已建立起来。

7. 质量保证体系的组成

质量保证体系由两部分组成,即内部和外部的质量保证体系。

(1) 内部质量保证体系

学校自身内部的质量保证过程是整个质量保证体系的重要部分。内部质量保证过程很重要,是因为教育质量从根本上是依靠教师和学生之间的良好互动、集体的团结性和学术社团的专业性。每所学校都有责任提供良好的教育质量来确保达到适当的规范、标准。

学校不仅发展自身的愿景、使命、任务和学习目标,还要在国内主要的标准和规范框架之间寻求实现自身任务和目标的方法。因而,不仅要评估学校在愿景、使命、任务和学习目标的能力上是否满足课程的设计、教学的方法、教学设施,还要评估为了课程的传授,学校的财政和人力资源对实现前景、使命、任务和学习目标的支持情况。这些阶段性评估结果可引导学校进行自评。自评过程能够使学校反映和鉴定出自身的实力和弱点,并决定改进的领域和方面。

在自评工作中,学校行政部门的代表与全体学术教员和学生会聚集在一起,他们与学校的教学设施和收集的有关学校和专业的数据资料的其他要素有关。通过评审这些数据来鉴定学校的实力和存在的问题,并以此去设计相关战略来确保学校实力的保持及问题的阐明。相关标准和规范的指南用来评估和报告其专业运行效果。

学校通常建立的校内工作组由学校副校长负责。几种分布在管理教育过程中拥有相同质量和规范的相关专业可能会同时评审。每一个部分的标准和规范通常会委派一名主席来监控,同时还委派在全体教员中对高等教育过程非常熟悉的一名教员作为学校自评过程的协调者,学校也可能邀请外部的评审人员来协助校内的评审工作。

(2) 外部质量的保证体系

外部质量保证通过诸如认证、确认、审计和学术评审等机构在大部分国家实行。外部审查需要确定学校全部的职责。公立大学的质量保证部门负责管理和协调外部质量保证工作,并记录下外部质量保证过程与专业认证的时间。学校自评报告和数据资料一并提交给质量保证部门。这个部门由 4~5 名评审员组成,以帮助专家在审核不同学科专业时达成一致的意见。小组的主席和秘书通常是委派的。每名成员都有责任去评审学校报告中特定的环节及鉴定时所需要进一步阐明的议题。

评审小组的现场考察通常由学校来安排。现场考察需要足够长的时间使小组能够去了解专业、考察实体的教学设备并与学生、全体教员、管理者和其他相关人员进行交流。小组要评估学校是否在标准指南的范围内运行以及是否满足自己设定的教学目标。除了考察学校的活动和设备情况,还要阐明在学校自评报告和数据资料中发现的问题。

考察是一个细致评审的过程,并且评审小组的行为规范都是专业的、大众的、直接的,而不是强制性的。小组结束现场考察后主席要给予学校一个口头的报告。小组准备一个临时的报告提供给全体教员用来校正一些实际性的错误。一旦收到学校对临时报告的反馈意见,小组便会将最终的报告提交给教育质量保证部门的技术委员会。

8. 质量保证报告

质量保证报告的目的是使公众充分相信高等教育质量在与特定质量标准的一致性方面是一直得到维护和巩固的,并且有助于学校教学、学术研究、学生学习质量的提高。该报告至少包括 4 部分内容:学校自身、教育部、相关的认证机构和全部公众。每个组成部分要求有明确的报告目的。

(1) 持续的质量改进报告

学校的首要目的是教学质量持续进步。有一点非常关键,即评估的过程和实质的反馈会进一步补充质量持续进步的原则。自我评估和针对变化制定计划是一个持续的质量进步的过程。现场考察得到的反馈意见及撰写最终的评审报告会激发学校的责任感,同时证明学校的实力,促进学校质量的持续提高。不应给学校划分等级或进行排队。评估内容要上下关联,允许跨时间的对比,而不是进行学校之间的比较。报告不仅洞悉学校的实力和关注的领域,还就质量进步问题在学校构成和运行方面提出明确的建议。这些建议是以同样的经验和规范里的对质量的统一认识为基础的。不划分等级是因为这样不仅会忽视评估内容上下的关联性,而且要假定"绝对的优良"标准是能够定义和测量的。等级划分也会导致简单的解释,这种单一角度的等级划分和追求得分的行为必然无法实现持续质量进步的目标。

(2) 高等教育政策制定报告

质量保证报告上交给教育部,教育部利用报告来制定一系列政策,以此来协助学校加强它们的质量规范,还用来批准学校的学位授予权和发展国内的资格认证体系。质量保证的结果用于一些基准和修订质量标准。基准是一个鉴定、共享、运用知识和优秀实践的过程。其核心是如何通过开发第一流的方法来改进教育过程而不是仅仅测量优秀成果。发现、研究和实施最好的实践是为学校获得一个战略性的、可操作性的和财政的优势提供最好的时机。

(3) 认证报告

质量保证报告是认证机构用来对一个专业或学校赋予应有地位的凭证(例如运作的许可、学生合格的认定或毕业生的雇佣)。此时,质量保证报告上交给认证机构,由认证机构做出最后的认证结果。认证期间如得到认可,周期通常在 5~10 年。有时候认证要具体情况具体考虑:在预备认证工作期间,认证机构可能会反复考察学校的某个科目;如果学校没能达到令认证组织满意的条件,则认证有效期可能缩短或撤销,也可能强加附加的条件。

(4) 公众报告

它是一种为公众出版的概要性报告。这个报告包含的信息会对有发展前途的学生和雇主有帮助。

9. 学术评审周期

一种令人满意的符合明确规范的专业质量评估以 5 年为周期进行重新评审。在一个明确时间框架内重新评审可能是以后的研究领域所在。

第三节　马来西亚公立大学的质量评估

一、公立大学内部质量评估

1. 内部评估目的

学校内部评估或自评是质量评估过程的一个重要部分。通过自评的

过程,学校会收集来自行政管理、专职学术人员、学生和其他组织代表的信息:

- 收集和回顾有关学校机构和教育计划的数据资料。
- 分析用来鉴定学校实力、关注领域和机遇的数据资料。
- 制定策略以确保实力得以保存,问题得到阐释。
- 为进一步提高质量提出明确的建议。

自评报告和数据资料要上交给马来西亚教育部高等教育司质量保证部门进行彻底检查。然后这个报告和数据资料交给外部考察评价所组成的质量评估小组。他们根据报告和数据资料不仅评估学校的能力和资源组织,还评估其专业的表现和效率。学校也可以使用这些数据资料进行全面战略性计划的分析。

2. 自评工作组

自评需要时间和努力,因此需要形成一个工作组,通常校长是工作组的主席。工作组的成员应该包括行政人员(学术的、财政的、管理的),部门/专业的带头人,初级和高级学术群、学生和其他与学校有关的人士。

对于数据资料和报告的每一部分,都要指派一个对相关部分非常熟悉的人员来担当这部分的领导。委任对学校全体教员和教学过程非常熟悉的学术事务的主管或专业带头人作为学校自评工作的协调者。协调者要对分配和收集数据资料、在资料准备中难题的排解、最终数据资料的版本统一的准备、自我分析报告的整理和最终统一自评报告的撰写负责。

学生应该积极地参与到学校的自评过程中,并且应鼓励其制定出一套独立的学生评价报告。

3. 搜集数据资料

质量保证部门已预备了一套数据资料的模板,它是根据学生学位专业(9个领域)的标准和规范的指南部分组织起来的。在数据资料的模板中包含的条目与专门的质量规范有关,其他与数据库相关的信息也包括在内。数据资料中每一个部分应该是由与此部分相关的最合适的和知识最渊博的人来完成。应仔细关注数据资料库中各部分间的交叉数据,确保它的准确性和一致性。

数据的收集应该形成一个完整的数据资料库用于给提出的问题提供答案。在评估期间,对可能存在的参考资料都应提供印刷好的文档以供评估小组使用。

院、系应该主动提供一个对它们全部实际情况的描述,包括它们支持教育和培训的历史、政策、程序和结构,而不仅仅对每一个数据库所列入的细节问题提供简要的答复;还包括做决定的过程和基本理论的相关信息,因为这些与决定或事实同样重要。

4. 自评分析

由学校建立的工作小组对自评工作的引导负责。数据资料库中的每一部分应该根据每个部门对学校如何达到教学目标以及针对专门的标准指导学生进行评估。要鼓励全体教员分析适合于学校教育计划的实力、弱点,面临的威胁和机遇,并评价自身与质量保证规范相背的方面。

5. 自评报告

负责评审数据资料的领导促使数据资料和自评工作小组的主席或协调者的分析报告不断发展。主席和协调者将对报告的每一部分分析、进行综合和总结以后写入最终的自评报告中。此报告不应超过 30 页。除了按照每部分的标准和规范来分析,报告还应包括以下内容的概述:

- 增强学校或教员达到预期目标的能力;
- 需要明确表明的关注领域;
- 保持或增强实力的战略;
- 提出解决问题的措施;
- 对改革的建议。

报告的最后应由附录列出自评小组工作成员,包括他们的职称(资格)或职位。

二、大学迎接外部评估的准备

大学迎接外部评估的准备包括以下几方面:

① 质量保证评估小组对某学校进行考察,那么此学校被鼓励享有优先资格对质量保证体系进行测评。

② 质量保证的考察只能被完成自评工作的学校采用。大量的自评报告和数据资料至少在小组考察之前 3 个星期送交质量保证部门。

③ 在对学校持续考察期间,为了学校和质量评估小组的联系顺畅,每所被考察的学校应该指派一个联络人,最适宜的是高级学术人员。

④ 质量保证部门将与学校主管或负责人联系有关考察的计划和安排的事宜。

⑤ 学校主管或负责人会安排一个暂定的考察程序,并在与质量保证部门和质量评估小组达成共识后,将通知所有需考察的专业教学相关人员(课程协调者、行政管理人员、学科小组和学生等)。

⑥ 学校主管或负责人将为质量评估小组提供一个"指导教室",配备一台计算机和与操作系统协调一致的打印机供小组秘书使用。

⑦ 学校将选出学生代表并简要说明他们要承担的角色,以至于他们可以真实地推荐有代表性的人加入。学生的观点是关于专业的质量和充足性、学术和个人的咨询、健康服务、财政援助以及学生在提供有关学校政策和服务的信息反馈方面扮演的角色。在考察图书馆、教室、实验室和其他教学设施上,学生应该作为向导来服务。

⑧ 学校还要选择有代表性的学术教员并简要地介绍他们的作用,以便使教员们能真实地推荐具有代表性的人加入,以此能发现教员对全员的发展、晋升和任期、教学技能、学校目标的理解、全员管理的作用、课程的理解、教员的文化和教学设施的适合性等问题的观点。

⑨ 学校主管办公室将协助考察小组预定房间和联系交通,但不负责费用的开支。有用的信息,例如学校的报告、城市的地图、大学的指南和交通的说明都应交给评估小组。

三、公立大学外部质量评估

1. 目　的

外部质量评估目的是:
- 确定学校或专业在本质上是否服从规范。
- 使数据资料和自评报告生效并填写缺少的信息。
- 帮助学校改进规范和提高质量。

2. 通　知

① 将被质量评估小组考察的学校至少会在 4 个月前得到通知,以便能够充分地准备各种文件。届时质量评估部门将会发出通知信函。

② 学校会被通知准备好数据资料和自评报告。

3. 评估小组结构和组成

① 质量评估小组包括 1 个主席、1 个秘书和 3 个小组成员。

② 这个由质量保证部门组建的质量评估小组成员是来自对相关的专业领域评估非常熟知并受过质量评估培训的专业学术人士。

③ 小组成员至少两个月前知道被考查的学校。小组任何成员的客观判断应以文件形式交给质量保证部门。

④ 每位小组成员在考察期间都会对专门的工作负有责任。

⑤ 在赴学校考察的两个星期前，数据资料和自评报告将会交给评估小组。

⑥ 小组成员将会有一份"马来西亚公立大学质量保证：实践准则"的文件，它不仅用来指导评估学校的数据资料和自评报告，还用来指导考察工作和准备阶段性报告。安排给小组成员的质量评估报告中的一部分将会现场完成，或是在考察的 7～10 天之内送给小组秘书。

4. 评估小组责任

（1）主 席

主席是评估小组的发言人，并且应该负责召开一个关于小组成员意见的研讨会，同时要为质量保证考察的报告负责并简要地描述考察目的。主席要确保成员调整其工作速度以考察、保证他们对学校实力、关注的专业领域和学校发展时机的认识是精确的。

结束考察时，主席会对大学的教务主任或副校长和全体教员进行一个口头的报告，它概括出评估小组暂时的决定和结论。该口头报告应落实成最终的书面概要。

（2）秘 书

秘书将制定所有安排，包括与学校联系人的接触，计划考察程序，提出有关附加信息的要求和草拟最终报告等。秘书应该与教务办公室联系以获取数据资料库缺少的重要信息。

秘书应该在考察期间完成简短的报告草稿（4～6 星期为最佳时间）。为了确保全部报告一致、合乎逻辑且内部相容，秘书有责任组织其他小组成员的供稿。如果小组成员的报告中遗漏了重要的信息，秘书有责任联系掌握详情的成员,并获得缺失的内容。

秘书应该保证原始的手稿副本、数据资料记录、评估报告和组织的图表等齐全,最后组合到报告的适当的地方。

注释的制定应该遵守质量保证规范,这个规范是包含在学士学位专业标准和规范的指南内的。如果可能的话,关注的语言应该反映可适用的专业规范。

秘书有责任将草拟的报告给学校教务长用以纠正错误。最终,正确的报告(带有附录的)应该送给质量保证部门。

(3) 小组成员

所有评估小组成员必须评审学校的自评报告和数据资料。在评审文件时,小组应该关注以下信息:

- 提供的数据资料是否完全、清晰地描绘出学校成果。
- 自评报告是否正确地反映了数据资料分析。
- 学校的实践是否遵照标准和规范指南中各方面的基本规范。
- 小组成员应帮助主席和秘书在考察期间收集、观察和记录数据。

在考察评估期间或者在考察后的一周之内,他们应写相应的评估报告,并由秘书准备评审草稿。

5. 考察日程安排

① 质量保证部门会送一份暂定的考察程序给学校,如果必要学校可以修改,最后的程序应是校方和质量评估小组共同接受的。

② 分配考察时间的最短期限。

安排每天工作的第一个小时和最后一个小时用以质量保证评估小组成员的分组讨论。

6. 工作态度和行为

① 小组的工作态度必须非常专业。因为质量保证评估是一个细致的评审过程,是一个正面的行为,而不是以惩罚或寻找错误为目的,其目标应是有助于全体教员并服务于大学的。

② 主席到达学校之后,介绍小组成员并说明此次考察的目的。

③ 小组成员是学校的客人,应讲求礼貌,而不能是争论的和对抗的。

④ 评估小组的作用在于评估。他们必须克服比较自身学校的制度诱

惑,而不应起到一个咨询者的作用。

⑤ 小组必须证实数据资料的有效性并寻找专业的一致性。

需要回答以下 5 个问题:

• 什么是专业的目标? 什么是学校制定的学生在专业学习最后阶段需要知道的和应做的?

• 学校是否设计了一个完成教学目标的程序?

• 学校是否组织了其资源来实现这些教育目标?

• 全体教员是否完成了学校的教学目标并将其继续实施下去?

• 有什么事实依据?

⑥ 小组应寻找的信息包括:

• 学校制定的下一个五年发展战略——使命的陈述、一般的教育目的、明确的目标以及经费保障;

• 专业的设计、课程的结构和内容、教学方法和学生评估是否支持目标的实现;

• 可以利用的资源及其分配;

• 学生们关于课程、监管、独立研究时间、娱乐的意见和向学校提供的反馈意见;

• 动机、学术的资格、行政管理人员及其政策规划的信息。

⑦ 考察所了解的每件事是完全机密的,不可以与外界分享,而且除了报告不应有其他评论。

⑧ 在考察每一天的最后和考察的最后一天,小组成员相互讨论汇总关于学校实力的情况,同时在结束会议时提出口头报告。

7. 口头报告

① 在考察的最后,质量保证评估小组的主席将给学校做一个口头的报告。

② 口头报告要强调不符合规范要求的方面和学校应重点关注的领域。

③ 主席提供机会,让学校成员澄清和说明报告中的不符合事项。主席应该告知大学执行主管,口头报告中提出的问题是暂定的,并不代表最终的质量保证评估报告,最后由质量保证部门召集小组座谈来研究质量报告而做出最终的评估报告。

第四节 马来西亚学士学位专业标准和规范

一、两级目标

《马来西亚公立大学学术评估指南》(以下简称《指南》)推荐的优秀实践与国际上公认的、旨在帮助公立大学在高等教育的各个方面达到基准规范的最佳实践相一致。优秀实践旨在激励公立大学持续改进其专业以支持马来西亚建成国内优秀的教育中心。《指南》的设计为了鼓励在一种结构框架内方法的多样性,这些方法应与国内和全球的人力资源需求相协调,同时与社区团体的社会经济发展需求相一致。但这并不意味着要压制高等教育刚性标准发展,因此,这个《指南》仅仅定义了大学教育要求的基本要点。每所大学能够创造性地设计其专业,并适当地分配和使用与它们使命、任务和学习目标相一致的资源。

《指南》所划分的 9 个领域或部分是:

① 愿景、使命、任务和学习目标;

② 专业设计和教—学方法;

③ 学生的评价;

④ 学生的选择和支持性服务;

⑤ 全体学术教员;

⑥ 教育资源;

⑦ 专业批准、监控和评估;

⑧ 领导阶层、政府管理和行政部门;

⑨ 质量持续进步。

每个领域包括投入、执行和管理方面的标准。每一个标准都在达到基本标准和质量发展标准两种级别水平上给予了可操作性的定义。

二、标准和规范

1. 愿景、使命、任务和学习目标

(1) 愿景、使命和教育目标

愿景、使命和教育目标规定了大学的发展方向,它们不仅指导学术计

129

划的制定和实施,还带领学校全员朝世界水平和传统意义上的优秀水平而努力。该教育目标描述了一种成果至关重要的特征和一名与民族精神和全球价值保持一致的大学生的教育过程。

大学本科的教育目标通常是通过以下方式使广大大学生受教育:

① 建立在科学理论基础上的知识储备和实践技能。

② 在国家设想框架中为社会发展进行有关态度、道德规范、行业知觉和领导技能的训练。

③ 培养分析和解决问题的能力以及批判性地、创造性地进行评估和做决定的能力。

④ 代表着知识体系快速发展的不断更新知识的终身学习技能和知识需求的发展。

⑤ 考虑与学校、国家、地区或世界相关的其他一般特定的论题。

基本标准

每所大学必须定义它的愿景规划、使命和教育目标,并让它们的支持者知道这个使命和教育目标一定描述了成果的关键原理以及一名与民族精神和全球价值相一致的大学生的受教育过程。

质量发展标准

使命和目标应该包括领导技能和面向社会的职责、研究的获取、社团的参与、民族价值、专家地位、知识标准和研究生的准备能力。

(2) 愿景规划、使命和任务

大学负有设计和执行与其使命和任务适应的专业的职责,其使命和任务的定义应与相关的股东协商。

基本标准

愿景、使命和任务必须由系主任,全体教员,校友,政府界、专家界或商业界主要股东来定义。

质量发展标准

愿景、使命和任务应该与股东(包括专职学术人员、学生、社团、非政府组织、政府机构和私人部门的代表)进行广泛地磋商后再详细阐明。

(3) 学术自治

大学行政管理部门负责学校全部的学术活动。然而管理每个专业的系和协会应该有对学术事务明确的自治权。

基本标准

学校必须有适当的自治权去设计一系列课程和为确保达到专业目标来分配学校运行时所需的资源。这种自治包括其他系、院，大学和机构（公立和私立）来设置（conducted）课程。这些部门一定是通过合作来商议达到资源运用和质量的最优化。

质量发展标准

所有专职学术人员的贡献应该聚焦在实际课程的发展和执行、研究、社会职责、个人成长和学生的学术监督上。

学校应该拥有关于处理专职学术人员利益冲突的政策，尤其是在私人实践领域方面。

教育资源应该根据教育的需要（基础构造和学术性教员的发展）来分配资源。

（4）教育成果（培养计划的目标）

大学质量最终是通过毕业生在社会上产生的预期的职责作用来进行评价的。这要求对能力进行明确的定义，即期望学生在学期末所达到的专业学习成绩和在质量结构中应该反映出的学士学位的能力水平。

基本标准

学校必须定义学生在专业学习结束时应展现出特有的能力。

这种能力包括对特定领域知识的掌握，ICT的使用，用批判性思考的技能，寻求知识、解决问题和做创造性的决定，实践技能，交流能力，拥有有责任感的态度和价值观（例如对社会需求的敏感性，参与社会事务，学习、适应和改变社会的积极能动性）。

质量发展标准

在专业学习结束时期望达到的能力和在毕业后接受培训所达到的能力之间的联系应该被详细说明（类似于企业主的职责说明）。

2. 培养计划的设计和教学方法

（1）课程设计和教学方法

有许多教学方法可以达到学校制定的目标、学习成果和专业目标。然而，设计课程运用的教学方法及教—学活动的选择都必须以完整的学习为基础。

教育所需的基础是一个知识、技能和态度的结合体。这些属性不能像实践性知识的罗列和实践的技能、态度那样被简单地定义,因为许多能力是与更多抽象的品质相关的。

地方、国内和国际水平不能充分地表达许多当代备受关注的重要课题(例如环境、人权、人类安全、艾滋病和性别等),因为它们跨越多个学科领域。在这种情况下,课程可采用的方法是以多学科、问题和论点为基础并建立了一个由广泛的社会代表组成的咨询委员会。

大学挑战性任务是教授学生足够的实用知识和实践技能,更为重要的是鼓励学生去质疑和批判性地评价问题、评估和提供创造性地解决问题的能力,还要发展他们适宜于社会、尤其是马来西亚社会的专业性的意识和态度。使用多样性教—学和评价方法使学生能够获得一种能力,即参与教育过程、参与国家和全球的发展及靠自身持续性的进步所带来的其自身学科的发展。

重要的教—学方法包括自学、ICT 的使用和构架多样性的选课体系。学习中的问题和计算机辅助学习应该与传统的方法充分结合而增强分析、思考和解决问题、有效交流以及运用计算机、数码技术和终身学习的能力(例如演讲、助教和实践课程)。

选修课(Electives)提供给学生拓展视野、深入学习其感兴趣的领域和在其他环境中体验教育(包括国外)多样性的机会。在国内、外的会议和特殊学期的研究或工作经历是提高个人发展的途径。

综合性的课程可以增加学生的经验,培养个人的能力及在马来西亚优秀实践中来培养学生们充当领导的责任意识。这种实践包括努力地培养种族的和谐统一、区域间的融合、对其他国家的尊重及个人文化的差别。培养的方法包括给学生提供机会并且鼓励他们居住在一起,共同分享成功、失败,共同接受奖励和惩罚。这样可以让他们形成一个和谐相处的集体观念。

整个专业和每一门课程应该是一个教导学生原理并培养、鼓励他们发展应有的态度和专业行为的方法、途径或尝试。这些方法途径或尝试在与多种多样校内外的社会层级相互作用。

基本标准

必须对每一个专业、课程方法和结构、教—学和支持教育方法的评估方法有明确定义。

学校必须表明其课程教学方式、教育内容和教学方法与支持学生获得学习成绩和目标是适当一致的。

学校必须有一套形式多样的教学方法能够拓展学生的智能、实际技能和积极的态度。

教—学方法必须确保学生养成对自己学习负责任的态度和培养终身学习的习惯。整体的教学依靠说教的方式是不够的。

必须鼓励选课在监控和评价的条件下进行，过分集中在核心课程上的选课可能被视为辅修课程。

综合性课程必须能够丰富学生的经验，激励个人的发展和培养他们作为领导的责任感。

质量发展标准

课程体系应该鼓励个人全面发展，而不是狭窄地集中在一个学科和一个专题上，而且理论与实践应融为一体。

为了与知识的爆炸性增长和世界秩序的快速变化保持一致，教学重点应放在对一门基础学科的原理和技能的理解和掌握，而不是对具体细节的记忆。

（2）科学的方法

基本标准

每一个专业必须给学生教授科学的方法，提供分析性、批判性、建设性和创造性思维和基于事实的行为决策的机会。

质量发展标准

课程内容应该包括训练学生合理思考、研究的方法和原理。

（3）课程内容

基本标准

每个专业必须在课程中鉴定、合并重要的基础学科和核心学科，这对理解高等教育的概念、原理和方法及支持其任务和目标都是至关重要的。

核心课程内容的深度和广度及其排序在支持有效达到教学目标方面必须是适度的。

为平衡核心课程和选修课程，可用的时间必须进行有效的分配。

每个专业必须与在重点学科领域被授予奖项的核心课程的要求相吻合。

质量发展标准

为了跟上科学、技术和知识发展步伐和满足社会的需要,应该不时地改编核心学科的内容。

学校应该设立机构来鉴定当代在地方、国内和全球层次上重要的主题,但是由于这些主题是多学科交叉的,教员不能在课堂上完全表述清楚。

(4)伦理道德和人文学科

伦理道德和人文学科有利于对社会需求敏感的个人伦理道德的平衡发展。社会科学和道德规范应该包括地方利益、需求和传统惯例,并且常包括市政学、公民权、社会文明、心理学、社会学、道德、专业的伦理学、人类学、经济学、法学和语言学等。

基本标准

每个专业必须鉴定伦理和人文方面的内容,使学生能够进行有效的交流、决策和道德的实践。这些相关内容的鉴定也必须融合在课程中。

质量发展标准

为了适应专业的需要、人口统计、文化的范围和社会需要的变化,我们应该不时地修正有关伦理道德和人文学科的文献。

(5)专业的管理

基本标准

每个专业必须有一个有经验的学术带头人或是委员会,它负责对基于专业目标的专业和计划贯彻落实。

专业的带头人或委员会必须拥有权力和能够制定程序,其权力和程序是靠监控学校计划执行的政府组织建立的。

专业带头人或委员会必须有足够资源去计划和贯彻教学方法,评价学生、课程和专业评估的评价和必需的革新。

质量发展标准

课程或专业委员会应该包括学生、学术性成员和其他与学校相关的股东代表。

(6)与学校外部股东的联系

与学校外部股东的联系,尤其是在操作层面上对其鉴定,这对在计划和执行专业研究上平衡与他们的关系是至关重要的。在地方、国内、区域和全球范围内,与股东联系是最好的发展和进行各种水平的培训的方法。

基本标准

可操作的联系必须靠多种多样的外部股东来保持。

质量发展标准

专业/课程委员会应该获得雇主对毕业生的反馈意见,同时应用这些信息来促使课程的改进。

3. 学生评价

学生评价是质量保证的一个重要方面,因为评价可以促进学生学习,同时其结果可以用来给学生授予学位和评定能力。因此,学生的评价必须清晰并支持培养计划的目标。

(1) 评价方法

基本标准

学生评价的频率和方法是其通过评价标准(通过/不及格)来明文规定,并且在开学典礼上清楚的向学生表明。

评价方法必须平衡总的评估和格式化的评估,及理论测试和实践测试之间的关系。

一套形式多样的正式方法和手段必须用于评估每一个专业的目标和其具有的资格,例如交流能力、解决问题的能力、团队合作和自我指导性学习的能力。

质量发展标准

学校应该评估和证明所有评估方法的可靠性和有效性,并且不时地评审和引进新的评估方法。

(2) 评估和学习的关系

基本标准

评估的基本原理、方法和实践必须与培养计划的目标、内容一致,同时必须促进学生的学习。

专业的目标无论何时修改,评估的方法和程序都必须反映出相应的变化。

质量发展标准

考试的频率和类型应该不时地修改,以便能在一种综合的方式下评估多种科目并且鼓励学生综合性的学习（例如学习道德伦理和观念应该与获取的知识和实践技能综合起来）。

大量知识信息的考试应该减少，是为了减少超负荷的课程，而更多地集中在对高级智能的掌握（例如问题的解决能力）。

（3）学生评估的管理

评估体系的管理与能够授予学位和颁发其他国际国内奖项的学校——责任主体有复杂的联系。关系到学生评价的评估程序和过程的积极性和安全性非常重要，这是由于鼓舞学生对学校授予其学位质量的信任。

基本标准

学校必须有机构确保考试体系的有效性、可靠性、公正性及学术记录的安全。

质量发展标准

专业和课程委员会都应该有机构去评审和履行新的评价方法。

学生、学术性成员和其他股东的代表应该参与学生评价体系的改进。

4. 学生相关事宜

（1）招生政策和学生选拔

虽然没有一种最好的学生选拔方法，但无论应用什么方法，学校都必须连续地贯彻。

基本标准

学校必须有明确的招生政策来清楚地说明学生选拔的程序和标准，而且这种程序和标准必须印制并散发给学生。

每个专业或学科所需的预备知识和技能必须清楚地被表明出来并且不能要求太宽泛或太狭窄。

如果需要面试，学校必须证明面试是客观和公正的。

学校应有积极的政策，即学生的选拔必须免于歧视和偏见。

学校必须有明确的申诉机制。

如果学校有分校，那么学生的选拔安排必须由授予学位的学校来负责。

质量发展标准

学生入学政策应该进行阶段性的评审,从而反映学校的社会责任感、人力资源和社会需求的变化和终身学习的机会。

如果有必要,选拔结果和学生成绩应该被监控以便改进其选拔的过程。

应该阐明学生选拔、教育计划和毕业生应具备的品质之间的关系。

学校应该为已具备资格但是在一些特殊的方面存在不足的学生提供一个过渡的培养方案。

(2) 学生的录取

录取学生的数量是由学校的资源和合格申请人的数量决定的。当决定了招生规模后,学校就应该考虑到研究生或其他类型学生的生源问题,以及其他教学计划的规模和种类的需求,包括教学计划的内容和执行,学校科研的任务,继续教育和所有相关服务。

基本标准

每阶段学生入学的规模必须明确,并且必须要与学校教育培训的各个时期有效的执行培养计划联系起来。

学校有责任向所有学生说明学校资源的充足性,从而保证为更多的学生提供空间。

质量发展标准

对学生入学人数及其状况应该在与学校相关的股东协商后进行评审来满足不同阶段社会和国家的需要。这些需要包括对性别、伦理道德和社会职责的考虑,例如对处于不利地位和社会边缘的学生的特殊政策。

(3) 转校生

为了确保学生在原学校所学课程与要转入学校专业课程学习的一致性,那么课程的多样性允许个人在专业或学校之间申请转调,另外,还应提供关于学生在转专业后知识补充的证明。学生获得一个转学成绩证明是必要的,它能反映出学生所喜好的科目。

基本标准

学校必须提供标准使有资格的且不希望继续攻读本专业的学生能够转到另一个可选择的专业。

质量发展标准

学校应该为退出本专业学习的优秀学生提供过渡性学习课程以便获得另一个学位。

（4）对学生的帮助和建议

对学生的帮助包括有利于学习和身体健康的实体设施，例如娱乐、艺术、文化、住宿、交通、安全、食物、健康、财政、学术建议和咨询。

基本标准

物质设备和对学生的支持性服务必须是有用的。

隐私的咨询工作必须由有资格的员工来做。

质量发展标准

咨询应该建立在对学生进步监控的基础上，应该表明个人和社会的需要。这些包括对学术建议、学习技能、职业指导的需求和对处理健康、财政、压力、情感和精神帮助的需求。

（5）学生代表

学生通过参与各种学校活动培养了自信，同时增加了在教育及相关事物上的经验，因此对于学校来讲获得参与学生的反馈意见是很容易的。

基本标准

学校必须有相应地政策简明恰当地规定学生代表如何参与、管理和评估与学生有关的课程和其他事物。

质量发展标准

应该鼓励学生的活动和学生组织以便为他们提供在经营管理、教育成果（representation in education）、相关事务和社会活动方面的经验。

5. 全体学术成员

学术成员的质量是确保高等教育质量最为重要的组成部分，应该努力建立服务、发展和用于引导教员教学成果的评估政策，从而确保每个教学计划都有适当的合格的教员胜任。招聘有资格的、合适的教员都是困难的，但是可以运用一些办法，诸如学校提供能负担起的最好的办公条件来留住员工，与其他机构建立一种协作关系以及和谐的约定来激励员工。

教学、研究和提供专家服务是 3 个相互关联的学术活动。然而必须承认，不是所有的学术员工都可以平等地参加这 3 项学术活动的。学校不仅应该清晰地解释在教学、研究、专家咨询服务和行政管理上教员的职责和作用并进行公正的分配,还要对有助于提高教育质量的社团参与、市民职责和改进社团生活质量进行清晰地解释。公正的工作分配用于职位的晋升、薪水的决定和其他值得称赞的激励其作用巨大的。为了提升所有的学术技能,学校给教师提供系统的训练是至关重要的。

(1) 招聘政策

基本标准

学校必须有一套明确的关于员工资格、职责、专业和动机的招聘政策,它对于传授课程是很必要的。

每个专业的教员与学生的比率必须要鉴定,并且教—学方法与学生的规模必须合适。

用于实施每个专业教学任务的教员的最少数目必须确定。

质量发展标准

招聘政策应该在初级和高级的教员之间、在学术性教员和非学术性教员之间、在全职和兼职的教员之间寻求一种平衡,且每项职责都必须明确的制定。

教员录用的标准应该包括对其成就性的学术活动的承认,这些学术活动能够用正式的资格、专业的经验、科研、教育成果及同等类似的公认的东西来测量。

(2) 服务政策和教工发展

基本标准

员工政策(the staff policy)必须说明与服务工作、个人发展和全员的评估相关的事物。

员工政策必须阐明教学、科研、咨询、社团服务和行政管理的角色及其分配,并反映出教工职责的平衡分配。

公正的工作分配和有价值的学术任务必须得到认可和适当的奖励,这些奖励是通过晋升职务、增加薪水或用清晰透明的政策和程序来实现的。

专职学术人员的发展必须提供系统化的培训和机会。

质量发展标准

全体教员的发展应该对其给予程序化的指导并且为新员工提供

指导。

全体教员的评价应该考虑到专业的、学术的和其他相关实体的参与及委员会等因素。

6. 教育资源

教育资源包括物理的空间、信息设备(图书馆)和交流技术、研究设施和在不同高等教育领域专家提供的训练和建议,还有在国内和国际水平交换的教员和学生(例如学校之间专业的合作、国际学分的互换)。

实体设备包括行政管理的办公空间、大型教学的空间(如讲演大厅、礼堂)、小型教学的空间(如班级教室)、实践课程(如科学和计算机实验室)、临床教学(如医院、诊所)和明确的设备(如录音设备、LCD)。临床设备主要提供了包括紧急服务的医院、城市和乡村的诊所和临床技能的实验室。

把研究设施作为教育资源的一部分是因为它可以改善在校生的教育质量。好的研究氛围可以吸引一些高级学术性人才,他们对"作品的陈述"是一种批判性思考,并对知识的进步有很大的贡献。积极的研究者为了学术项目和社会团体的利益最好要解释和应用当前的新知识。活跃的研究者还会吸引全体员工并增长他们的士气。学科之间的交叉研究对理科专业是有积极作用的。

一种积极主动的研究环境给学生提供了通过选课和核心课程学习进行观察和参与研修的机会。鼓励学生发展一种解决问题、数据分析和持续更新知识的永久性技能,而且一些学生可能在研究中也提高了他们的兴趣。

教育专家可以在高等教育各个领域的过程和实践中处理问题、提供训练并给予建议。他们是受过训练,在有效的教—学方法以及在其学科有相当经验的教员。这些专家的意见能够从系、院、教育部门或从外部资源获得。

其他支持教学活动的设施是必不可少的。例如青年公寓、交通、安全、娱乐和咨询,这些设施的水平必须升级与其他教育资源平行。直接或间接教育资源的平衡和适当的同比例的增长可以使得教—学活动良好顺利地开展。

（1）物质设备

基本标准

学校必须有相对全员和学生数量较充足和合适的物质资源来确保有效地传授课程的信息。

图书馆必须汇集了不同时期的、充足的参考资料用于满足每个专业的教员和学生的学术需求，而且必须配有有资格的图书管理员来协助学生学习，同时必须提供计算机和信息技术来补充参考资料。

对于专业学习以实践训练为基础的学校，必须提供充足的用于实践训练的设施和装备。

质量发展标准

学生学习环境应该通过革新、建立新的设施得到规律性的改进，而且通过获得最新和合适的设备而跟上教育实践的发展和社会的进步。

学校设施应该不时地进行评审，这也是为了现代教育和培训的质量和合适性的评估。

（2）信息和交流技术

基本标准

学校必须制定一个关于选择和有效地使用计算机、校内和校外网络、及在专业使用信息和教育专业的交流技术的政策。它包括与图书馆服务性业务的配合。

学校必须提供充足的和适当的基础组织结构和人力资源来支持 ICT 政策。

质量发展标准

为了有效地自我学习、评估信息和交流，学术教员和学生应该训练自身运用信息和技术交流的能力。

信息技术的使用应该是终身学习和基于事实决策的。

（3）研究和发展

基本标准

学校必须有政策来发展科研和教育的关系，而且必须描述研究的优先地位和相关设施。

质量发展标准

科研和教育的相互作用反映在课程中表现在：应该影响当前的教学，应该鼓励学生参与研究和其发展。

在适当的领域，学校应该使科研与商业化的发展联系起来。

（4）教育专家的意见

基本标准

学校应该制定一套在专业教学计划和发展新的教学、评估方法中运用教育专家的有关政策。

质量发展标准

学校应该允许一些教育专家的评估，并鼓励采纳专家关于员工发展和在各个学科领域内教育研究的意见。

（5）教育交流

基本标准

学校必须制定与其他教育组织协作以及学分互相承认（transfer of educational credits）的政策。

质量发展标准

在国内和国际上学术性教员和学生的互相交流和访问应该有适当的硬件和资源来支持。

（6）教育预算和资源分配

基本标准

学校必须制定财政预算和采购政策来表明学校的资源足以达到专业目标并且保持高等教育质量水平。

必须给学校列出关于预算和资源分配的职责和权力的条目。

学校必须有一系列与相关法律一致的有关退还学生学费和其他正当费用的明确、公正的政策。

质量发展标准

为了达到专业目标并保持高等教育标准，应该给予大学院长和专业带头人充分的自治权来适当地分配学校资源。

7. 教学计划的监控、评估和改进

教学计划是靠评估教育结构和过程来提高的，这里的教育结构包括：

行政管理结构、领导人员和管理人员、学习环境和校园文化；专门的课程结构，例如课程提纲和学生成绩；还有一般的学习成果，例如职业选择和研究生成绩。

反馈意见需要从多样的资源中获得从而增强高等院校的教育质量。证据的收集来自学生和毕业生的反馈意见、考试成绩、毕业生成绩的纵向研究和大学校内外投资者对毕业生及其表现出的实力和弱点的洞察。这里的信息资源主要包括学生、毕业生、研究生教育者和在雇主、教育管理机构、专业组织之中社团的赞助者。

学生学习情况的检测包括：平均的学习时间、评估分数、考试的通过率和不及格率、顺利毕业和辍学率、在校生/毕业生有关学习经验的报告及学生在特殊兴趣领域花费的时间。通过考试评价学生的学习情况可以显示出很多非常有用信息。如果学生的选课工作正常地进行，那么他们高的不及格率表明在课程内容、教—学活动和评估体系上存在一些错误。专业委员会需要监控学生每门课的通过率并且要调查通过率是否太高或是太低。

学生的反馈信息对特殊问题的鉴定是极其有用的。这些信息是从大量学生填写调查问卷中得来的。学生的反馈信息也可从专业委员会的陈述中获得。不受学生不欢迎或消极评价的课程也许可以被预先防范（defensible），因为它至少反馈出学生对课程的看法。如果必要，这些课程也可以改进。

理论上，评估主要课程的最佳的方法是对毕业生做一个跟踪研究。学生的就业走向通常是在集会上通过单位填写调查问卷获得的。学校应该有机构来监控自己毕业生的现在的情况，并获得社会和雇佣单位对毕业生的优缺点的评价，同时对这种情况给予适当的响应。

（1）教学计划评估机制

基本标准

学校必须为教学计划的评估、执行情况的监控和学生的进步建立一套机制并投入一定的资源。

教学计划的评估机制必须包括通过使用有效和可靠的方法提供基础数据，其组成人员必须包括教育专家、外部主考官和评估专家。

接收的反馈信息必须由相关的委员会进行评审（review），进而将信息传递给那些对专业发展负有责任和履行更多教学活动的人们。

学校必须确保评估中关注的事项被及时鉴定和处理。

质量发展标准

教学计划的评估应该表明教育的结构和过程。

（2）教师和学生的反馈

基本标准

教师和学生的反馈意见必须能被系统的查找。

质量发展标准

教师和学生应该积极地参与专业评估计划的制定并且运用教学计划改进的结果。

学生应该有适当的渠道将一些问题在变成重大问题之前通报给主管教学计划的领导。

（3）学生表现

基本标准

学生各个方面的表现必须与学校的任务、专业的课程和目标联系起来分析。

质量发展标准

分析学生的表现应该与学生的背景、情况及入学资格联系起来。

应该将学生表现的分析结果（analysis of performance）反馈给负责学生选课、制定课程计划和学生咨询的委员会。

（4）广泛的参与

基本标准

专业评估必须涉及大学的主管和行政管理人员、学校教员/学院/系/专业、社团的代表、雇主、教育和政府机构、专业组织和研究生教育者。

对于专业的规划必须邀请专业实体参与专业的评估。

质量发展标准

对于工程专业教育计划，应该要求工业界参与其中的评估。

学校投资者的投资范围应该是已获得课程和专业评估结果的，并且他们对课程的相关性和发展上的观点应该予以考虑。

8. 领导人员和行政管理人员

可以用多种方法管理一所学校，并且不同的学校之间管理方法也会有所不同。然而,对学术性组织领导阶层的管理必须重点强调卓越和学识。领导层为多种不同级别的大学提供清楚的指南和方向,在以大众性和透明性为基础的不同学科中建立关系,为达到任务和目标在管理财政和资源上负有责任,这些都是极为关键的。每所大学必须明确强调所有学术活动的结构和程序。

大学的领导层应该在教育的传授、研究和咨询上与重要的投资商建立明智的伙伴关系。同时用书面形式来保护这种关系,依靠互惠的原则和开放的交流很好地发展关系。

（1）行政管理

基本标准

在大学中,学校机构的组织结构和功能及他们之间的关系必须用管理水平的多样性来解释和定义。这种管理水平是以透明、平等、客观、权威和责任为基础的一种权力的平衡。

学校为了确保达到教学计划的目标(包括靠其他教员和代理人进行的课程管理),必须对课程和机构所需的教学资源拥有适当调动的权力。

质量发展标准

行政管理应该建立负责教育专业委员会的组织机构。

管理应该反映出专职学术人员、学生和其他投资者的要求。

（2）学术领导层

基本标准

学校学术领导层的标准、职责和教育计划必须由具备资格和经验的人士来清楚地表述和填写。

质量发展标准

学术领导层对学校使命和目标的完成情况应该间隔性地进行评审。

（3）行政人员和质量管理

基本标准

学校的行政人员必须适当地、全权地支持教育计划和其他活动的执行,同时要确保资源的良好管理和发展。

质量发展标准

管理部门应该建立一套质量保证计划并且自身积极地遵守以进行规

律性的审核。

（4）与校外部门的互动

基本标准

为了与校外投资商的更好合作，学校必须有一个建设性的、积极推动项目运转的机构。

质量发展标准

学校与校外部门的合作应该通过对协议书的理解和认同使之正式化，并且应该及时对其进行贯彻实施。

9. 持续的评审

社会需求的增长决定了大学的责任。例如，大学期望培养的毕业生是与社会相关的、用于满足社会的需求。并且国家在培养学生上的花费是有效果的，而且其质量是有保障的。一方面，社会的需求在不断变化；另一方面，需求持续不断的变化是因为全球知识爆炸性的增长和科技通过电子网络的快速扩散。大学作为有活力的组织面对这样的挑战时，需要持续不断地、系统地评审和监控各种方面对教育的影响，以便计划能够在一种持续变化的环境中顺利地执行。这些问题包括：

• 为了社会科学、经济、文化的发展，学校的使命和任务要持续不断地改进。

• 学校对毕业生必须达到的能力的修正要与教育机构制定的社会环境所需毕业生的文件要求一致。

• 教育方法和课程设计的改编要确保他们与社会的适应性。

• 课程组成部分的调节和它们的关系要与相关学科的知识发展和社会改变相一致。这种调节应该确保相关的新知识、新概念和方法被包括在内，过时的知识而被淘汰。

• 要依据教育目标和教与学方法的改变来评审评价方法和学生成绩、方法和考试的数量。

• 为了改变期望值、环境和人力资源的需求，学生录取政策和筛选方法的改进要随大学预科教育体系和教育计划的需求而变化。

• 要依据学校的需要来改进学术人员的录用和安置政策。

• 教育资源的更新要根据新的需要，例如在校学生的规模、学校全体员工的规模和概况、教育计划和当代的教育基本原理。

- 监控学校专业的压缩和评估学生执行系统。
- 组织结构和管理原理的发展是为了应对过时课程的改变和学校的需要。
- 建立适应不同利益股东的新环境。

基本标准

为了有规律地评审和更新学校的结构、功能、战略及确保核心活动的质量,学校必须建立有活力的政策、程序和机构,并修正已有文件的不足。

质量发展标准

持续不断进步的过程应该以预期的研究和分析为基础,同时应该使学校的政策和实践的修正与过去的经验、目前的行动和将来进一步的设想相一致。

147

第五章 新西兰高等教育评估

引 言

新西兰大学学术评估署(以下简称评估署)于1993年由新西兰大学校长委员会创建,并于1994年正式启动对大学的评估活动。评估署将通过支持提高高等教育质量的活动来促使大学形成可行的质量保障体系,并且努力避免那些单纯遵守而导致限制性过强的质量体系。

评估署的主要功能是保障新西兰大学在研究和教学的学术职责上始终保持较高的水平。评估署在实现这一功能的过程中主要致力于促进大学完成持续发展的自我规划。其主要目标在于质量进步、质量评估、评估活动的国际标准、交流、质量政策和实践等。

评估署由董事会、评估员注册中心、评估署署长、董事长秘书处(由评估署署长负责)构成。其董事会由11或12人组成,由新西兰校长委员会任命。

新西兰大学质量体系坚持两个基本原则:其一,当维护学术质量的职责尽可能与科研、教学、学习和社区服务等过程密切相关时,学术质量就能得到最好的保证;其二,质量保证是一个持续的、动态的和反馈灵活的过程,对绩效的严格评估可形成学术工作规范且有积极的意义。

为此,评估署制定了大学评估的几项基本原则。为了保证这些原则,评估署注重大学的自评,并强调质量的提高是获得信誉最有效的途径。评估署必须对大学质量保证的程序及适用范围和有效性做出规定。这些规定根据大学提交的自评报告来确定,并作为专家组考察大学时的参考及书面和口头测评的依据。

新西兰大学评估遵循自评与自评文件的形成、自评报告的提交、初步实地考察、正式评估实地考察、报告草案、考察报告的发布及其反馈等几个基本程序。为保证评估质量程序的有效性,评估员有必要调查这些程序的应用成果,并检查大学实现其目标的程度。大学有必要检查相关的机制,并应向评估署说明这些程序正被使用而且是有效的,或者说明有计划弥补不足之处。

第一节　新西兰大学学术评估署简介

1. 背　景

评估署于 1993 年由新西兰大学校长委员会创建,按照委员会批准的参考条款运行。评估署 1994 年正式开始工作,1995—1998 年间完成了两次实验性的评估工作和对所有大学的第一轮评估。第二轮的评估在 2000—2001 年间进行。这些评估工作都是围绕国内研究政策、管理和绩效、支持研究生科研及教学-科研一体化的主题开展的,还包括由评估署同意并由大学推荐的主题。

评估署曾由独立专家组进行评估,其评审时间分别是在 1997 年(第一轮大学评估末期)和 2001 年(第二轮大学评估末期)。在以下有关评估署的愿景、使命、指导原则和目标的定义中都考虑了自评估署成立以来在工作中得到的经验、教训及其在 2001 年评审的观点、建议和在 2002 年对所有新西兰大学咨询的意见。

2. 愿景和使命

评估署的愿景制定有助于保证评估的质量。新西兰大学教学质量的提高是通过其学术行为和成果的质量提高来衡量的。这些学术行为和成果是指在校生和教员在研究、教学和社团服务方面为新西兰国的人们和社会做出的可测量的贡献。

在此愿景下,评估署的使命就是要成为新西兰大学文化的发展、过程与成果质量改进与提高的催化剂、原动力和鼓舞力。评估署将通过支持提高质量的活动来促进大学形成质量保障体系,努力避免那些单纯遵守导致限制性过强的质量体系。评估署要为质量体系的发展和监控不断努力,并促进和确保大学从质量保证中获得发展机会。通过这些活动的开展,评估署发挥自己的潜力使其成为新西兰第三产业质量保证机构的领军者,使其在国际上获得其他评估机构高度评价的同时,也为国民的生活提供更多有价值的量化信息。

3. 指导原则

与评估署使命相关的活动是以如下指导原则为基础:

- 评估署要关注大学自身的质量。
- 评估署的重要职责是帮助大学达到有价值的教学质量和持续进步的组织文化目标。
- 评估署要接受提供独立评估、对质量文化的理解及引导大学学术质量的职责,并且要与社团交流评估成果。
- 评估署要认识到新西兰大学学术的实践至少应与国际规定的大学学习实践一样优秀。
- 评估署承诺领导者在质量保证的理论和实践上养成一种持续进步和不断革新的精神,策划有关国际的研究和实践。
- 评估署同意评估的成功和信誉必定是通过质量方面的工作实践反映出来。
- 评估署保证遵守 Waitangi 条约的原则。

4. 目 标

(1) 质量进步

通过有目的地考察大学管理成功的案例和高年级学生的研究成果和报告,来证明这些有助于大学专业质量的监控和实施。

(2) 质量评估

成功管理所有新西兰大学的评估工作,并撰写权威、严谨、公平和有见地的评估报告,评估报告要能对大学提高自身的专业质量有帮助。

(3) 评估活动的国际标准

确保有资格的国际人员参与评估署的活动中,评价、采纳、宣传和报道国际上已使用的和有效的做法。

(4) 交 流

发行出版物、评论报道、媒体报道,与其他对确保新西兰大学质量感兴趣的新西兰的教育机构、组织和社团、评估署进行及时有效的交流。

(5) 质量政策和实践

在国内及国际间为教育质量保证的实践和政策做出贡献。

（6）新西兰网络工作及国际教学质量和教学机构

巩固与第三世界的教育质量、质量评估、国内、国际教育机构相联系的网络工作，从而有效的支持新西兰大学和第三世界教育工作。

5. 评估项目

评估署所涉及的评估项目是由新西兰大学校长委员会批准的，包括以下几方面：

- 考虑和评审大学监控和提高能达到评估署既定目标的学术质量和标准的机制；
- 考察单个大学有效使用程序的程度；
- 评论单个大学内反映维持教学质量的有效做法的程度；
- 确认和评价大学在维持和提高国内学术水平的有效做法；
- 帮助大学界提高教育质量；
- 在质量保证方面向新西兰大学校长委员会提出建议；
- 同教育质量保证相关的国内外机构和组织进行交流；
- 执行与评估角色相一致的工作。

6. 评估署结构

评估署由以下几部分构成。

- 董事会；
- 评估员注册中心；
- 董事长秘书处，由评估署署长负责。

董事会由 11 或 12 人组成，由新西兰大学校长委员会任命，他们包括：

- 一位由新西兰大学学生会任命的学生代表；
- 一位由国内雇主团体提名的成员；
- 一位由国家商贸协会提名的成员；
- 两名为大学提供特殊教学准备的行业中的成员，由相关专业团体提名；
- 两名社区中的会员；
- 两位高级学者，一位由澳大利亚大学校长委员会提名，最好是澳大利亚质量委员会或同类机构的成员，一位由新西兰大学教工协会提名；

- 一位新西兰大学校长委员会的成员；
- 评估署的评估署长；
- 一位由新西兰大学校长委员会任命的组长，或者单独任命，或从以上成员中选出。

新西兰大学校长委员会在制定安排时应考虑到至少包括一名毛利人会员，没有一个成员能够代表教育评估署和其他机构。政府规定董事会成员任期为 4 年，由新西兰大学学生会任命的成员任期为一年。

7. 董事会职能

董事会的职能包括以下几方面：

- 对评估署评估和操作方面要参考的规定向新西兰大学校长委员会提出建议；
- 在文件的范围内决定评估署的政策并监控其执行情况；
- 任命评估署署长；
- 批准评估署执行程序，并确认程序的执行；
- 批准评估署提交给新西兰大学校长委员会的预算经费；
- 批准并向新西兰大学校长委员会提交每年的评估报告。

董事会没有为个别学校提供建议的权力，也没有修订评估报告的权力，但要保证评估过程的可靠性，并反映一个独立的判断结果。

评估人员是根据评估署署长的建议由董事会将其登记注册并给予适当的培训。他们包括一般的学员和一些有经验的人士。在注册中，小的专家组抽出来去评估个别的大学，这样的专家组通常包括至少两个人。

8. 评估署署长职责

评估署署长的职责包括：

- 保证评估署履行参考条款中的规定；
- 向董事会提出有关评审、保持和提高大学质量的建议；
- 向董事会提出有关评估员的任命和培训的建议；
- 帮助并确保评估工作顺利的开展和评估报告的准备；
- 聘用评估署其他成员；
- 向董事会报告关于评估运行情况；
- 准备年度的评估报告；
- 履行与评估署目标和职能相适应的其他责任。

第二节 新西兰大学的学术评估

这里介绍的新西兰大学的学术评估是根据新西兰大学评估署编辑的《评估手册》(1998 年第 3 版)翻译整理的,其适用于大学自评和评估专家组成员。该手册描述了新西兰大学质量保证与评估体系的基本框架、程序和做法,并经过实践已经得到了认可。

一、大学评估

1. 目 的

评估署的主要功能是保障新西兰大学在研究和教学的学术职责上始终保持较高的水平。评估署在实现这一功能的过程中主要致力于促进大学完成持续发展的自我规划。其长期目标中,恰如其分地概括了对大学评估的目的:成功地管理对新西兰所有大学的评估,提交权威、严密、公平和有见地的评估报告,为大学完成在质量和价值上持续发展的自我规划提供帮助。

对于每个评估过程,大学持续发展的自我规划既是起点又是终点。外部评估在大学自评的基础上展开。大学自评不仅是自我评估,而且包括大学下一步的质量改善计划。大学自我改善计划经过专家组修正和改进后,其完成情况就成为大学和评估署在接下来的工作中处理问题的依据。评估署及其从事的工作,包括外部评估和随时的项目自评,必须对大学提高质量、自我规划有帮助。评估必须属于大学提高质量计划的一部分,而不是对其内部事务的干扰。评估不能忽视大学的自主性,也不能忽视其自我创新性。

2. 大学质量体系原则

评估署声称大学评估的目的符合以下的原则,并且任何高校的质量体系都应该体现这些原则:

• 当维护学术质量的职责尽可能与科研、教学、学习和社区服务等学术过程密切相关时,学术质量就能得到最好的保证。

• 质量保证是一个持续的、动态的和反馈灵活的过程。对绩效的严格评估以及其他相关行为应该促使学术工作规范的形式且有积极的意义。正确的做法是积极分享、传播和观念的转变。

• 如果质量传递和输出能够实现,质量体系就是有效的。教学、学习、科研和社区服务等活动的学术成果则是这种有效性的体现。

• 高等教育有效的质量保证要求外部学术和专业知识的介入。大学的学术工作及其质量保证过程必须与国内、外相关领域建立联系。这就要求大学相关的人员参加校外的专业活动,同时校外的人员也参与到校内相关质量保证的过程中。

为体现这些原则,评估署很强调大学的自评,并强调质量的提高是获得信誉最有效的途径。

为评估质量保证程序的有效性,评估员有必要调查这些程序的应用成果,并检查大学对其目标的实现程度。大学有必要检查相关的机制,并应向评估署说明这些程序正被使用且是有效的,或者说明已制定出计划来弥补不足之处。

3. 评估程序

(1) 自　评

不考虑评估署的活动或者任何其他外部要求,对过程和活动的检查应该是大学整个规划、实施和改进计划中不可或缺的一部分。不管影响检查的主要因素是什么,与评估相关的自评都有利于保证和提高大学的质量。自评的起点,正如专家组调查的起点一样,是大学已经制定的目标。

大学自评所花的时间由评估范围和大学其他任务所决定,但必须解决以下问题:什么是内部质量程序? 这些程序是否适用? 这些程序是否有效? 如何知道?

(2) 自评文件

大学自评后要向评估署递交一份书面报告,简要概述院校的质量体系及其有效性的自我评价,以及大学就评估重点制定的质量改进方案。评估署只要大学单方面的报告,而不要相关利益的个人或组织(如学生社团或教工社团)的报告,因为它认为相关利益组织的介入会削弱大学的统一和自治,这样可能会挫伤大学与相关利益社团合作的积极性,不利于大学对工作改进的认可和责任的承担。

按计划,大学单方面的报告包括整个自治社团和不同部门的判断。反过来,当检查、校准或质疑大学在报告中的评判时,评估署会在相关利益社团中广泛征求意见,并检验文件中评判的公平程度。

(3) 评估专家组

评估署经过深入考虑评估的范围、大学的特点及专家组内部背景和经验的相关性和互补性,从评估员管理处选择合适成员组成评估专家组。评估专家组一般包括新西兰学术人员、工业或商业的成员和海外学者。专家组组长一般由新西兰学术人员担任。评估署秘书处(署长或评估署中另一位专业人员)会提供专家组的招待和文秘的支持,保证评估按照评估署的目标发展。专家组有一位会议记录员。

选出的专家名单及其个人简历会交给要评估的大学,在非公开的情况下征求大学意见,看是否认为被选的评估员不应该参加评估。有效理由包括现实的或可能的利益冲突,或评估员不符合大学的特点。大学对专家组的成员构成没有否决权,并且必须使评估小组确信所提出的理由总是有效的。

除非另有其他方面的安排,大学和专家组成员之间的所有交流都要通过评估署。

(4) 专家组作用

自评报告递交给评估署后,专家组成员会分工检查文件,以决定质量体系的可靠性和有效性。在评估和检查大学的自评报告时,专家组要做到:

- 尊重大学的目标和价值;
- 认同大学的结论和提出的改进措施;
- 在大学自评过程中指明注意事项;
- 根据国家和国际标准对大学的教学和科研做出评价。

在大学提交自评报告前两周的时间,专家组组长和评估署秘书处开会确定评估的长、短期目标和范围。提交报告后大约4周,评估员将在评估署办公室开会(预备会),检查评估的程序,对报告的第一印象交换意见,确认需要大学提供进一步的信息和说明。预备会也可以是电话会议。检查的工作量跟体系的强大程度成反比。但即使一个强大的体系中,也必须通过检查以保证质量内部的有效控制。

（5）评估中的实地考察

评估专家组亲临大学考察 3 天,在适当范围内与大学及相关利益社团会谈。会谈的目的是帮助专家组在检查中明确大学在评估中监控和提高科研、教学、学习和社团服务质量体系的有效性以及使用有利于实现大学既定目标和长远目标体系的有效性。

拥有多个校区,在境外办学和实施跨国教学项目的大学存在特殊的问题。对该类大学的考察模式和特点由评估专家组确定。

评估署与专家组组长和大学商议,为评估考察设计出方案。大约在评估考察前 7 周,专家组组长和评估署秘书处考察大学的结构、进一步的文件收集和提交,并讨论专家组的考察方案,是为了在专家组考察日期前 5 周把考察方案最终定下来。

专家组到大学后,要在会谈前开会确定调查的特定主题和采用的方法。对一些院系课程或程序抽样和细化的调查可能是合理的,专家组的会谈通常持续 3 天。这期间,专家组会与一些教职工和学生、社团和雇方代表以及主要委员会和重点院系的成员会谈。适当的机会,也会随时进行实地考察。会谈后,专家组开会确定初步意见并在离校前口头告知大学的高层管理人员。

（6）评估报告

考察后,专家组将撰写一份考察报告,对已发现的问题和重点评估的大学质量改进项目提出意见。其目的是帮助大学持续提高质量的项目。评估署起草报告时要充分征求专家组成员的意见,保证报告（的内容）代表专家组的共同意见。专家组对报告满意后,就将其报送给大学,就事实和重点问题进行讨论。通常报告的最终版本在送给大学两周之后,将被定稿并公开发表。

（7）后续工作

报告发表之后,要花一定精力去讨论报告中提出的将意见和建议与大学自身质量改进项目结合的方法。评估署依靠大学去履行那些建议,并对提高大学质量的工作保持持久的兴趣。关于报告建议方面所做的改进,大学可以采取最方便的形式向评估署报告。

（8）反 馈

作为评估署质量保证的一部分,评估署要与评估员本人讨论评估程序和专家组的工作成绩,并听取大学对评估过程和报告的有益的反馈意见。对反馈意见慎重考虑后,专家组和评估署秘书处会准备一份报告,评价评估过程和报告评估目标完成的情况。评估目标即成功地管理评估,撰写出权威、严谨、公平且具有见地的报告。同时,因报告能帮助促进质量和增值持续提高项目而得到大学的认可。关于评估过程和改进的报告经评估署董事会讨论之后提交给大学。

（9）评估时间表

表5.1～5.3设计了通常的评估时间表。此表经与大学咨询确定用于评估考察的时间安排。因此,表中时间安排分3部分:评估考察之前20周,考察期间和考察之后的几周。

表 5.1 实地考察之前 20 周时间表

实地考察之前的时间	大学职责	评估署职责
20		向大学提供专家组名单 确定以下日期: • 大学提出自评报告 • 专家组组长和评估署秘书处的前期考察 • 专家组的评估实地考察
19	提出专家组名单的反馈意见	
18	任命专家组成员	
17		
16		
15		专家组组长与评估署和大学代表开会确定评估范围、短期目标和长远目标
14		
13	向评估署提交自评报告	评估署将大学的报告转给专家组 评估署安排专家组预备会行程(前9周) 评估署安排大学实地考察的行程和住宿

实地考察 之前的时间	大学职责	评估署职责
12		
11		专家组成员递交简单的书面评论 专家组成员间交流局面评论
10		
9		专家组预备会 其讨论的问题: • 评估中的主要问题 • 要求的补充资料 • 实地考察的草案计划
8		评估署整理评论稿 评估署整理对补充资料的要求并设计成表格发 给大学 将实地考察草案送给大学
7	专家组和秘书处的 前期考察	专家组组长和评估署秘书处考察大学,讨论实 地考察计划和需大学提供的补充材料
6		
5	大学按评估署的要 求提供补充材料	评估署将收到的额外文件交给专家组成员 最终方案发送给大学 最终方案发送给专家组
4		
3		
2		
1		专家组组长和评估署检查程序

表 5.2 考察期间时间表

实地考察	专家组对大学实地考察
半天	会　谈
3 天	专家组会议
半天	对高层管理部门做简短的口头汇报

表 5.3　考察之后时间表

实地考察之后的几周	大学职责	评估署职责
1		评估署起草一份报告并把报告草案递交专家组
2		
3		专家组成员对草案提出意见并交给评估署 评估署整理专家组成员意见并反馈给专家组成员,就突出的问题召开电话会议
4		评估署修改报告并将修改后的报告草案反馈给专家组
5		
6		专家组成员对修改的报告草案提出意见,递交评估署
7		评估署再次修改报告,并将第二次修改的报告草案: • 送交大学核实 • 送交董事会成员征求信息和意见 • 专家组成员征求意见
8		
9	大学将第二次报告草案反馈意见报评估署	
10		评估署最后定稿并报董事会批准发布
11		董事会正式批准报告
12		评估署把报告送发给大学和专家组成员,限时两周内反馈
14		评估署把报告作为公文对外发布

二、大学职责

在新西兰大学评估过程中大学担负着十分重要的角色,需要履行多种职责。如下是对此详细的介绍。

1. 自　评

自评是大学自身质量保证过程的一部分,其优点如下:

• 对大学自治和职责的重新认识;

- 保持严格的自我发展；
- 信息收集和分析，其中有些信息通常不明显；
- 自评应该超出对实力和缺点的分析描述，包括对改正缺点的办法的描述。

外部评估中的自评应该尽可能多地建立在大学现有的质量改进项目上，并与许多信息来源相结合。这些来源包括大学每年的数据收集活动、专业组织认可的活动和其他校内外检查。这样，当允许交叉核对数据并为检查的主体提供更广视角时，可以避免重新收集数据浪费时间。

质量评估与大学自我目标相联系，同时也和大学完成目标的成绩相联系。特定的自我提问可能是依照下列目标提出的：

- 针对这个目标，需要采取什么行动？
- 为什么以前采取这些行动？
- 怎样检查行动的有效性，并有什么样的绩效指标？
- 这些指标有效吗？
- 检查后应做些什么？
- 能否评价这个目标完成的程度，什么是关于这个目标的确切结果？
- 能否改进当前的行动，甚至改进那些已经奏效的行动？

必须经常进行自评，在自评中可检查自己目标，并提出一些问题，例如：我们要做什么及为什么要做？

调查即根据过程和结果、构成和影响来提问。当大学作为一个系统，对其整体进行有效管理做出充分的承诺，则大学的自评能成为客观而有效的评价。

自评应该精心设计而广泛涉及评估过程。这至少需要一些关于相当范围内的教师和学生代表的总体资料和定位。因此，对检查的目的、过程、组成部分以及对大学整体和局部有一个总体的理解。自评必须被广泛的理解和接受，这样检查和保证评估过程的结果和意义才能持续到底。

自评过程和调查问卷的使用范围，工作组、课题组和评估组将根据大学的结构和文化、评估目标和重点以及资源分配的不同而不同。然而，其根本原因：

① 大学校长和其他高层管理人员对自评及其目的完全承诺并且支持。

② 一个受过适当的训练的，或者擅长，或者有经验的资深人士被指定来配合并负责由大学质量委员会或者相应组织支持的自评过程。

③ 自评过程被精心设计,并且以评估的短期目标、长远目标和和范围为重点。

④ 自评尽可能以当前有关的评价行为和现有资料为基础。

2. 自评文件

自评文件是关于自评的书面成果,同时将根据评估的范围和目的发展而改进,它必须反映自评中发现的现实问题。文件的最终草案公平地代表大学的所有相关部门,被广泛讨论并且普遍接受,这也是很重要的。

对评估署来说,最基本的要求是这个文件应该为专家组提出完成其工作的程序。在质量和数量之间没有必然的相互关系,大量的描述文字可能是由于缺乏清晰的体系和安排造成的,同时可能带来比答案还多的问题。

自评文件包含下面几个部分;

• 主要文件,按照以下与评估主题或重点相关方面的框架构造的主要部分。

责任陈述;

• 大学、院系的目的、目标和规划策略;

• 决定目的、目标和规划策略的过程;

• 对责任综述过程的评价;

• 实现目的、目标和策略的积极性;

• 大学在评估各方面的实力;

• 对信息的定性和定量评估,以此作为监督进步的指标;

• 定性和定量指标的有效性,以此观察目标的进步。

为了给大学提供评估的背景材料,其主要文件包括:

• 关于大学的历史和当前概况的一页材料;

• 管理和组织结构的概述,包括组织章程(或其他等同东西);

• 大学质量保证的安排和系统的简介,包括评估范围,大学宪章、简介、目标以及特征。

鼓励大学尽可能使用着重符号(bullet points)、图表和流程图,以使文件精简而提高易读性。

主要的自评文件可能包括附录。带有附录的正文包括在其他材料(如手册报告)未使用、与主要文件相关且包含在主要文件中的数据和真实信息。这些信息可能包括:入学资格、未完成率(肄业率)、学位结果(程度)、毕业生就业数据、"出资者"的满意数据、成绩指标和与评估范围有关的措施。附录会介绍大学质量控制和保证过程中这些信息的使用,并可能举例说明;还包括质量保证体系运行有效性的例子。

报告中可能包括支持性的材料,如历法、宪章、简介、目标综述、战略计划、研究和教学计划,手册、年度报告、调查研究报告(有关的);院系和学术项目的评估和跟踪的过程;新专业设计、批准、监控的过程;申诉过程(grievance processes);内外部反馈过程和收集的信息的使用。

据推测,关于支持性资料和附加资料的许多文件(并非全部)以便可以在网络上获得电子版本。所以,有关网址应该记录在主要的文献中,以便评估员可以从网上获得这些资料。这些资料在一个内部网络上,通常只有大学的主管者可以使用,因此也要求大学允许专家组成员进入其内部网络。由于尽可能多的使用基于网络的资料,可避免所有已有电子版的支持文件和附录的硬拷贝费用。

3. 自评报告

在递交自评报告时,要求大学送交如下材料:

• 10 份关于主要文件和附录的书面文本。将其作为副本用于评估专家组成员的分配、评估署成员的使用、藏书室里的库存本,同时用于评估专家组成员因为生病、运气不佳或者其他原因导致最后一段时间里的变动而提供副本。

• 1 份关于所有其他支持材料的书面文本,包括网上材料的文本,当得到这个资料很困难时,评估署能够提供相关资料的文本。所有的文本材料不要装订,评估专家组成员认为用环形的活页最方便。

• 以 Word 格式保存的电子版的主要文献和附录,可通过 E-mail 或者 PC 可读磁盘发送。

4. 初步实地考察

在大学递交自评报告之后大约 4 周,将召开评估专家组的预备会议。会上专家组将确定大学是否要提供补充材料。尽管大学的管理结构和体系,以及它一贯的方法和作风,应该在报告里清楚地体现出来,但是专家组通过分析和讨论可以要求大学提供补充的信息资料。一些问题还可能向大学要补充的书面材料,但是其他问题可以通过直接谈话更快、更简单、更彻底解决。

预备会议后不久,评估署将建议大学将对补充信息或说明的要求提出建议。预备会议之后大约两周,专家组组长和评估署秘书长(通常是评估署署长,但也可能是评估署中其他的专业人士)将对大学进行初步实地考察。

这次考察的主要任务是:
- 明确评估过程中不同团体的责任和任务;
- 计论大学向专家组提供补充材料的实践意义;
- 在可能的地方通过会谈说明问题;
- 向大学提出专家组认为哪些人在特殊问题调查中最能提供帮助;
- 向大学建议要研究怎样的系科、部门或者系统样本;
- 确定评估实地考察的计划,如果合适,还包括现场考察;
- 和大学讨论与评估考察(audit visit)相关的后勤工作,以及与大学职现相关的事项,确保在评估考察期间可以采访相关职工。

初步实地考察后,专家组组长和评估署秘书长(如果有必要将和大学进一步磋商)将决定最终评估实地考察计划,并且将计划发放给大学和专家组。大学提供给评估署的补充信息也都将递交到专家组成员手中。

5. 评估实地考察

评估实地考察的主要目的是检查大学递交的自评报告中提到的说明、描述、结论和计划的改进行为,通过第一手调查和个人交流形式进一步了解大学的运行。实地考察可以对书面形式难以表达的内容进行定性评估。在专家组实地考察期间进行的会谈和专家组对会谈的看法是专家组得出结论中最重要的内容。

按照大学的文化和习惯,实地考察的公开会议可能以非正式聚会的形式召开。非正式的聚会具有社会性,可包括大约 20 位在实地考察中将被采访的大学成员。聚会是为了介绍评估员个人和整个评估专家组。

评估实地考察过程允许专家组在必要时进行有关调查并验证相关的假设。各种会见穿插到考察计划中,在会后期待着学校能够遵循评审意见进行改进。专家组通常不在校园内大范围活动,因为这常会浪费时间。但是,当评估过程需要有专长的评估员或者全体专家组考察特殊的院系或校园中某地方时,就有必要在实地考察计划中保证足够的时间安排。

大学有责任为专家组提供适合开会的场地和设施。在初步实地考察时,评估署将向大学提出明确的要求。评估实地考察计划应该设计得足够灵活,以防考察中的紧急事件发生,如专家组展开进一步的采访,或者与特定人员进行再次会谈。

评估实地考察所需的时间表如表 5.4 所列。

表 5.4　评估实地考察的指示时间表

时　间		议　程	备　注
第一天	下午	专家组会议	专家组召开集会检查评估过程并为面谈做准备
第二天	上午	开始的半个小时里,专家组单独行动 面谈	
	午餐	各会谈小组会议	
	下午	开始的半个小时里,专家组单独行动 面谈 专家组检查一天的工作	根据评估的目的和重点确定参加面谈的成员,但通常包括: • 资深管理团队 • 与评估相关领域中主要委员会的关键人物和成员 • 教职工的代表 • 学生的代表 • 对质量过程负责的关键人物
第三天	上午	开始的半个小时里,专家组单独行动 面谈	
	午餐	各会谈小组会议	
	下午	开始的半个小时里,专家组单独行动 面谈 专家组检查一天的工作	
第四天	上午	开始的半个小时里,专家组单独行动 各会谈小组面谈	午餐中每个评估员要与会谈小组谈话,专家组将在午餐后的半小时里听取汇报
	午餐	各会谈小组会议	
	下午	开始的半个小时里,专家组单独行动 面谈,包括公开会议和二次面谈 专家组检查一天的工作	
第五天	上午	专家组会议 对高层管理部门做汇报	专家组在上午的最后时间向资深管理部门汇报之前,检查并确定主要的调查结果

在阅读并讨论完大学的自评报告后,评估署会将专家组会见的人员类型给大学提出建议。一般情况下,专家组将会见以下类型的人员:

- 大学校长/首席执行官。或单独会见,或与高级管理层一起的会见。第一次和最终的正式会议都是跟大学校长(以及规定的其他人)会面。
- 在评估重点领域的质量保证中负责政策发展和监督的主要委员会成员。
- 大学里负责质量系统及其子系统的运行和管理的关键人员,如大学院长、系主任以及质量管理员。
- 理事会(council)成员。
- 学生会代表。
- 被挑选的系、专业或部门的职员和学生。
- 从不同的水平和种类中选出来的交叉类学生,如:大学本科者、研究生、毛利语学生,留学生等部分毕业生。
- 来自工业、商业和政府部门并对大学和其毕业生有深入了解的资深经理。
- 社区代表。

要会谈的小组通常不超过 8 人,除了午餐会(或其他特殊形式)可能会更多一些。会谈的小组或者分成若干分组,每个分组有一到两位专家;或者专家组成员直接与各会谈小组广泛接触。如果会谈小组成员要从较多的人中选择,则大学负责挑选,但是大学必须向评估署说明选人的依据。大学应该考虑邀请另外的相关团体(例如学生会,雇主团体)来挑选或者协助挑选。

除了分类别采访这些一般的人员,大学可能会建议按不同特征采访其他群体,或者一些群体的不同组合(或不同的部门)。这些特征可能包括:多个校区或者与其他大学的合作办学。

专家组通常利用每个适当的时机和它所遇到的不同的团体进行三方会谈。最后,这些团体间很少有单一目的的会议。大学因此应该意识到,这些团体和专家组的会议可能包括某种涉及评估范围的任何问题。

6. 报告草案

评估实地考察后大约 7 周,评估署发给大学一份第二次修订草案报告,就事实部分进行校正,并对重点、风格和措辞征求意见。如果专家组在认为重要的地方要参考某些信息,而得到的却是错误信息时,问题通常就比较麻烦。虽然在最后的分析中,由评估署负责按照专家组的看法提出报告,但通过征求意见,进行讨论,一般彼此都会对措辞方式统一看法。

7. 调查报告的发布

评估报告是公开文件，一份在公开发布之前两周送交大学，这样大学可以准备对报告的公开看法或发现。

报告公开发布后，评估署将跟大学讨论进行实时专业交流的情况，以保证评估署能及时了解评估报告帮助大学提高的有关信息。通过这个交流，评估署将保持随时知道报告的进展情况。这个实时交流的目的是：

- 得到对评估过程的反馈；
- 讨论报告中的建议，确保大学对此有清楚的理解；
- 征求大学对报告的权威、严谨、公平和有见地的程度以及大学在持续提高质量的自我计划中得到的帮助的看法；
- 与负责将报告中的建议与大学的自我质量提高计划进行后续工作人员对话；
- 确定后续工作进展报告的时间表和特征。

正如已经说明的，评估署的目标是提交评估报告，协助大学推进自己质量提高计划。因此，评估署会鼓励大学主动采取行动而对评估报告中的建议做出回应。作为质量保证过程的一部分，大学希望监控其建议对行动的进展，同时希望监控所带来的变化和改进的有效性。评估署鼓励大学把这些对进展的定期检查当作给评估署的后续报告或与评估署讨论的基础，这样后续工作的过程就不会脱离大学自己的质量提高计划。

评估署收到后续报告后，将评估该报告并向大学提出反馈意见，以此作为评估署和大学之间进行实时专业交流的一部分。

三、评估员职责

本部分详细介绍新西兰大学评估中评估人员在评估过程中的职责及其相关的要求。从中可看出，新西兰对大学评估专业队伍建设的重视性及其评估过程的规范性。

1. 大范围同行评估原则

评估署通过大范围的同行评估（extended peer review）过程来实施评估。新西兰的学者与国外（尤其是澳大利亚）的学者和本国内外非学术界的工商界人士相互联合。外部评估并不是中立的，它与所评估的学科和社会需求密切相关。这种评估应该包括对过程的评估、对过程的目标结果的评估和对结果的有关性质（intended nature）的评估。向了解或熟悉评估的某些方面内容而在不同领域或条件下从事评估的人们征求意见是非常有用的。

考虑到他们的组成,专家组能够提供:

- 大学间以及国际的比较;
- 学术界以外的学术活动的引进和反馈;
- 大学和外界相关程度的正确评价。

2. 评估员注册中心

在上面已经提到,评估署在不同评估团队中建立了一个专门为评估专家组服务的人员注册中心。评估署董事会经常为注册中心聘任评估员。来自新西兰评估署的评估员到注册中心登记前要参加一、两天的培训/就职大会。来自澳大利亚的评估员通常参加由澳大利亚大学质量部主持的培训/就职大会。其他来自澳大利亚以外的国家的学术评估员可根据他们在学科评估方面的特殊技能和经验来挑选。尽管注册的成员都是资深的学者或管理者,但是他们可能没有参与过这种性质的评估或者教育方面的评估。因此,培训会议要对评估署的性质、大学评估的背景、重点和期望,以及高等教育机构性质进行描述和说明。

在为专家组工作之前,评估员就应该被确定,以便他们有时间考虑评估员的任务和作用,并有时间在即将进行的评估工作之前向评估署提出任何他们想知道的问题。

3. 评估专家组的任命

评估署从评估员管理处选择评估员组成评估专家组,使其执行评估任务。专家组成员的选择受被评估的大学的特点、评估的范围、对专家组成员要求的预测等因素的影响。通常由专家组中的一位新西兰学者担任专家组组长。

评估署致力于组建一个在质量评估和高等教育方面拥有专长和经验的专家组。不希望每一个专家组成员都具备有所有的特征和经验,但是专家组作为一个团体必须具备如下所有的素质和特征。

(1) 质量评估方面

- 维护高等教育质量评估和质量保证的原则;

- 了解有关质量保证的方法和术语方面的知识；
- 质量评估的经验；
- 将过程与结果、成果相结合的能力；
- 正确评价质量学说和实际工作中可能出现的矛盾。

（2）高等教育方面

- 有关高等教育的知识，包括对当前的职责和要求以及相应的工作特征的理解；
- 有关毕业生的经验；
- 教学经验；
- 研究经验。

（3）总体方面

- 管理职务的经验；
- 将评价质量保证过程和技术的知识和经验消化吸收的能力，以及提出好的做法或改进办法的能力；
- 既要有原则性又要能够团队合作；
- 有效沟通的能力；
- 看问题有远见；
- 判断力；
- 承担义务（commitment）且勤奋。

（4）个性特征

关于"个性特征"（personal attributes）的详细介绍如表 5.5 所列。

表 5.5　对评估员的个性品质的要求

	应具有的品质
评估员候选人	• 思想开明 • 成熟 • 合理的判断 • 分析技能 • 品格坚毅 • 客观地看待环境 • 用开阔视野对待复杂的操作 • 在整个组织中把握个体单元的作用

	应具有的品质
评估员	·公平的获得和评价客观证据 · 保持真实的评估目的 · 不断评价在评估过程中的评估观察资料和个人交流的效果 · 按照最有利完成评估目标的办法对待有关人员 · 对实施评估的全国性大会作出积极反应 · 不要因为分心而使评估程序出现偏差 · 充分关注和支持评估过程 · 对有压力的环境能有效地做出反应 · 在评估观测的基础上得出基本可以接受的结论 · 尽管有一些不基于事实的改变结论的压力，但也要保持结论的真实

4. 利益冲突的回避

在挑选专家组成员的过程中，要询问候选的评估员和大学，是否了解任何会导致被提名的大学评估员间产生利益冲突个人的或专业的因素。假如候选的评估员对此确认并做出回应，评估署就可能会考虑不选她/他，或者考虑这些原因后认为实际上没有冲突。假如大学对此确认做出回应，或者从自身考虑不愿选某人做评估员，则应给出理由。评估署有权最终确定是否选某人为评估员。

高等教育领域存在着广泛的交流。尤其学术评估员以及评估署董事会成员和评估署职员，可能都在评估署的工作和其他活动之间存在利益冲突。可能发生冲突可以分为：个人的、职业的或者意识形态的，以及这些因素的重叠。

（1）个人冲突

包括评估员与首席执行官（the Chief Executive Office）/大学校长（Vice-Chancellor）或者大学其他高层管理人员之间的恩怨：或者关系密切；或者与某人有关系；或者是该大学的毕业生；或者评估员因以前的事情而过分的支持或者反对大学。

（2）职业冲突

可能发生以下情况：如果评估员曾申请大学的某个职位却没有成功，而现在正在申请或打算申请该大学里的职位；或者现在是大学的高级顾问（adviser）、督考官（examiner）、咨询专家（consultant）；或者现在就职于另外一所与被评估的大学激烈竞争的大学。

（3）意识形态冲突

指一个评估员完全不认同该大学的风格、类型或者文化。

假如利益冲突在评估过程中显现出来，评估员应该告诉专家组组长或者评估署秘书长（通常是署长，但可能是评估署的另一位专业人士）以便他们采取的适当行动。如果署长不在，专家组要征求署长的意见。

5. 专家组组长的职责

专家组组长是评估中的关键人物，他应该是经验丰富的评估员，或者在学术评估专家组中任职，或者是国内大学评估委员会的会议召集者。专家组组长的业绩要和新西兰标准中的领导类评估员的"任务和职责"对照如表5.6所列。

表 5.6　评估员的工作任务和职责

人员 ＼ 项目	任务和职责	要　求
组　长	·协助挑选其他的评估专家组成员 · 准备评估计划 · 代表评估专家组对被评估的大学实施评估 · 提交评估报告	有管理能力和经验，并应该被授权对评估行为和任何评估观察资料做出最后的决定
评估员	·遵守评估的要求 · 传达并阐明评估要求 · 既有效果又有效率地计划和实施分配的责任 · 证明观测资料 · 汇报评估结果 · 保留并维护评估文件 · 递交所需要的文件 · 确保文件的保密性 · 谨慎周到地处理特殊信息 · 协助和支持组长	·保持在评估范围内 · 培养客观性 · 收集和分析大量关于要评估的质量系统的结论的证据 · 对任何可能影响评估结果并可能需要更广泛评估的资料保持警惕 · 始终表现得有职业道德 · 能够回答下面这些问题： 程序、文件和其他的信息是用来描述和支持那些大学的人员知道的、可用的、能够理解的和使用的质量系统的必须因素吗？描述质量系统所有的文件和其他信息能充分完成必须的质量目标吗

专家组组长的职责是创造一种能够进行严谨的专业讨论的气氛。在这种气氛中,评估员可以交换彼此的观点,公平和透明。

(1) 评估实地考察

评估实地考察以前,专家组组长必须对自评报告有一个彻底全面的看法,同时严格掌握提问的范围、需要详细调查的主要问题以及决定或结论需要说明的范围。在预备会议(preliminary meeting)之前,专家组组长将与评估署讨论大学的背景和特征、评估的范围和重点、专家组成员的背景以及所有评估过程中的分工、评估计划、主要问题和主要人物。

预备会议上,专家组组长要保证专家组的所有成员都充分了解评估的目的,并明白他们的任务。组长还要向专家组成员强调对要阅读和讨论的材料和信息保密。预备会议还要对评估结论中用到的评估程序达成一致。

评估实地考察期间,专家组组长特殊的职责包括:

• 在每次小组面谈会议的开始,专家组组长应该欢迎面谈成员并介绍专家组成员。还可以列出希望讨论内容。

• 专家组组长应该保证讨论按时间进行。但是,如果讨论中因琐碎、被专断或者观点的分歧上而跑题,则专家组组长必须准备出面干涉。

• 在代表会议上,专家组组长应该谨慎区分各人观点,并公平地代表整体的观点。

• 对于任何会议,如果专家组要分成由专家组其他成员任组长的分组会议,那么分组会议组长必须组织统一的议程,并且要将分组会议结果准确地汇报给下一次的专家组单独会议。

• 专家组组长和评估署秘书长必须平衡计划的原则性和问题的灵活性。任何修订应该让专家组、大学和相关人员了解。

• 非公开专家组会议中,专家组组长负责专家组的总结讨论,以保持精确记录并帮助维护专家组的团结。

• 当评估实地考察将要结束的时候,专家组组长应该引导专家组做出适当的、充分斟酌且表达清楚的决定或结论。

• 最后在专家组和大学高层管理者的会议中,专家组组长要向管理者概略说明专家组的结论。

(2) 评估实地考察结束

评估实地考察之后,专家组组长的主要职责是和评估署保持联络,保证最后的评估报告在各方面的准确和公平。评估结果提交评估署董事会讨论时,专家组组长可能被邀请出席会议。

在评估署内部进行的质量保证过程中,专家组组长也是主要的参与者。在考虑了评估署在评估过程中收到的意见后,专家组组长和评估署要准备一份关于评估过程进度及其完成评估署预期目标进度的报告。该报告及其改进建议要一起提交评估署董事会讨论。

6. 专家组成员职责

专家组成员是被挑选的,所以专家组应整体具备确保评估工作能够有效开展的专业技术和经验。这些成员以自己不同的视角挖掘评估过程中重点和给以某些方面的关注。外部学者也能够提供一些和其他的大学相比较的观点。外部的工作人员或者专家因为和工商业以及职业的联系,可以从工作的角度评价大学和其毕业生,同时提供学术以外的质量系统和过程的观点。

专家组的团队工作是很重要的。专家组成员不应该企图用预先的构思去看待大学,也不能根据自己的专业视角或自己大学中的做法而对被评估的大学进行质疑。评估员的工作要与在新西兰标准中评估员"任务和职责"相一致。

(1) 评估实地考察前期

在评估调查之前,专家组成员应彻底阅读完大学的自评报告,熟悉大学的政策、质量程序、标准和目标以及可能的评估结果。在评估过程中专家组成员对问题的充分认识要靠其成员对大学自评报告的熟悉程度。如果评估员的评论或者询问显得很无知,那么被评估大学的信心和大学教职工对专家组的尊敬将大大降低。

自评报告应该分两个层次。一个是,评估员阅读关于大学系统的信息,并形成对它的初步看法。另一个是,评估员形成对自评质量和自我分析深度的看法。评估员需要阐明如下的问题:

- 自评报告分析得透彻程度如何?
- 它显示出大学已经有强大的实时自评过程吗?
- 如何理解自评报告?
- 它是否清楚地分析出该大学的优势和不足?
- 它是否提出日后的合理安排?

评估员对自评报告的分析应该实现：

· 对大学学术评估方面主要特征的了解；

· 从这些特征确定宽泛的调查题目；

· 关于大学的实力、利害关系、质量系统和提议的改进计划的个人想法和假设。

对于以下问题的了解有助于评估员有效的开展评估：

· 在实地考察之前，应该从大学的补充材料弄清自评报告，而协助制定评估实地考察计划。

· 信息量非常大时，在评估实地考察过程中应该由大学提供补充材料。

· 评估实地考察之前交给大学的意见，不需要立刻做出回应——这是对可能提问的预先提示。

· 评估实地考察期间可能要面谈的人或者群体。

· 在预备会议前至少一周，每个评估员都要写出一份提纲与其他专家组成员交流。这些提纲主要是评估员调查的主要话题或者关注的问题。它可节省了预备会议的时间，将讨论集中到实质性的问题上。

在大学的自评报告提交后大约 4 周将召开预备会议。会上，专家组成员要认真考虑对特别感兴趣或关心的问题的意见，同时可能要求大学提供补充信息或说明。和需讨论材料同样重要的是，筹备会议提供了一个机会，使专家组成为团队拥有共同的目的。

预备会议目的是确保所有专家组成员：

· 了解评估的目的，背景，一般评估涉及的因素，条件以及本次评估特殊的因素和条件。

· 了解需要的评价和建议的类别。

· 熟悉评估署实施评估工作的程序。

· 承认在阅读自评文件时形成的初步意见能在评估实地考察中被修改，最终的结论要靠清晰而有力的证据。

· 避免单独评价大学，或者以自己母校和单位的标准来评价大学。

· 有机会交流观点并相互了解，而且有足够的背景材料。

· 需要把自己的观点、经验、专业见解和知识灵活的融入到其他人的见解和工作中去。

会议先简短地回顾评估员就职程序中提到的问题。大部分时间主要讨论自评文件，与会人员讨论他们最初的个人分析结果。有些问题也许通过讨论可以解决，其他问题将制定进一步解决计划。专家组将有关大学、面谈人员和评估实地考察的必需的补充资料达成统一的看法。如果大学有多个校区，专家组必须考虑是否有必要实地考察多个校区，如果需要会达到怎样的效果。专家组也必须计划怎样去调查使用多种模式的学习方式的大学。通常在专家组组长和评估署秘书长完成对大学的初步考察以及大学提供了所需补充资料后，这些问题作为评估实地考察程序的核心内容才做出决定。预备会议结束时，每一个专家组成员通常被分配一个或多个主题进行深层研究。

（2）评估实地考察过程

在评估实地考察开始时，专家组要在面谈之前召开会议，由于问题的明朗会对评估实地考察计划做最后的调整，专家组成员通常还会承担领导具体专题的责任。其会议目的是：

- 检查自预备会议以来大学提供的补充资料；
- 进一步思考自评报告后交流所获新的思想、假设和收获；
- 提醒专家组成员"严格"要掌握分寸，不应充当监督官，应该鼓励大学实现自己的目标；
- 提醒专家组成员只对应该做什么提出建议，而不要企图告诉怎样去做；
- 提醒专家组成员要积极对大学制定的改进计划提出建议；
- 检查评估实地考察的硬件安排，考证为实地考察提供的补充材料的实用性以及面谈人员的有效性；
- 阐明实地考察计划的约束条件和灵活性，并做出可行的修改。

上面所说的内容可能在预备会议或者计划实地考察（planning visit）时开始着手做或者已经完成。

在会议结束时，专家组成员仍会在一些观点上存在重大分歧。这些分歧必须在评估实地考察结束时消除，要做到这一点必须制定询问和调查计划。这些可能会在公开的会议上讨论，评估员在这种时候不发生争执是很重要的，它不是在表面上保持一团和气，而是避免浪费跟大学之间相互沟通交流的有限时间。

在面谈讨论中，专家组成员应该和组长一起工作，不用过分正式。成员们应该遵守由专家组确定的各种会议的议程，并支持专家组组长按照议程调整会议的进度。

在评估实地考察中与大学里的人员进行面谈时,专家组将尽量阐明观点,收集不同的解释、正当理由和补充信息。创造一种真实对话的气氛十分重要。询问应该严格而公平和一致。专家组成员尤其应该做到:

- 寻找材料上所写的内容和会谈中说情况之间的差异;
- 必要时寻求解释和证明;
- 既要问也要听;
- 将注意力集中在主要问题而不是次要问题上;
- 合作的工作方法;
- 知道专家组及其与大学教职工之间的关系在实地考察过程中都会变化和发展。

如果合适专家组成员也可能提出偶然性的建议,但并不是咨询员的角色。专家组必须尽最大可能地去发掘和考虑所有与其结论有关的信息。

专家组使用许多询问的方式收集需要的信息,从一般的广泛收集到有针对性的搜集。为弄清某个问题,专家组可能从收集开放式问题(opened questions)的信息开始,接着进一步调查这个问题,在第一个问题的答案基础上对其他问题进行探索。这通常会使用封闭问题(closed questions)(需要一个"是"或者"否"的回答),最终澄清看法。

在寻找特定的优势或者不足,强调好的做法或需改进的地方时,专家组要考虑定量和定性的两种数据。除非评估的范围非常小,否则专家组的工作得依靠很好地选择样本。样本的选择有两种层次。第一种,评估员队对自评文件的分析。比如,评估员可能认为某些地方重要或者有争议,就挑出来进一步研究。这个过程有时候被称为"圈定"(scoping)。第二种,专家组决定在这些领域里哪些文字或者口头证据需要取样。一些取样可能为了验证自评报告中提到的信息。假如证明信息是对的,专家组可能在使用自评报告其余的部分时对其正确性和完整性充满信心,自己就不再重复收集大学书面报告中提及的信息。

尽管一个专家组不能深入地调查所有的问题,但会通过全程跟踪(traching or trailing)调查一些问题。这种取样的形式主要集中在一些特殊的问题上,通过几个层次深入调查。例如,要检查已定的正在实施计划,就要找到关于特殊课程的报告,并跟踪报告中已处理的问题的方法。另一个例子是系统范围内的问题的调查,比如学生评估教学的方法。这些方法使用的地方需要提前通知大学,这样专家组可以得到需要的信息和人员。一些资料可能会在实地考察之前提供出来。

多方调查（triangulation）是一种通过考虑来自关于问题的不同渠道的信息来研究问题的技术，像调查组织中不同人的看法这种形式。例如，选定的政策和实施情况要和资深管理者、其他教职工和学生讨论，来看一看有关政策的不同观点和经验是否与其作用一致。某项内容的各个方面可检查委员会的备忘录、课程和教学评估、专业评估、专业协会的资格认证报告以及外部评估员的报告。

专家组必须确认什么地方矛盾严重，不利于大学的目标的实现。专家组也可能尝试寻找这些矛盾的原因。假如面谈者提出了非常严厉的批评，专家组应该查看在面谈组中是否存在普遍现象，并做后续跟踪或采取其他办法。

如果专家组成员不做计划且不将问题集中起来，就要浪费很多时间。评估员不应该：

- 提出多方面（multiple）的问题；
- 提问前说许多开场白；
- 讲述奇闻轶事或者发表演讲；
- 细叙自己组织中的情况；
- 提供建议（报告以外的改进建议和好的做法的例子）。

在询问任何问题之前，最好要问问自己：怎样用最少的话来提问？

提问和讨论必须总是公平而有礼貌的，然而，它也必须严格而敏锐，因为评估报告必须在成绩和缺点方面反映大学的真实情况，而不仅仅是结构精美的的表面文章。最后，专家组必须从自评报告中和评估实地调查面谈中收集有力的证据。因此收集证据的过程应该是十分彻底的。

专家组必须通过以下几点逐渐得出清晰而有根据的结论：

- 评估署的有关条例；
- 评估的范围；
- 大学的特征；
- 学术界内外好的做法。

（3）评估实地考查之后

在评估实地调查之后，专家组成员要按要求阅读、评论撰写评估报告草案（详见 4.5 评估报告）。所有的专家组成员应该满意认可报告的准确性和稳定性。

报告一完成,评估署就将评估专家组工作的成效,并做出评价反馈。评估署和专家组组长将准备一份关于评估过程的报告,并提交给评估署董事会。

对改进的内容的确认(改进/创新)包括:

- 在未来 5 年采取改进行为的方面;
- 改进行为的预期结果和成果;
- 能整体把握改进行为的内容;
- 从事改进行为所要求的资源;
- 改进行为的计划时间表;
- 监督改进行为有效性、结果和成果的方法。

四、评估署职责

下面主要详细介绍在评估过程中新西兰大学评估署的主要作用及应履行的基本职责。

1. 评估署作用

新西兰大学学术评估署的组成为:

- 董事会。代表高等教育组织利益,由 11 或 12 位成员组成。
- 评估员的注册中心。评估员要签约为大学学术评估服务,并提供关于高等教育质量方面的咨询。
- 秘书处。由对评估署进行专业领导的并对评估署的上级组织负责的署长领导管理。秘书处以评估署日常管理负责,以此可以了解评估署的有关情况。

在大学评估中,评估署确保评估过程的各方面能够实现评估署的目标,即:

进行成功管理所有新西兰大学并提交评估报告。这些报告要权威、严格的、公平、有见地并能帮助推进大学自己的质量和提高专业水平。

评估署负责的评估过程包括:

- 与新西兰大学磋商,决定每届评估署的重点。
- 与被评估的大学磋商,决定每个评估实地考察的日期和与评估有关的专业。
- 清楚地了解被评估大学的评估的目的和目标、大学的职责,尤其是自评报告的准备和递交以及评估专家组实地考察的安排。

- 挑选和精简专家组成员，以确保其能够清楚地了解以下项目：

评估的目的和目标；评估署的目的和政策以及它的授权范围和操作重点；大学的历史背景和文化、大学质量文化的特征以及在评估前大学和评估署之间实时的文化交流。

- 将大学的自评报告分给专家组成员，以及和预备会议材料的准备有关的管理任务。

- 收集专家组成员的意见和要求的信息，同时收集大学的信息供专家组使用。

- 在和大学的磋商中，了解与初步实地考察相关管理任务，确保实地考察期间专家组的车旅、食宿和硬件保障。

- 专家组会议的记录，因为解释、重新考虑和报告而进行的问题面谈，以及对专家组采取采取适当行动的建议。

- 报告的草案、草案的修改和最终草案提交。

- 向董事会递交第二次修订的报告草案的意见，以及董事会批准发布的最后报告。

- 收集评估员、大学对评估过程的评价和反馈的资料，准备向董事会递交的关于评估过程和报告完成评估目标的程度的报告。

- 和大学讨论报告的调查结果，并讨论运用报告的建议与大学质量提高项目相结合的方法。

评估署也必须谨慎而协助地对待被评估的大学。评估署的任务是提供专业的评估技术，了解评估是什么不是什么，确保整个评估过程按条件合理实施。

2. 保密问题

在询问过程中，评估署从一个大学或其他地方收集信息，并和大学教师、学生以及其他人进行讨论。评估署应该特别注意大部分信息的敏感性特征。例如：在不知道个人身份之前，它可能不能测试不公开的职工升迁程序的应用；同时在不知道未来的商业计划的时候，它也许不可能测试大学的反馈机构。这是评估署保持对最基本信息要求的原则，评估署尊重大学拒绝任何公文的权利。评估署协商由大学提供的作为私人的或者商业的任何敏感性的信息，同时它根据自身的和私人法案（Privacy Act）1993"政策的机密性和信息的保密性"相一致的形式执行它的功能。必须在综述中被标明评估员和其他协助评估团的成员将尊重这些讨论的资料

的机密性,并且不能对任何其他团体泄漏任何书面或者口头信息:

- 关于私人的或者敏感的任何信息:
- 仅仅为了收集的目的而被使用的信息;
- 仅仅泄漏给那些参加评估过程需要的人;
- 被保存在一个安全的地方;
- 评估报告发布的十二个月之内被销毁。

在大学评估过程中,除了大学准备的自评文件之外,评估署通常不能接受其他书面文件。然而,如果递交了书面文件,希望它能够保持机密性,同时要求递交者对综述材料写前言,这个综述将通过官方信息法案提供可使用的最好的保护。

评估署的一个功能就是发布关于质量保证的好做法的信息,这样做的一种方法是通过学术评估员描述那些他们正在执行、评估工作中遇到的好的做法的例子,然而任何这种描述都将被一些普通的原则和不敏感的信息所限制,否则也将违背上面所提到的保密性。

3. 评估署秘书长

在评估期间,评估署秘书长和大学以及专家组保持联系,在这一部分以及这个手册其他部分提到过。评估署愿意让评估署秘书长由评估署的署长担当,然而当同时有两个或者更多的评估要求时,推选或任命一个更有经验的评估署成员去完成这件工作是有必要的,这个人可能是在大学或者其他高等大学中挑选出来。秘书长应有好几年工作经验,包括大学和其他高等教育机构的经验,大学的质量保证体系工作经验,熟悉评估署的授权调查范围、功能和过程,按时准备设计精心和有重点的评估报告的经验,同时他能够充分利用评估过程各个阶段的信息。

评估署秘书长为专家组提供行政的和秘书的支持,他也负责确保按照评估署的目的开展评估工作,评估署秘书长可能为专家组提供以下建议:

- 评估署的目的和方针,相关术语和操作重点;
- 前后相关的问题,例如在教育领域里具有评估或评审功能的其他机构;
- 被评估大学的特征。

评估署秘书长也可能发现提醒这个专家组下面这些事情是很有必要的:

- 已经被决定的事情；
- 遵守评估视察时间表的重要性；
- 记录那些前期工作调查结果的和评估未来工作的计划。

为了缩短期限，评估署秘书长必须能够简明地总结分组讨论和决定。

在评估视察期间，会安排一个会议秘书协助评估署秘书长工作。会议秘书必须签一份类似于评估员的保密声明。会议秘书负责在面谈会上做记录，供专家组成员在专家组的非公开会议上以及在撰写和修改评估报告时使用。最终的评估报告公开发布后，记录将被销毁。

4. 会　议

重要的是，在保证会议严格和公平的同时，评估署秘书长还要确保会议具有建设性、支持性和非对抗性。否则在所有关心此事的人眼中，这个过程价值将受损。因此，为了防止匿名的问题，会采取一些简单的设计，保证所有参与者都签名，在使用桌子时都放桌牌。在不降低会议效率的情况下，这可能会有一个对于会议会场的非正式的规划，有时候专家组和评估署成员也可能分散在会场中。

评估计划应该有充分的灵活性，以保证未安排的会议、考察中的追访和先面谈的小组继续讨论能够穿插其中。评估署秘书要与大学的联系人员不断的接触，以寻求补充资料和安排下一步的会议。在实地调查的最后一个下午，可能要召开几个简单的会议，由大学的高层人员澄清一些突出的问题。在每天的最后时间里，可能会有机会开这种要补充资料和解释观点的会议。

（1）公开会议

公开会议意味着大学任何教职工或学生都可能安排与专家组面谈。在实地考察前大学会将这种机会公告出来，每个申请者能够与专家组进行大约 10 min 的简短会谈。会议规定，参加会谈的人员数量根据规模来定，会谈的内容范围由大学或专家组确定。专家组可能会要求参加会谈的人在一张纸上写下他们希望提出的问题，并在会谈的结束时交给专家组一份复印件。如果很多人都想参加这个面谈，专家组会将面谈分成两个分组。当与专家组公开面谈的人员的观点与文件以及小组面谈的证据矛盾很大时，在充分尊重参加公开会议的人的观点的同时，要仔细认真地评价这些观点。

（2）非公开会议

在专家组的非公开会议上，专家组要对前面会议出现的主要观点达成一致，由评估署秘书长记录。专家组也要提醒自己以后的会议重点。尽管不论什么原因，专家组组长都应该严格遵守时间，但是在时间允许的范围内也允许某些会议的超时，这样在评估实地考察期间专家组能有充分的思考时间。评估计划也应该包括更长的非公开会议，比较观点和感受，为接下来的会议制定计划。评估的主要优势就是在这些非公开会议中进行交流。专家组成员把他们的经验和资料汇聚在一起，互相启发和提问，探究和辩论，直到所有观点都清晰和一致。那些交流可能在会餐中继续进行，为了这个目的，专家组成员都住在同一个饭店里。

（3）对高层管理者的口头报告

在最后的非公开会议上，专家组要汇总关于大学评估的结论。专家组组长和评估署秘书长要确保所有主要问题的口头的和书面报告都被记录下来。报告观点的一致性很重要，所以报告要反映全体专家组成员而不是个人的意见。专家组应该对那些赞赏、批评或者建议达成一致看法。要强调主要的实力和所遇到的好的做法的例子，同时也要建设性地提出主要的缺点和应批评的地方。

实地考察在专家组和高层管理层的正式会议中结束。这个会议的目的是从感谢和评价两个方面对实地考察做出正式的结论。在可能的范围内，专家组组长要概括地指出专家组考察资料和结论的风格。这可能要通过突出一或两个已注明的优势和缺点来举例说明。大学的职员可能要求对细节的解释，但是会议不应该变成一个辩论会，也不能在这个时候提供细节。然而，此次口头报告的语气和内容应该和后来的书面报告相一致。书面报告不应该出现意外。

在极少的情况下，最后会议上会提出的问题会暴露专家组在调查中可能的严重问题。在这种情况下，书面报告前可能需要重新开会审议一些问题，并做进一步说明。

5. 评估报告

评估实地考察之后，评估署负责撰写关于大学的评估报告。这个报告作为一个公开文件，属于整个评估署，而不属于评估专家组或者其成员。专家组的职责也是代表评估署的利益,因此是评估署而不是专家组确认报告中的结论并提出建议。尤其是,只有评估署的署长和评估署董事会才有权对评估报告发表正式评论。

报告是评估的公开的表现形式,很多人通过它形成对评估过程的价值和有效性的判断。专家组成员应该意识到他们的决定和表达方式将影响报告,在得出结论前应该在头脑中考虑成熟。

(1) 过　　程

通过和专家组成员协商,评估署会同意专家组的报告。专家组成员不必参与报告的实际撰写,但有时专家组可能会分成几个分组分别召开会议,要求一些专家组成员提供分组的讨论记录。在讨论报告草案时,专家组成员如果愿意也可以提出一些新的或者替代的内容。

评估署会将报告草案发给专家组成员,征求专家组成员的意见。如果有必要,将安排电话会议讨论一些突出的问题和关注的内容。如果需要,要准备报告草案的修改稿并发给专家组的成员做进一步讨论。评估署汇总所有的补充意见,当专家组觉得满意时,就准备第二次报告草案。

第二次报告草案送给大学对事实部分进行核对,并以重点或者表达进行评论。同时,还要送给评估署董事会的成员征求信息和意见。大学和评估署在报告中措辞的适当上通常比较容易达成一致。有时,困难的是,专家组得到了不正确的信息并希望在报告中使用这些信息,因为他们认为没有这些信息不行,而大学希望报告中只涉及正确的信息。尽管在最后的分析中评估署负责按照自己所获看法得出结论,但是双方通常会在相互讨论中接受统一的表达方式。在这个阶段,专家组组长和评估署同意做任何改动。如果问题看起来非常有争议,所有的专家组成员都要参与。

报告的最后版本通常以通信的方式由评估署董事会通过。董事会关心的是确保报告的基本特征与评估署关于评估功能和职责的政策与标准相一致。董事会不会亲自改变调查结果或者建议的细节。如果必要,董事会就关注的内容邀请专家组重新考虑报告。

通过的报告的一个副本将在公开发布之前两周送交大学,这样大学可以准备对报告或报告的结论的公开看法。特别注意,与以前见到的报告草案相比,通过的草案几乎没有任何重大的改变。报告的副本还要送交评估专家组、新西兰大学校长委员会、新西兰质量认证评估署和教育部的成员，并以召开记者招待会的方式向大众媒体宣传，也会以出版的成本价散发给任何想要的人。

（2）内　容

报告概述了专家组的调查结果、赞赏和建议。专家组通过对收集到的特殊证据的分析得出结论，同时建议的程度和份量由观察的实际情况决定。评估报告不应该包含模糊的或者非实质性的陈述，因此，如果专家组有一些需要说出看法，它也必须收集基于论述的有力的证据。反之，坚定的看法要被坚定地确定下来，避免过多的变化。报告不要评论个人（正面或反面），也不要求无关的标准。

专家组的调查结果包括对大学里观察到的值得表扬的做法的确认，报告会注意这些结果。它涉及了所有相关的领域，但没有过多的细节，也没有去设法列出所有可能的优点。

在书写报告建议时，评估署牢记下面这些因素：

- 尽可能少地提出建议。
- 要就重大问题提出建议，而不要针对过程的细节。这意味着，建议要支持大学提出的改进的目标，或者要确定那些专家组所关心的大学应该提到的地方；建议要让大学去考虑许多可以解决问题的过程解决方案，并决定大部分能够达到目标的适当的活动。
- 建议将被区分优先次序，这样可以给大学提供更大的鼓励和更好的指导。

建议所做工作为：

- 考虑自评报告中的大学自身的改进计划。
- 对推进大学为实现目标的改进计划提出建设性的建议。
- 对自评报告中没有提到而专家组认为有价值的某些方面提出建议。

报告将按照以下提纲撰写：

- 评估过程的简单背景；
- 评估的主要调查结果的摘要，摘要根据文章的主体结构进行组织；
- 提倡和建议的列表，一些部分中列出——评估的每个方面依次在每一部分中列出。

正文主体要考虑（依次为评估的各个方面）的是：

- 大学的目标怎样确定其计划的行动；

- 大学怎样判断其成果的质量；
- 质量保证机制的特征和应用；
- 实现目标过程中的有效性，包括大学怎样判断这个有效性。

在被考虑的每个领域里，各部分可以按下面内容组织：研究的问题；相关数据；研究；分析；结论。

附录包括：

- 关于大学历史的简介和现在的概况；
- 评估署的授权调查范围；
- 评估专家组的成员；
- 评估实地考察计划。

6. 报告发布之后

为了改进自身的持续提高质量的计划，评估署要实施两种评价：

① 评估署寻求大学对评估过程的反馈。在评估过程的规划阶段，对评估署和大学一致同意的、评估报告公开发表时进行的问卷调查反馈的分析后，评估署要与核心人员讨论。它是在评估过程计划阶段中对评估署和大学都接受的调查问卷的进行分析之后，通过和关键人员进行讨论得到的。

② 评估署也开展由评估署组长和评估员执行的对专家组和评估署的所有成员关于其对评估过程的顺利有效开展所做的工作的评价。组长和评估员使用的评价过程，以及专家组成员得到反馈信息的方法，要在评估实地考察之前9周举行的预备会议上确定。

考虑收到的意见后，尤其是来自评估员和大学的意见，专家组组长和评估署准备关于评估过程和报告达到评估署目标的程度的报告。关于评估过程的报告和改进建议，一起提交到评估署董事会讨论，将在董事会考虑后被大学使用。

为了监督大学在评估活动以后对评估建议的响应，评估署和大学讨论在他们之间如何把评估建议落实到工作中去。评估署利用这次会谈的机会去评价建议已经能够整合到大学自身的质量改进计划中的程度，寻求大学对报告的权威、严格、公平和有见地程度的看法，以及报告对大学在提高自身持续的质量改进计划中的帮助。

7. 评估署的回顾

在第三届评估署成员任期将满之时，评估署将开始对评估署行动进行独立的检查。检查的目的将是：

• 检查和确认评估署对实现目标有效性的自我评价以及评估署建议的评估过程的改进计划。

• 评价大学、新西兰大学校长委员会和其他评估主办方认为评估署实现的目标，并且根据新西兰大学校长委员会和评估署授权调查范围实施的行动的程度。

• 对评估署制定的改进方案、未来的角色和运行提出建议。

五、第三轮的评估重点

2003—2006 年的第三轮的评估工作重点是：教学质量；教学计划的实施；达到的学习效果。

以下将提供一套供学校计划和实施自评工作使用的框架模式。评估署将在评估过程中使用此框架模式。

1. 概　述

关于教学质量、教学计划的开展和学习成果的完成方面，学校怎样确保：

• 学生、教职工和其他对评估及计划、战略、政策和指导方针的改进感兴趣的社团的有效参与？

• 大学、学院、部门、教职工和系有效实施学校计划、策略、规定和指导方针？

• 考虑了 Waitangi 条约的原则？

• 职责划分以及规划和监控资源的分配？

2. 教学质量

(1) 全体员工的工作

学校怎样确保：

• 安排给全体员工不同专业水平上最适当的和最有效的教学任务？

• 职工在教学、科研、行政管理、咨询和交流活动中合理的安排时间？

(2) 教学能力的发展

学校怎样确保：

- 教师个体通过定性、认定、提高和实现教学质量实现有效发展？
- 对教师检查教学实践、发展适当的技术和专长、开发和使用相当灵活和创新的学习方法（包括电子学习）的有效支持？

（3）教学评估

学校怎样确保：
- 教学质量评估有效果？
- 给予那些参加教学质量评估的人（包括学生和教员）合适的支持和建议？

（4）反馈信息

学校怎样确保：
- 给教师和学生有效的反馈信息？
- 有效地运用反馈信息来促进提高教学水平？

3. 教学计划的开展

（1）内　容

学校怎样确保：
- 教员对关于教学、学生成绩的考评和工作量的规定、政策和方针能有效地被理解？
- 学生对课程、评估的要求、学习机会、学习技能保障、设备和资源能有效地被理解？

（2）设　计

学校怎样确保：
- 使用最适合学科、课程水平、学习成果、学生准备和学习风气的方法有效地设计课程教学计划？
- 有效地使用包括网络学习在内的一套灵活的和革新的教学方式？
- 有效地领悟从事科研和教学的联系？
- 有效提供和使用有助于学生学习的设备和服务？

（3）评　估

学校怎样确保：

- 有效评估学习环境的质量？
- 给那些参与教学环境质量评估的人最恰当的支持和建议？

（4）反馈信息

学校怎样确保：

- 有效地给教师和学生提供反馈信息？
- 有效的运用反馈信息来改善教学环境？

4. 学习成果

学校怎样确保：

- 按学校的教学目标、任务来安排专业和课程的学习？
- 在检测完成学习成果时使用适当而有效的评估办法？
- 获得优秀的学术标准？
- 理解国内和国际的有效标准规范？

第六章 印度高等教育评估与认证

引 言

国家评价与认证委员会(NAAC)在印度高等教育质量保障体系中扮演着十分重要的角色。它是印度高等教育质量保障与评估的全国性组织,是国际高等教育质量保障组织(INQAAHE)的首批会员。NAAC 的专家来自印度各高等学校。其宗旨在于帮助所有高等院校不断提高自身的绩效水平,主要做法是把学校现有的状况与已确定的标准进行比较,找出学校的长处和短处,为学校提出恰当的建议,从而促进学校的稳步发展。

NAAC 担负着对高等学校进行评估和认证两个重要使命。评估(assessment)是对一所高校或者其教学系统的绩效进行评价,是通过各高校的自评和同行专家的实地评估来实现的。认证(accreditation)指通过NAAC 组织的评价而获得的资格(有效期为 5 年)。印度高等教育评估的过程既注意与国际惯例保持一致,也体现了印度本国的实际需要。

NAAC 的认证分两类:一是学校认证(分大学、学院两类);二是教学系的认证。NAAC 所进行的任何评估以及后继认证都必须参考特定的标准,这样被评估的学校就可以和其他同类学校进行对比。NAAC 按照 7条标准进行评估,即课程方面,教学和评估,研究、咨询和扩展,基础设施与学习资源,对学生的支助和学生的发展,组织机构与管理,健全运转机制。

由于不同学校存在差异,因此,NAAC 在评估中划分一所高等学校的等级。如果总分超过 55 分,学校就可以通过认证;任何得分低于 55 分的学校,将不能通过认证。同时,通过认证的高等学校又分成 9 个等级。这个等级由评估专家组做出的定性报告作为补充,它将强调学校在不同标准下所显现的长处和不足。

NAAC 还将公布和通告那些没有达到认证最低标准的学校名单,说明它们经过评估但没有获得认证资格。每个等级的分数范围和学校实际所得的总分,包括每个标准下的得分都会向学校公布并加以通报。

第一节 国家评价与认证委员会

1. NAAC 的使命

1994 年 9 月,大学拨款委员会(UGC)在班加罗尔,依据 1986 年颁布的国家教育方针(the National Policies on Education)和行动指南(the Programme of Action),成立了 NAAC。

NAAC 的任务是对全国的高等院校进行绩效评价、评估和认证。NAAC 的基本理念是对高等院校进行客观的评估分析和持续不断推动其改进教育质量,而不只对其进行简单地评判和施加奖惩。这样,所有高等院校都能够争取到最多的资源和机会,使其能力得到最大程度的发展。

NAAC 的首要议程就是为了能使教育质量得到持续改进而对高等院校进行评估和认证。

评估是对一所院校或其教学系统的绩效评价。它通过学校的自评报告和同行专家组用标准进行实地考察的评估这两方面实现。

认证是指由 NAAC 授予资格,有效期为 5 年。

2. NAAC 组织

NAAC 通过它的全体委员会(GC)、执行委员会(EC)和其他学术、咨询和管理分委员会(academic, advisory and administrative subcommittees)行使职责。NAAC 的专家都来自印度的高等院校。NAAC 的全国咨询委员会为这个组织的成立和壮大在各个方面都给予了必要的投入。

代表各个学科的大学副校长、高等科技学院的院长、院主任、学院院长、系主任和教育行政官员一起,用他们的宝贵时间、专业技能和领导能力投入到 NAAC 的评估活动中。

另外,NAAC 通过全国范围内周期性的管理定位计划还产生了一个由各个学科专家组成的庞大智囊团。

3. NAAC 与 INQAAHE 的联系

NAAC 是国际高等教育质量保障组织(International Network of

Quality Assurance Agencies in Higher Education,即 INQAAHE)的首批会员。INQAAHE 目前有超过 120 个成员国,致力于评估、认证和学术审查工作。这个组织每两年都会召开会议,便于各个成员国交流有关高等教育质量评估的信息。

NAAC 曾于 2001 年 5 月 19—22 日在班加罗尔主办 INQAAHE 的第六届国际大会。在会上来自 50 多个国家的代表与 300 位教育行政官员和学者就"质量、标准和认证"这个议题进行了讨论。

目前,印度政府已和多个国家的认证机构签署了一系列的双边协议。NAAC 还安排了许多让公众知晓有关高等教育认证所带来的作用的活动。

4. NAAC 的影响

影响公众是树立 NAAC 社会形象的一个基本方法。它通过以下方面对公众产生影响:

- 与高等院校的定期交流;
- 让公众了解 NAAC 的系列活动;
- 有关 NAAC 活动的时事通信;
- 新闻发布会和新闻出版物;
- 在报纸、杂志上发布有关 NAAC 活动的专刊;
- 电视覆盖网络;
- 公开已通过认证的高等院校目录;
- 公开评估人员名单目录;
- 建立已通过认证的高等院校的网络。

5. NAAC 的运转机制

NAAC 通过以下几个方面获得科学的反馈,从而不断改进其评估方法:元评价;案例研究;效果分析;内部讨论;同行专家组实地考察后的反馈报告和研究会。

第二节 国家评价与认证委员会
评估方法和标准

1. 评估目的

教育在任何一个国家的发展中都扮演着一个至关重要的角色。因此,高等教育的数量和质量都受到了重视。这里的数量指高等教育入学率,质量指高等教育所提供课程的适宜度和优秀程度。

提高高等教育质量的方法与其他领域是一样的,即不断地发现、确定人们的新需求,并用符合世界标准的产品和服务来满足这些需求。

NAAC 成立的目的是帮助所有的高等院校不断提高自身的绩效水平。NAAC 的主要做法就是把学校现有的状况与已确定的标准进行比较,找出学校的长处和短处,向学校提出恰当的建议,从而促进其逐步发展。在印度,许多机构都在追求学术上的卓越成就(academic excellence),而 NAAC 是印度政府所进行的重要尝试。

2. 评估方法

NAAC 已经形成了如下所述的 3 阶段的评估与认证过程。

第一阶段:学校准备自评报告,将自评报告呈交给 NAAC,然后由 NAAC 对报告进行内部分析。

第二阶段:安排同行专家组考察学校,对学校的自评报告进行确认,之后向学校提供一份综合的评估报告。

第三阶段:以同行专家组的评估报告为基础,确定学校的等级、资格以及是否通过认证。

NAAC 努力使其评价过程以数据为基础,向全面性、系统性、客观性、透明化接近,同时它也强调与社会各界分享促进学校发展的经验。

3. 评估作用

评估的作用有如下几个方面:

* 通过基于可靠信息的评估过程,帮助学校了解自己的长处和不足,把握发展机遇;
* 确定学校内部计划的制订和教育资源的分配;
* 促进大学的共同管制;
* 评估结果为拨款机构的拨款提供了客观依据;
* 促进学校教学方法和教学模式的创新和改进;
* 为院校的发展方向和所应承担的使命提供指导;
* 为社会提供有关高等教育质量的可靠信息;
* 为用人单位招聘人才提供有关教育质量的信息;

- 促进学校内外的合作与交流。

4. 评价标准

NAAC 有两种类型的认证：一种是学校认证。学校包括两类：一类是大学（university），它包括了本科生和研究生教学系统大学主要管理机构和组织结构；另一类是学院（college），指包括所有教学系统的附属于某一大学的或大学委托开办的以及自治的学院。另一种是教学系的认证，这里的系指以大学的教学系为基础的，任何一门独立学科的教育单位（比如物理系、经济系等）。

NAAC 所进行的任何评估以及后继的认证都必须参考特定的标准，这样被评估的学校就可以与其他同类的学校进行对比。NAAC 已经确立了以下 7 条标准作为其评价过程的基础。

（1）课程方面

这一方面考察学校是否以及如何向学习者提供多样性和灵活性的课程设计，并要求学校提供与此相关的信息。同时也寻求学校在有关适应地区、国家需求的课程开发和再设计方面的信息。这一标准的主要考察点是：

- 课程计划与学校教学目标；
- 教育目的的适应性；
- 课程的开发和再设计；
- 课程反馈；
- 与学术同行和用人单位的联系与沟通；
- 课程的选择余地。

（2）教学和评估

这一标准关注的是学校在为学生提供恰当的教学经验方面所做出的努力。它同样也考察学校的教职人员的数量、质量与学校所采取的评估方法的有效性。这一标准的主要考察点是：

- 对学生原有知识状况的评价以及所进行的补救程序；
- 教学过程；
- 新技术在授课和学习中的应用；

- 考试方法；
- 创新的评估方法；
- 教师的招募和教师培训计划；
- 对教师授课、研究和工作满意度的评估；
- 对成功的教学革新的追踪和奖励。

（3）研究、咨询和扩展

这一标准关注的是学校在研究、咨询和扩展工作上所采取的措施，并要求学校提供相关的信息。它也关注学校在促进上述事务及其结果上所提供的支持和帮助。这一标准的主要考察点是：

- 研究风气的维护与发扬；
- 学术论坛上发表观点的自由性；
- 咨询的服务的收益；
- 关注公众的需求和期望；
- 教师的参与；
- 通告项目；
- 管理外部活动的资源；
- 提供专门领域内的技术服务。

（4）基础设施和学习资源

这一标准关注的是学术质量的维持和通常学校生活所需要的基础设施的充足度、理想度，并要求学校提供有关的数据。这一标准还要求得到学校的每一个成员（包括教师、学生和工作人员）如何从这些基础设施和资源上获益的信息。这一标准的主要考察点是：

- 物质设备；
- 维护费用；
- 基础设施的最佳使用；
- 图书馆和计算机设备；
- 保健服务和体育训练；
- 宿舍和食堂。

（5）对学生的支助及其发展的帮助

这一标准中最重要是学校在为学生提供有益的在校学习经验和促进

学生的发展给予必要的帮助和所付出的努力。它也要求学校提供在校学生和毕业生的相关信息。这一标准的主要考察点是：

- 学生在工作和进一步学习中的发展情况；
- 学生的及格和辍学率；
- 学生对于学校各个方面的反馈；
- 校友；
- 对学生的财政援助；
- 学习建议；
- 学生安置服务。

（6）组织机构与管理

这一标准要求学校提供与计划、人力资源、人才招聘、培训、成绩评价和财务管理相关的政策和实践数据。这一标准的主要考察点是：

- 组织结构；
- 职员的职责和权利；
- 人力资源发展；
- 人员招聘；
- 人员培训和绩效评价；
- 学生和职员对决策的参与度；
- 新通信技术的使用；
- 预算和审计程序；
- 财务管理；
- 申诉机制。

（7）运转机制

这一标准分析的是学校为增加学术氛围所进行创新的和独特的实践活动方面的信息。这一标准的主要考察点是：

- 信用机制、考试改革和标准课程；
- 任务和目标的陈述；
- 学校发展的总体规划；
- 公众对质量改进后的反馈；
- 管理和交流上的创新；

- 质量提高策略；
- 自筹经费课程和基本需要课程的补充机制；
- 国际间与国内在教学和研究上的合作；
- 与工业界的联系；
- 领导是否优秀；
- 教师所获得的教学与科研奖励。

5. 等级体系

NAAC 承认学校特点的差异性。因此，对于不同的高等学校，在评价过程中对于各条标准所采用的权重是不同的，这些权重都经过了全国范围内的专家和学校代表的协商，并达成一致。具体情况如表 6.1 所列。

6. 评估结果

学校在评估中的得分将进一步决定学校的等级。如果学校的总分超过 55，就可通过认证，而低于 55 分的将不能通过认证。通过认证的学校根据表 6.2 中的数值又可分成如下 9 个等级。

表 6.1 评价指标体系权重

评价标准	评价对象		
	大 学	附属/委托开办学院	自治学院
课程方面	15	10	15
教学和评估	25	40	30
研究、咨询和扩展	15	05	10
基础设施和学习资源	15	15	15
对学生的支助和学生的发展	10	10	10
组织机构和组织管理	10	10	10
运转机制	10	10	10

这个等级将由评估专家组做出的定性报告作为补充。这份报告强调学校在不同标准下所显现的长处和不足。NAAC 还将公布和通告那些没有达到认证最低标准分的学校名单，并说明它们经过评估但没有获得认证资格。每个等级的分数范围和学校实际所得的总分（包括每个标准下的得分）都会向学校公布并加以通报。

表 6.2　通过认证的学校得分与等级的关系

得分(不包括上限)	等级
95～100	A++
90～95	A+
85～90	A
80～85	B++
75～80	B+
70～75	B
65～70	C++
60～65	C+
55～60	C

7. 评估费用

(1) 大学的评估费用

学校评估费用是根据学校的规模和大小来决定。具体收费标准如表6.3所列。

表 6.3　学校的评估收费标准

学校规模	收费标准
有 4 个系	75 000 里拉
有 4～10 个系	4 个系是 75 000 里拉,每增加 1 个增加 7 500 里拉
多于 10 个系	10 个系是 120 000 里拉,每增加 1 个系加 5 000 里拉

注:每所学校的评估费用最多不超过 300 000 里拉。
一个学科的系、学院、中心的评估费用是 7 500 里拉。

(2) 学院的评估费用

对于学院(有财政资助的公立或私立学院),其评估费用是每个系25 000 里拉。开设有文科系和理科系的学院的评估费用是 50 000 里拉(在这个意义上,商业将作为文科系的一部分)。

对于自筹经费的学院也采用同样的标准收费。

(3) 财政资助

大学拨款委员会(UGC)在 1997 年 7 月 29 日召开的会议上规定"支

付给 NAAC 的评估和认证费用,对于规模非常大的综合性大学而言,最高不能超过 500 000 里拉。委员会同意相关学校把评估费用作为可容许的项目列入相应的计划,也接受有关学校用于评估的拨款申请。"

附属和独立学院也可以从 UGC 计划拨款中提取评估费用。

8. 评估申请

要评估和认证的学校,必须首先递交申请,同时附上学校有关于评估和认证的总说明。NAAC 将详细审查这些材料,然后通知学校是否符合评估和认证的条件。

学校收到 NAAC 的肯定答复以后,必须上缴规定的评估和认证费用。然后 NAAC 会把一些手册和指南寄送给学校,这些手册和指南可以帮助学校完成自评的过程。

对于进行评估的学校,NACC 建议学校成立一个由学校教师、学生和工作人员组成的委员会。该委员会将与学校内的不同成员进行磋商,站在学校的立场上为 NACC 准备一份清楚准确的自评报告。这个自评报告会作为评估工作组的专家了解学校情况和验证学校工作的基础性文件。

第三节　印度高等教育质量保证

在印度,提高教育质量已经成为印度高等教育系统不同发展阶段的工作重点。各种各样的机构和个人都在关注印度独立后的教育发展战略,并围绕这一主题进行全国范围内的磋商和讨论,并提出了一些指导性的建议。在这些建议中,国家的教育方针(NPE)起主要作用,正是 1986 年的国家教育方针直接论及了质量保证机制的必要性。按照 NPE 的指示,1994 年印度大学拨款委员会在班加罗尔成立了一个自治的机构——国家评价和认证委员会。根据基金委员会的设想,NAAC 的目标是对高等教育机构(包括综合大学与专科学院)或它们的一个或多个专业进行评估和认证。

在 NAAC 行使其职责的 6 年时间里,它克服了许多障碍,逐步建立了适应印度社会背景的评估和认证模式,并利用该模式进行了差不多 150 次评估考察。高等教育界对它的态度也由忧惧转向了赞赏。NAAC 所经历的发展时期大体上可分成 3 个阶段:第一个阶段的特点是社会各界对 NAAC 持不信任、抵触和忧惧的态度,而 NAAC 则努力征得广泛的认同;

第二阶段是评估模式的具体操作和评估方法的调整阶段；第三阶段是NAAC在赢得赞赏的同时，担负起人们更多的期望，并承担更大规模的评价任务。

在第一阶段的3年时间里，学校对NAAC的态度不是很冷淡就是不情愿，因为它们对实施降低的标准(lower rating)、成员结构的相关性、该模式对印度本土的适应性存在疑虑，以及已存在的像UGC和综合大学的各种审查机制的控制。为了消除这些疑虑，NAAC在全国范围内与各种学术团体组织了多次研讨会和学术交流会，帮助它们熟悉评价和认证的概念。通过与大型学术团体进行一系列的协商和交流逐步形成了质量评价的规范、方法和结构。这些策略帮助NAAC度过了努力使高等教育系统信任外部质量评价(EQA)的作用的阶段，引导其进入了下一步的具体操作阶段。

在具体操作这些策略的两年间，NAAC认证了118所高等教育机构，其中包括10所综合性大学和108所专科院校。随着这些院校评估等级和评估报告的公开，也逐渐出现了不同层次的问题。如果说在第一阶段，NAAC存在本身被人们接受的问题，那么第二阶段的主要问题就是如何把过程和结果进行很好地协调(Fine-tuning)。最终，学校理解了EQA的价值，接受了NAAC的方法，认同其评价的结构，并开始采纳评价报告中所给出的建议。

当利益相关者(stakeholders)开始关注NAAC的工作过程时，公众对认证的反应进一步由忧惧转向了赞赏。一些利益相关者(Stakeholders)也给出了把他们的决策建立在NAAC评价结果上的清楚指标。这使得更多的学校自愿参与评价和认证，从而导致阶段三(当前阶段)有大量的评价活动。当前阶段，NAAC的责任变得更富有挑战性。它开始在不违背评价过程的客观性和严格性的情况下把注意力放在大型的评价活动上。合作评价、相互认同、通告结果的框架等问题将NAAC与非线性基金(Non-linear Founding)联系起来，并逐渐成为其工作的焦点。

尽管NAAC的不同发展阶段都有其独特的特点，但在这3个阶段中有一个共同关注的问题，那就是"标准"。NAAC是用什么样的标准和指标把这些院校进行分类的？我们知道，根据教育质量，NAAC把要进行认证的学校分为5个层次——从"A＊"到"A＊＊＊＊＊"，其中"A＊"最低，而"A＊＊＊＊＊"最高。如果NAAC只有两个结果——通过认证和不通过认证，关于标准的问题或许不会受到如此地关注。这5个等级的分类促使学术团体考虑分类的理论基础。自从这一问题成为 NAAC 第三阶段工作的重点之后,NAAC 已经就标准的制订问题进行了大量的实地考察和实验研究。NAAC 评价了大约 150 所院校,但相对印度这样一个大型的、拥有大约 11 000 所高等教育机构,要适应 7 000 000 名学生的需要,拥有 350 000 名教师的教育系统来说,这个数目只是印度所有高等院校数量的百分之一。但从 14 年来 NAAC 为如此复杂的系统建立可接受的教育质量保证的方法而进行的努力以及它自身的实践经验来看,NAAC 已经得到了充足的数据来说明这些问题。现来看看从许多有价值的教训中所学到的关于标准建立的经验。

一、质量评估标准的建立

首先,要在质量评价的背景下,从学术的角度来理解标准的概念。这项工作从内部的基础性工作开始,而后扩展到与专家协商,然后还包括与少部分来自英国与印度的专题专家组讨论。最初,专家组试图了解标准在工业上是如何应用的,又该怎样将其移植到高等教育中来。专题小组从其他国家的经验中也得到了一些启发。最后,这些专家一致认为建立质量保证标准要有以下的 5 个步骤。

- 建立平台;
- 选择恰当的标准的建立方法;
- 确定将要制定标准的方面;
- 确定规范和指标;
- 应用标准。

1. 建立平台

在工业界,标准是将现在的工作过程和组织的最终结果不断进行比较和测量的系统方法。按照 NAAC 的目标——促进学校自我改进的绩效评估,要建立基于标准的合适平台,有两个问题是需要引起重视的:一个是学校当前整体状况的绩效评估,另一个是学校教育质量的改进。深入考虑以下的问题可以帮助建立评价标准:

- 学校的绩效在实际状况和所期望的状况之间存在差距吗?
- 有没有改进其绩效的实际措施?
- 与从前相比,学校的绩效有进步吗?
- 有没有绩效较好的组织供被评价的学校借鉴和学习?

2. 选择恰当的标准建立方法

对于工业界所采用的标准,专家们已经用各种不同的方法进行了分类。有一种方法把标准分为内在的、功能性的、竞争性的和一般性的标准。在另一种分类方法中,沃森(1993)概括了美国建立过程标准(Process Benchmarking)的过程,他指出,由于公司意识到了向那些和自己不是竞争对手的组织学习要容易一些,才导致了过程标准的产生和发展。当为了强调机构的自我改进能力而提倡建立"最好实践的标准"(Best Practices Benchmarking)时,还出现了另一种分类方法。

在建立标准之初,主要强调的是对标准本身的检测,要把实际的情况和标准进行直接的比较。而后更加关注过程,强调过程对整体绩效的重要影响。现在,建立标准的活动中最关注的问题是"最好的实践活动",通过积极与一流(best-in-class)的拥有可比较过程的公司合作来获得信息,建立在任何地方、任何行业都能实施的最好实践标准。

对于什么是最好实践的标准,有各种各样的说法。那些领导美国高科技企业的人把最好实践标准看作"当把相似的事物加以比较时,一流的成就是优秀的公认标准"。英国公认的观点是,最好的实践标准是"一个向机构内部或外部实践学习的结构化过程,这些人是某一领域的领导者或者是和这些领导者具有可比性的人士"。尽管存在着各种不同观点,但就 NAAC 的目的而言,"最好的实践标准"存在着以下共同点:

• 形成对引导成功的基本原则的理解;
• 关注质量的持续改进;
• 参照最主要的指标变量对整个改革过程进行管理,消除学校当前实践和一流学校的实践之间的差距。

为了有效地利用这一标准,最好的实践标准的建立应当是一个不断改进的过程,借助这一过程可以确定一流院校的最好实践,并将信息作为改善绩效的目标、策略和实施的基础。更简单地说,为了促进质量改进的最好的实践标准的建立过程就是"发现和实施那些使得教育质量明显改进的最好的实践"的过程。

3. 标准的确定

与工业界相似,确定标准的各个方面的关键问题是制订过程计划,其目的是为了突出过程的责任人,即什么部门做什么事,突出价值增加(value added)和价值丧失(value lost)行为之间的差别。制订过程计划可以帮助确定存在问题的地方、过程的责任人和测量点(measurement points)，以及哪些具体实践已经偏离了机构既定的方针。

在高等教育界通过制订过程计划来确立标准已经不是什么新概念了，对此，联邦大学协会 ACU 已经有过尝试。1996 年，联邦高等教育管理服务处 CHEMS——ACU 的一个子机构发起了一个国际性的"大学管理标准俱乐部"(University Management Benchmarking Club)。这个俱乐部关注整个大学管理过程(university-wide processes)的效率，它超出了仅以数据为基础的比较分数的方法和传统的绩效指标，将目光放到结果的实现上来。这一标准不考虑被评价组织的特点及其组成的方式，而采用一致性的方法，确定了一般性的过程，使得跨越部门的界限制订标准成为可能。

在 CHEMS 的方法中，标准建立过程的第一个阶段是确定制订标准的过程和需要制订标准的各个方面。然后，要求建立标准小组的成员提供一个书面的提议(submission)，必要时，这个提议要有学校以文件形式给以支持。检查小组的成员从其立场出发指出前面所提出的制订标准的过程和内容的优点和不足。至于评价过程，评价人员根据机构做出回应的程度(with respect to the strength of responses)来判定分数。检查小组每个成员都将得到评估报告和一个良好实践的构成模型。在评估报告中，详细说明了公认的长处和需要改进的领域，然后俱乐部成员展开讨论，就什么是最好的实践达成一致意见。标准小组的成员认为这一过程概括了真正标准的建立过程，即在没有预先设立标准的情况下，通过这一过程来确立标准。

在教育质量评价中，NAAC 试图采用类似的方法，它关注学校的各种政策和过程是如何联系起来以保证所提供的教育的质量的。NAAC 关注的焦点不仅是教育结果还有学校的职能。为了方便制订利于改进质量的计划，NAAC 确定了 10 个参数，包括了高等教育机构的各个方面：目标和目的、课程设计和评审、教学与评价、研究和研究成果的公开、咨询和推广活动(consultancy and extension activities)、组织和管理、基础设施、支助服务、学生反馈和建议，以及财政资源的收集和管理。

对于每个参数，NAAC 也指出和限定了那些有助于学校有效地提供质量保证的最好的实践标准，并以准则的形式体现出来。研究准则的陈述或最好实践陈述(the criterion statements/best practices statements)的专家们没有确定一流院校的标准(practices),而是把重点放在一所理想的院校里。在理想的条件下,一所理想院校被期望的最好的实践被确定成准则,这些准则被当作最好的实践标准。对于参数"课程设计及其评审"而言,这些准则是:

- 教学的计划与学校的目标保持一致;
- 精心组织已批准的教学过程;
- 从学术同行和雇主那里得到的反馈信息要用到教学计划的发起、评审和重新设计中。

在最先进行认证和评价的 10 所学校里,这些准则或标准是作为参考点(the referral points)进行评价的。在最近修订的方法中,在不减少任何一方面职能的情况下,这 10 个参数被重新组织成 7 个标准。因此尽管它们重新组织成 7 个准则:课程、教学及其评价、研究、咨询和推广活动、基础和学习设施、学生支助和进步、组织管理和良好实践(healthy practices),但这些标准在陈述上基本保持不变。另外,对于每一个准则都指出了标准的关键内容(the key aspects)。例如,"课程"标准的关键内容是:

- 专业计划与学校目的的一致性;
- 专业计划的发起、评审和重新设计;
- 专业计划反馈;
- 同行与雇主之间的交流;
- 专业计划的选择权。

4. 规范和指标的确定

在实践中,学校的自评报告参照准则和标准提供有关学校已有的方针、政策以及成果的信息。通过自评报告中所收集的数据,同行评估小组对学校的整体绩效和当前的实践活动进行评判。但是,这样的评价十分依赖同行的观点,因此,压力被施加到通过对过程测量(process measurement)的关注来尽可能的保证同行评价的客观性上。

过程测量发展了那些测量指定过程的价值增值和价值丧失的高层次或核心的指标。从一流高校中确定出来的过程成为建立这些高层次指标的基础。对于过程测量,NAAC 采用了两个供选择的策略,使得同行评价尽可能的保持客观:一种方法是为价值判断建立详细的指导方针、规章和预防措施;另一个是仔细研究后形成信用分系统(credit point system)的指标和规范,这一信用分系统可以作为质量指标体系。

质量指标体系的形成是以如下设想为基础的:认为学校现有的状况已经相当好了,同时具有代表性的学校就可以作为中等水平的指标,任何超过这一水平的学校都应该值得信任。对于 7 个准则中的每一个方面,如果发现已存在的情况大多数是好的,则可能会把基调定得高一些,把这些学校放到较高层次的分类中,反之则会有另一种分类。这些已经在印度背景下进行了尝试。

1996 年,印度大学协会承担了"大学的认证与评价"——两个中心大学的研究这一项目。印度大学协会在两个中心大学——Jawaharlal Neh-ru University(JNU)和 Jamia Millia Islamia(JMI)以经验为基础检查了某些绩效指标。此项研究在检查了 4 个类别下的指标,即以任务为中心的与教学相关的指标;教学状况的评价指标;研究状况的评价指标和学校财政状况的评价指标。以从这两所大学所得到的资料为基础,建立了绩效索引(the index of performance)。例如,在研究状况的评价标准方面,一个测试指标是每个教师所得到的研究经费,绩效索引给出了以下等级。

每个教师所获得的研究经费:

- 大约 4 000 美元——A　非常好;
- 大约 2 000 美元——B　好;
- 大约 1 000 美元——C　一般;
- 少于 1 000 美元——D　差。

在另一项由国家教育方针和管理研究所(the National Institute of Educational Planning and Administration,即 NIEPLA)所进行的研究项目中,研究人员在收集了大约 100 所大学的资料的基础上,确立了大学绩效评价的 4 个领域,它们是:物质基础(dynamism)、社会关注(social concern)、所取得的成就(achieving excellence)和效率(efficiency)。在每一领域,都确立了定量和定性的方面,还建立了数量方面的指标。UGC 还分阶段对所有已形成这些指标的大学进行了数据汇编。

对于 NAAC 评价的关键内容,形成指标的过程是类似的。数据是从大约 40 所优秀学校中具有代表性的样本中收集来的。在定量上还计算出平均数。在某些方面,可能有 3 个层次的分类,而在另一些方面是分成两类的(a two-point scale)。一所附属学校关于准则 1 的质量指标体系如表 6.4 所列。

表 6.4　质量指标体系(Pointers of Quality)

准则 1:课程方面	信用得分
学生从专业中所得到的选择范围是什么？如获得学位、学历或证书	每 3 个项目 1 分,且不超过 5 分
在什么程度上专业的选择权是围绕职业组织的	如果项目的选择权大于 10%得 1 分
学生学习某一专业时,在以下方面具有灵活性吗 • 时间安排上方便学生并具有相对灵活性; • 有任意的选择权/没有关键的选择权	同行评判,满意每一方面得 1 分,不超过 2 分
除了通过一般的知识传播和知识更新之外,学院的使命和目标如何通过课程反映出来	同行评判,良好得 2 分,满意得 1 分
是否建立了从学术同行和雇主那里得到反馈的机制,如何将这些反馈应用到专业教学专业的发起、评审和重新设计中来	同行评判,良好得 2 分,满意得 1 分
在当前的大学系统下,学院引入一项新的专业需要多少时间	小于两年得 1 分
尽管在大学运转过程中有耽搁,学院有没有引进新的课程	同行评判,满意得 1 分
如果有,要将学校的详细运转情况接到就近的网络上	同行评判,满意得 1 分
提供内部课程设计和多学科课程设计的细节	同行评判,满意得 1 分

注意:附属学院在综合大学监管下行使职责,大学在课程研究上制订了相关条文,同时还要将检查放在一般的教学大纲的中心位置。

5. 应用标准

在与专家们进行了全面的讨论之后,质量指标体系在少部分学校进行了试验。非常清楚,为了关注最初阶段所确定的重要方法,学校的信用作为参考点是有用的,然而,这些分数不应该被加到信用分上(the credit score)。根据学校对这些指标的立场,同行不得不提出一个全面的标准分(criterion score)。同样的,这并不意味着它们要转换成准确的标准分(criterion wise scores)。对于准则 1 的同行评价的参考形式如表 6.5 所列。

表 6.5　同行评价的参考形式

课程方面	评价(%)						判　断
	<55	55～59	60～64	65～69	70～74	≥75	
专业与目标和目的的一致性							
专业的发起、评价和重新设计							
专业的反馈和与学术同行、雇主的交流							
专业的选择权							

　　注:这一方面要求对学校在发起和重新设计与地区和国家的需要相关的课程方面的实践进行评判。它还关注学校如何为学习者设计灵活多样的课程。

　　当前 NAAC 组织的中期评估透露了一些参考的框架,提高了同行评价的客观性。在这些阶段发展的过程中我们学到了许多经验,这些经验大多数应归功于制度上的响应、评价员的反馈、内部的分析和国际合作者的反馈。最近的中期评价还包括了 NAAC 过程所有的受益人。

二、经验总结

　　从其他国家的经验教训中,NAAC 认识到建立标准不能解决所有的问题。虽然在学校和评价小组区分优劣(prioritization)和制定决策的过程中,标准方法可以为其提供有价值的信息,但是,标准不能解决所有与评价相关的问题。评价是一个复杂的问题——它决不是一个单纯地应用标准去得到简单而直接的解决方法的过程。

　　NAAC 也意识到了建立标准只能用于高价值的问题(issues of high value)上。建立标准能帮助澄清这些问题,但是为了确认"在平均成绩以下还是低于平均分"就有些过分了。对于这些问题,建立标准意味着确认问题的哪些方面是重要的,哪些又是确立质量问题的直接相关的问题,但是参考分并不清楚。

　　从其他国家的经验教训中,NAAC 得出的第二个结论是标准应当尽可能的在已有数据的基础上建立。高等教育一直在使用标准,但是,传统的标准集中在资金、职工、研究机构和学生上。通常情况下,标准被用来做预算或筹集更多的经费,而几乎没有被用到提高高等教育的质量上来。传统的数据如每年捐款数量的增长、每个学生的教育和一般的运作费用、研究所得收益、班级规模、师生比、图书馆藏书量、学生毕业率和就业率,虽然它们没有直接而明白地说明质量评价问题,但是对于标准而言,它们都是有用的指标。建立标准时应当利用这些已有的数据。通过从别国的经验中认识到的对这 3 个主要概念的区分，NAAC 在以印度为背景的实践层次上学到了更多有价值的东西。

在发起阶段，有一些场合，最初很少的不具典型性的经验可能对建立标准的讨论产生了影响。当完成了一些评价之后，实地经验使每个人都意识到了在印度的制度下存在着一些特定的问题。比如，在实地经验和本土化（conceptualization）涉及许多问题时，定量指标对于评价的核心方面是否切实可行引起了一些争论。然而，在这些讨论中，NAAC 非常小心的不把自己的观点强加于工作组，以避免产生相反的效果。它承认从群体中所得出的多数人的意见，从而强化了各个学校的过程中所有人的主人感觉。如果不是非常小心地抑制 NAAC 从自身最初的经验上学习太多的东西，它可能已经对整个群体的作用产生了压力，最终的结果也可能已经发生了偏离。

考虑到最初就存在偏见的可能性，NAAC 同意在国内要进行一丝不苟的努力，同时还要有广泛的国际协作。NAAC 已经意识到了，尽管对印度而言，质量评价仍是一个新的事物，但在 NAAC 之外存在着足够多的专家和很好的经验。但是 NAAC 认为深入实地的工作应当由 NAAC 来做，这些工作可以通过恰当地结合专题小组的工作和国际研讨会来得到提高。在专题小组领导小范围的讨论的同时，国家层次的商讨也拓宽了人们思考的范围。来自各种背景和不同利益群体的人们，包括雇主、家长和工业界的人士都可以帮助 NAAC 提高工作中的见识。

考虑到 AIU、NIEPA 和 UGC 是印度高等教育的顶尖机构，制订标准和指标的工作仍然由它们承担。通过更新和使用一些统计数据，印度可以采用自己的方法来开展工作，并在实验研究的基础上进行进一步的调整（fine-tuning）。NAAC 设想刚开始的时候不可能没有失误，但实验研究、实地跟踪和试验可以帮助 NAAC 消除这些不利的因素。这一设想应当是正确的，因为 NAAC 的经验也表明：实验研究在把原始的统计数据转化成灵敏的指标上给了 NAAC 很多帮助。

此外，NAAC 发现在所有工作中的政策透明也给其带来了很大的好处。NAAC 毫不犹豫地将自己的方法详细地介绍给学校，让学校接受质量评价的标准应该以 NAAC 已经确定的目标为依据。NAAC 不是尽量保护自己，而是从一开始就告诉学校，NAAC 正处在制订恰当模式的过程之中，这一模式在初级阶段将为 NAAC 的主要目标服务，在以后的阶段可能会扩展到为更多的收益人和次要的目标服务。NAAC方法中的透明与坦诚使得高等教育团体对NAAC有了信心。

在努力争取高等教育团体支持的同时，NAAC也意识到所有的努力不可能100%的被接受。不论采用什么策略，总会有一小部分人提出批评意见。其中的原因不是因为他们无知或是缺乏清晰的概念或是没有辨别清楚，而是由于对NAAC诚恳的关心。考虑到这些，NAAC采用了多种途径（a multi-prong approach）来分发信息和制订标准，并向利益相关者保证标准的适用性，以此来提高NAAC工作的可接受性。

早期采纳者的投资（capitalizing on the early adopters）对NAAC建立标准是最大的支持。他们广泛的参与使NAAC能够确保标准建立过程中的普遍支持。在为制订规范和指标而进行的实验研究和数据收集过程中，这也是很有帮助的。

在进行实验研究的过程中，NAAC意识到不能盲目地遵循标准。在评估中，标准可以为评价学校的质量提供外部的参考点，但是它们不能仅仅被空洞地加以解释，使标准溶入学校的背景，将标准综合化，提高标准的敏感度对实现评估的目的是必不可少的，同行评价也是必然的。实际上，参考形式就是NAAC从实验研究中所得到的成果之一。在应用质量指标（the pointers of quality）的时候，NAAC发现要进行准确的标准判断，同行们不得不把单个指标的结果综合化。例如，某所学校的学生图书馆的藏书比可能是非常恰当的（favorable），可能它的开放时间很长，也拥有开放的访问系统（open access system）和书籍存储设施（book bank facility）。如果评估小组只看到这些方面，就图书馆设施而言，这所学校可以被放到最好的学校那一类。但是通过近距离的详细审查可能显示：虽然学校多年来已积累了许多图书，但是书籍的质量、流通、书籍存储便利设施的利用、图书馆的支持服务、与其他图书馆的联接都需要大的改进。正如每个人都可以领会的那样，这些内容的某些方面是可以根据比例而加以量化的，而其他一些方面它们必须根据良好、满意或不足来进行定性的判断。同行们不得不综合定量和定性的推断，从而得出一个总体的判断。换句话说，同行们在分析和调整得分、合成单个指标的结果从而得出标准分数以及评价指标的前后框架上具有重要的作用。承认同行评价是一个至关重要的部分，参考形式将被发展成在关键问题上关注同行的观点，这对于标准的评价有直接的指导作用。

简而言之，NAAC所学到的经验可以概括如下：

- 标准的建立不能只依靠定量指标；
- 定量指标可以指导标准的价值判断；
- 对于质量评价,最好的实践标准提供了合适的策略。

以下阶段对于成功的质量评价标准的建立是很有价值的：

- 参照目标建立平台；
- 选择恰当的标准活动；
- 确定作为标准的核心问题；
- 确定名词和指标；
- 切实的应用标准。

在建立标准的作用下可以产生如下的想法：

- 建立标准不能回答所有与评价相关的问题；
- 标准只能被用于高分值领域的问题；
- 标准应该尽可能在已有数据的基础上建立；
- 为了消除最初的偏差,实验研究和实地实验是必要的；
- 在学校中应当建立过程的感觉；
- 核心小组的工作与广泛的全国范围的磋商相结合可以确保策略的适当性；
- 保持所有过程的透明将增强策略的可接受性；
- 多功能的方法对于确保高等教育团体的支持是重要的；
- 在标准的背景下,同行评价是很有价值的；
- 清楚说明参考的框架对于指导同行评价是非常重要的。

三、前　景

　　当 NAAC 着眼于工业界的经验和印度高等教育体制的独特特点时,非常明显,NAAC 在标准和质量指标体系部分的努力是正当其时的。关于高等教育质量保证的标准和绩效指标的工作（Workshop on Bench-marking and Performance Indicators in Higher Education for Quality Assessment）——最初的系列讨论已经表明建立 NAAC 过程的基础是合适的。评价的 7 个准则作为一所学校功能的主要领域、学校职能的核心方面,作为基准的准则,指标的质量指示、等级划分和参考结构与同行基于指标的价值判断结合起来,它们是可操作的,也是恰当的,从而可以被人们所接受。NAAC 将把注意力集中到这一点上。在大学下一个评价周期的评价过程中,这些标准将得到更广泛的应用。

　　印度高等教育评估附录内容如下。

参数 1：教学目标和教育目的

- 学校的教学目标和教育目的清楚明了，定期对其进行审察，并将其系统地传达给所有的顾客（constituencies）。
- 学校的教育目的和教学目标反应了当时的教育需要，并与地区、国家和国际的需求相关。

参数 2：课程设计和评审

- 教与学的计划与学校的目标和目的保持一致。
- 精心组织已批准的教学过程。
- 从学术同行和雇主那里得到的反馈信息要用于专业的发起、评审和重新设计中。

参数 3：教、学及其评价

- 专业的教与学要考虑到学习者的不同差异，并提供灵活的教学。
- 学校要为专业教学的有效运转提供便利。
- 专业教学的评价过程是严格公正的。
- 保持考试的信度与效度。
- 学校已经建立了有效的招募充足的合格教师的机制。
- 对于教学、研究和教师工作满意度的评价，学校已经建立了一个公开的、大家都能参与的机制。
- 教师能获得学术进步和事业发展的机会。

参数 4：研究和研究成果的发表

- 学校要强化师生中的研究气氛。
- 对于学术成果的发表和公开，学校已建立有力的、详细审查出版物的程序，同时积极鼓励师生在学术研讨会上发表研究成果。

参数 5：咨询和推广活动

- 学校鼓励教师参与咨询服务。
- 学校要对公众的需要作出响应并进行相关的推广和宣传活动。

参数 6：组织和管理

- 学校的组织部门要将力量和责任清楚地分派给指定的机构和个

人,并为它们完成与学校的目标和顾客相关的每一方面的任务提供便利。

• 在共同参与和相互透明的原则上对学校的办事处和部门进行管理。

• 学校的学术和行政计划要联合制订。

• 学校有切合实际的小心遵守的日程表。

• 学校有一贯坚持的切合实际的公开的招生政策。

• 对于行政人员的招募和安排及其后来的职业发展,学校有适当的和公正的机制。

• 为了有效执行每一项行政和学校的决议,学校要尽可能地应用管理技术和管理技巧。

参数 7:基础设施

• 学校有充足的物质设施保证专业教育和行政职能的有效运转。

• 学校基础设施的建设与学校的学术增长同步。

• 学校有维护和合理利用学校的基础设施的有效机制。

参数 8:支助服务

• 学校有充足的、运转良好的支持设施来保证其所有顾客的生理和智力健康。

• 学校有足够的、顾客很容易得到的图书馆和计算机设施。

• 学校为所有的顾客提供相关的福利计划。

参数 9:学生的反馈和建议

• 学校已经建立了有效将学生的反馈用于改进质量的机制。

• 对于所有专业的招生、毕业要求、所需费用、退款政策、财政资助以及学生的支助服务,在学校章程中,为学生提供了清楚的指导说明。

• 公平分配学生的财政资助。

• 学校要为学生提供专业的学术咨询和工作安置服务。

参数 10:财政资源的收集和管理

• 公正的分配并有效利用学校的财政资源以保证其项目的收益。

• 学校有灵活有效的应用和管理资源的策略。

• 预算和审核程序是正规的和标准化的。

第七章 韩国高等教育评估与认证

引 言

　　韩国大学教育协议会作为国立、公立及私立综合大学校长参与协议的民间团体,下辖的大学综合评估认定委员会担负着验证大学质量优劣的重要使命,评估结果具有公认的权威性,同时也决定了大学的名次排列。韩国的大学综合评估从 20 世纪 70 年代初的实验大学开始,由韩国教育协议会组织实施,迄今已走过近 30 年的历史。在不断改革过程中逐步走向完善,现今已形成了一种基本的评估制度。韩国大学教育协议会对大学综合评估的程序大体分为 5 个步骤:遴选评估对象并向被选定的对象通报评估日程;大学开展自评并提交《自评研究报告书》;评估委员会审阅申报材料并开展现场访问评估;评估委员会提交评估报告并由评估认定委员会表决;接到通报的大学如对结果有疑义提交重新审查的申请。获得评估认定的有效期限为 7 年。在 7 年之内必须提出接受下一周期评估的申请。韩国的大学评估是以教育体系的目标和方法、资源的配置和利用、成果水平等好与坏为判断依据的,也是以大学的计划、运作、成果等诸要素的价值判断为目的的。

　　韩国工程教育评估委员会(ABEEK)是韩国工程教育质量保证和评估的专门机构,于 1999 年正式成立。ABEEK 组织的最高决策机构是董事会,它由来自各种专业社团协会、相关的政府部门和大企业公司的人员组成。ABEEK 的主要职责是通过评估工程教育项目,提出新的改进计划以及帮助工程师掌握专业技术以培养有创造性的工程师并促进工业的发展。在 2000 年第一次认证工作中,ABEEK 对两所大学的 11 个专业进行了评估,接着对另外 4 所大学进行了认证评估。2004 年后,每年定期评估 15～20 所大学。ABEEK 评估的基本指导思想和规则同美国的 ABET 十分相似,但是,它也打上了韩国文化传统的烙印。因此,韩国工程教育评估制度也呈现自身的某些特点。

第一节　韩国大学综合评估与认证

20 世纪 90 年代以来,韩国的大学从先前的"以量为主"向"以质取胜"的政策转变。大学的综合评估认证制最终在韩国得以施行,说明了社会各界在对评估认证制方面取得了共识。了解和研究韩国的大学综合评估认证制,对于我国高等教育评估制度建设十分必要。这里参考东北师大国际与比较教育研究所田以麟同志的论文《韩国的大学综合评估认定制》,对此作简要介绍。

一、韩国大学综合评估的起因

韩国的大学评估最早可追溯到 20 世纪 70 年代初的"实验大学评价工作"。当时由大学当局、文教部和专家教授团组成的实验大学选定评估委员会,对大学是否符合实验大学的基本资格条件进行了评估。然而,由于评估对象仅限于部分大学,同时与"特性化大学"的实施方向有所冲突,由于被认为是一种短期行为而未能收到预期效果。因此,有一种观点认为,韩国的大学评估应始于 1982 年大学教育协议会(韩国唯一的大学民间团体,会员学校均为四年制大学)成立以后。

本着"大学评估属于大学自律及非政府性的活动"的原则,韩国大学教育协议会于 1982—1992 年分两个周期实施大学自律性评估。以全体会员大学为评估对象、以机构评估为目的大学自律评估,由于只向有关大学限制性地通报评估结果,以及评估结果只用于大学内部发展计划的资料等原因,与目前施行的评估概念有所不同,是以奖励性机制为目的的。

随着大学教育质量日益受到社会重视和评估结果与社会舆论普遍高涨,曾经作为总统咨询机构的韩国教育改革审议会,于 1987 年提出将机构评估改为大学综合评估认证制的建议,韩国大学教育协议会积极赞同并主动与韩国教育部协商,终于在 1991 年 10 月确定了大学综合评估认证制。1992 年以来对物理、电子、机械、生物系列及化学系列等部分大学理工科、人文社会系列经营学科实施了评估。此后,自 1994 年起,全面推行大学综合评估制,首轮为汉城大学等 6 所国立大学和浦项工业大学,第二轮为 1995 年的延世大学、高丽大学等 18 所私立大学(含 23 所学院),第三轮为 1996 年的金鳌工业大学、釜山水产大学等 3 所国立大学和国民大学等 8 所私立大学。由于大学综合评估认证制的推行,韩国的大学掀起了汹涌澎湃的评估浪潮。

二、韩国大学综合评估的主要程序

韩国的大学综合评估制以 1994 年为基准年度,截止到 2000 年连续施行 7 年,综合评估后通过的大学,其有效期限为 7 年。尤其在 1994—1997 年期间,对汉城大学等 57 所大学实施评估之后,韩国教育协议会于 1998 年和 1999 年先后对神学系及一般大学进行综合评估,而在 2000 年对未获得认定的大学专门实施再评估。

韩国教育协议会对大学综合评估的程序大体分为 5 个步骤。

第一步:韩国大学教育协议会下辖的认证委员会,首先向各大学通报评估实施计划,然后接受各大学的申请,最后遴选将予以评估的对象大学。大学教育协议会向被选定的对象大学通报评估日程,同时分发相当于综合评估指南性质的《大学综合评估编览》。

第二步:大学自我评估研究阶段。主要根据编览中的自我评估研究指南,组成自我评估企划委员会和研究委员会,编写《自我评估研究报告书》,并将此报告书呈送到大学教育协议会评估管理部。要求自我评估研究必须根据大学教育协议会制订的评估标准,对照本校的教育、科研、社会服务、师资、设施、设备、财务和经营管理等各方面条件进行深入分析之后,制订准备阶段、实施阶段、报告阶段和运用阶段等详细工作日程,并付诸施行。

第三步:组成大学综合评估委员会,对申报材料进行书面审阅和现场访问评估。大学综合评估认证委员会由 25 人左右的各界专家组成,由大学教育协议会会长提名,会员是由大学代表选举产生的。评估委员们在认真研究大学申请评估的报告基础上,亲赴这些大学实施现场访问评估。

第四步:评估委员根据书面评估和现场访问评估提出评估报告书,交由大学评估企划委员会审议,大学综合评估认证委员会根据审议内容,对大学的认证与否进行最后表决。至此,大学综合评估认证日程全部结束。

第五步:接到综合评估认证通报的大学,如果对评估认证结果有疑义,可按规定填写要求重新审查的申请报告。

韩国大学综合评估认证的有效期限为 7 年。通过评估认证的大学,必须在 7 年之内提出接受下一周期评估的申请;如果再次通过了认证,有效期限将向后延续 7 年。

　　韩国大学评估以教育体系的目标和方法、资源的配置和利用、成果水平等为判断依据,以大学的计划、运作、成果等诸要素的价值判断为目的。

　　韩国大学教育协议会下辖的大学评估企划委员会所制订的评估标准,以经过协议达成的大学发展十年计划指标为基础。第一个周期(1994—2000年)以2000年的目标值为基准,旨在保持评估认定结果的7年一贯性。评估标准既考虑到一般大学、教育大学、开放大学和神学院等不同类型大学的特征,也反映出国立、私立和公立大学的特点。评估项目适用于定量基准和定性基准,分5个步骤评估,确定了比一般性、平均性更高一个档次的评估尺度。

　　此外,评估标准的体系也适用于等级基准,学部500分、研究生院100分为满分,按评估项目核算分数。评估学部时,以教育、科研和社会服务领域为机能体制,以师资、设施及设备、财务及经营领域为支援体制,总共设6个领域、22个评估部门、100个评估项目,而每个项目都有相应的评估指标,混合划分40%的定量评估项目和60%的定性评估项目。评估研究生院时,设教育课程、教学及论文指导、师资、设施及设备、财务及经营5个评估部门、20个评估项目,每个项目都分别赋予加权值。

三、韩国大学综合评估结果

　　韩国大学教育协议会下辖的大学综合评估认证委员会,在1994—1996年对44所大学做了综合评估认证,结果其中68%的大学顺利通过了认证,其余32%的大学未能进入学部328.3分、研究生院66.5分的最低认定基准分数线。韩国教育部根据大学综合评估认证的结果,于1996年10月21日将"23所大学选定为推进教育改革优秀大学,并给予这些大学教育经费238亿韩元的支持。"韩国教育部又于1996年11月8日将"汉城大学等9所大学选定为国际专门人才培养特性化大学,并将给每所大学10亿~32亿韩元的支持。"

　　上述通过综合评估认证的大学,无论学术水平还是教育科研条件和社会贡献,都比其他大学优秀。仅以1994年首轮评估中获得认证的7所大学为例:汉城大学在教育、师资、财政经营3个领域,浦项工业大学在科研、师资、设施及设备3个领域分别获得最优秀的判定,而庆北大学在社会服务领域中的名次排列7所大学之首。再如7所大学的综合分数,学部(500分为满分)从最高474.25分到399.11分,研究生院(100分为满分)最低84.4分,均高于328.3分和66.5分的认证基准分数线。然而,大学综合评估认证委员会同时也指出：参评大学在教育目的认知度、海外学术论文发表业绩、校际间协作体制、实验实习设备、图书馆藏书量和财政经营指标等综合教育条件方面普遍落后于欧美发达国家的大学。

韩国大学教育协议会作为国立、公立及私立综合大学校长参与的民间团体，下辖的大学综合评估认证委员会担负着验证大学质量的重要使命，评估的结果具有公认的权威性，同时也决定了大学的名次排列。大学的名次与政府的经费支援、学科增设、民间团体的研究经费、奖学金支援、企业的人员聘用和大学生源等问题直接相关。私立大学校长十分清楚，如果在短期内不能获得优秀大学的认证，不但生源逐年减少，而且会在国内大学的竞争中永远被排除在外。鉴于韩国高校面临着国内、国际竞争的冲击，韩国的大学综合评估认证结果，无疑是在告诫那些综合教育条件较差的大学，如果不思进取、不做持之以恒地努力，不仅不能得到社会的承认，也会在行政、财政支援方面受到差别待遇，进而在同世界优秀大学的竞争中只能一败涂地。

随着大学综合评估认证制的逐步推行，韩国各大学的整个教育条件和质量水平有了明显的变化和提高，外部条件如教师任用及设施设备扩充，内部条件如各种规章制度的修订或废除、学习氛围的营造、科研环境的改善，这些都足以表明近年来各大学为此所做出的不懈努力。毋庸置疑，大学综合评估认证制取得的成果是有目共睹的。然而，大学综合评估认证制在其施过程中也出现了各种问题，对此韩国学界也颇有微词。

总之，韩国大学教育协议会推行的大学综合评估认证制，作为诱导大学之间竞争的一种强有力的手段，通过对大学质量水平的系统评估，与社会共享评估结果。其根本目的在于提高大学的"精品"意识、经营效率及强化大学的社会责任、协作精神、自律观念、办学特色和扩充大学的资金来源。按评估结果排列大学名次，虽然会带来一定的副作用，但是由于引入了政府、民间财团、工矿企业和社会各界纷纷向优秀大学倾斜的激励机制，因而产生了强烈的社会轰动效应，迫使那些既无特色又无优势的大学只能奋起直追或改弦易辙，并敦促那些已获得评估认证的大学不能懈怠，否则可能被摘掉优秀大学的牌子。虽然与美国、英国等发达国家相比，韩国的大学综合评估认证制还只处于初步发展阶段，而且评估过程中不同程度地出现了重量化指标、轻定性分析等倾向。但是，经过不断地总结和完善，它必将进一步推动韩国的大学向特色化、自律化方向发展，为提高韩国大学的国际竞争力做出应有的贡献。

第二节　韩国工程教育评估委员会简介

一、韩国工程教育评估委员会历史

1997 年 9 月,为改进工程教育的质量,一些人士聚集在一起,筹划韩国教育评估系统。他们认识到恰当的评估是改进教育体制的关键所在,从而试图制定出一项新的适合新世纪的教育体制。于是,他们开始筹备一个评估协会,后来有来自学术界、工业界和政府的人员参与了这项活动。

在上千名有关人员的共同努力下,韩国工程教育评估委员会(ABEEK)于 1999 年 8 月 30 日在汉城创立。其主要职责是通过评估工程教育项目,提出新的改进计划以及帮助工程师掌握专业技术来培养有创造性的工程师和促进工程业的发展。LG 公司和浦项制铁公司为 ABEEK 的创立捐赠了 2 亿韩元。随即,韩国其他主要公司也向 ABEEK 进行了捐赠。

韩国政府也通过教育和人力资源部、商业、工业与能源部和科技部对 ABEEK 进行支持。以下有关教育和工程学的协会也与 ABEEK 建立了紧密的联系。

- 韩国国家工程学会;
- 韩国工程教育和技术转让协会;
- 韩国工程学院院长协会;
- 韩国大学教育委员会。

除了以上的组织,ABEEK 还涵盖 30 多个学术团体和一些工程学校。

ABEEK 在 1999 年成立之后,于 2000 年 6 月选择了两所大学的 11 个专业进行了评估。评估结果于 2001 年 11 月揭晓。根据第一年的评估经验,一些评估标准将相应地得到修改和完善。

二、ABEEK 的组织结构

1. 董事会

ABEEK 的最高组织是董事会,由它制定主要的决策。ABEEK 的会长负责管理评估委员会、研究委员会和执行委员会。每个委员会包括 10

～30 人。

ABEEK 组织内还包括各种社团、协会(如学术工程协会)以及一些政府机构和公司,如图 7.1 所示。

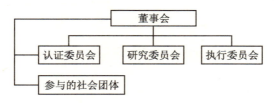

图 7.1　ABEEK 组织结构示意图

2001 年 ABEEK 董事会成员如下:

- 董事会董事长:汉城国立大学的 Lee,Ki-Jun 教授,校长;
- ABEEK 会长:Yonsei 大学的 Kim,Woo Sik 教授,校长;
- ABEEK 副会长:Kyeongbook 大学的 Shim,Sang Chul 教授;汉城国立大学的 Hann,Song Yop 教授。
- 相关学术协会的 11 位会长和 5 名来自公司(现代建筑公司、LG 化学制品公司、三星电子公司、SK 电信公司、浦项制铁公司)的代表;其余来自与有关政府的协会,例如,国家教育和人力资源部,国家商业部、工业部和能源部,国家科技部,韩国国家工程学会,韩国工程教育和技术转让协会,韩国工程学院院长协会,韩国大学教育委员会。

2. 相关组织

图 7.2 所示为与 ABEEK 紧密相关的组织。韩国工程教育和技术转让协会(KSEETT)、韩国国家工程学会(NAEK)和韩国工程学院院长协会(KADEC)在 ABEEK 的创办中起了主要作用。韩国的一些政府部门,包括教育和人力开发部、商业部、工业部、能源部和科技部,也通过 ABEEK 的活动,贯彻自己的方针和政策,并对 ABEEK 给予支持。

不同的行业也通过捐赠资金、交换信息、支持工业工程师的规范来支持 ABEEK。韩国的一些大企业例如现代建筑公司、LG 化学制品公司、三星电子公司、SK 电信公司、浦项制铁公司和其他单位也参与了这些活动。

3. 学术协会

21 个工程学术团体积极参与制定 ABEEK 专业评估标准并参加了相关的评估活动。这些团体是:

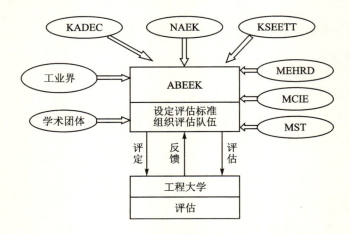

图 7.2 与 ABEEK 紧密相关的各种组织

- 韩国建筑学会；
- 韩国电子工程学会；
- 韩国金属材料学会；
- 韩国民用工程协会；
- 韩国聚合体协会；
- 韩国电子工程学会；
- 韩国汽车工程协会；
- 韩国信息科学协会；
- 韩国化学工程学会；
- 韩国通信科学学会；
- 韩国工程教育和技术转让协会；
- 韩国光纤协会；
- 韩国环境工程协会；
- 韩国造船工程师协会；
- 韩国原子核协会；
- 韩国生物工艺工程协会；
- 韩国航空航天科学协会；
- 韩国工业工程学会；
- 韩国矿物与能源资源工程学会；
- 韩国陶瓷学协会。

三、ABEEK 的基本理念

1. 教育和认证机制

成立 ABEEK 的主要目的是为了能够更好地保证工程教育的质量，使毕业生进入企业和学术界后能够更加有效、系统地工作。图 7.3 所示为通过评估制度提高工程教育质量的循环图。

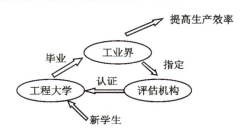

图 7.3　评估与工程教育质量有机循环示意图

如果没有认证制度，高中生进入大学后将难以保证大学毕业生的质量。但是，认证机制一旦形成，它就得接受雇主（例如企业、学术界）对大学毕业生质量的具体要求。进而评估机制就会基于这些具体规范要求，使工程大学改进其教育计划并且定期地评估改进结果。

通过检查这个认证工程教育的循环系统，整个工程教育质量将会提高。因此，企业和学术界将得到提高并保持它们的竞争力。

2. 运行模式

新出现的技术例如网络、多媒体和其他信息技术能够使信息迅速简单地传播到世界各地。这种新的趋势要求教育体制的改变，只给学生传授知识在信息社会是远远不够的，在新教育体制中更重要的是可以观察到学到了什么？我们必须从旧的教育模式转变到这一新的教育模式。图 7.4 所示为 ABEEK 评估体制蕴涵的自我改善循环模式。

3. ABEEK 认证与传统评估比较

ABEEK 认证与传统的评估既有联系，也有较大的区别。传统评估方法与 ABEEK 认证方法比较如表 7.1 所列。

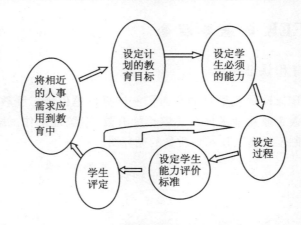

图 7.4　ABEEK 评估体制蕴涵的自我改善循环模式

表 7.1　传统评估方法和 ABEEK 评估方法的比较

	传统评价	认　证
评　价	政府导向 政府控制 （不可信赖）	自发主动 无政府控制 提供服务、顾问 （信赖自我努力）
特　点	评　价 单一方向 分　离	评价和咨询 双　向 共同工作
目　标	取决于评估	改善工程教育的结构
结　果	公布,有优先权	合格,不合格
评　价	政府强制性的任务组织	广泛公开 （工业、大学、协会）

四、ABEEK 主要活动

下面简要介绍一下 ABEEK 评估活动的一些基本情况。

1. 可评估的专业

ABEEK 可对下列 14 个专业进行评估（美国的 ABET 可评估 24 个专业）：

• 建筑和类似指定的工程专业；

- 机械和类似指定的工程专业；
- 工程管理和类似指定的工程专业；
- 生物工程和类似指定的工程专业；
- 光纤和类似指定的工程专业；
- 原子能和类似指定的工程专业；
- 矿物能源和类似指定的工程专业；
- 金属材料和类似指定的工程专业；
- 电机、电子与信息和类似指定的工程专业；
- 造船学和类似指定的工程专业；
- 市政和类似指定的工程专业；
- 航天和类似指定的工程专业；
- 化学和类似指定的工程专业；
- 环境和类似指定的工程专业。

由于资源和工业需求的限制，当前专业的数量为 14 项，将来数目会不断扩大。

2. 认证标准

学校有责任评估每一个工程专业，来证明所开设专业符合以下标准，如表 7.2 所列。

表 7.2　认证标准

标　准	分　类	描　　述
1	学　生	评价、讨论和监测
2	专业教育目标	自定目标和大学详细精确的专门化
3	专业成果与评价	专业领域基础、基本知识和实际的工程课程
4	专业的构成要素	数学、科学基础知识、计算机科学、工程原理与设计、基本知识及其他
5	全体教职员	教授、专门技术、教学、学生教导员和服务人员
6	设　备	设备、资金和社会的支持成果
7	专业标准	参考可应用的工程专业评估标准

(1) 认证的一般标准

为了每个教育项目都由 ABBEK 认可评估，那些已接受教育的毕业生为在工作上的实际工程事务作准备。对这来说,认证的一般标准是规定教育项目应该满足表 7.2 的前 6 个标准。

（2）认证规则

认证的规则关系到它的目的、目标、意义、标准、计划标题、评判、申诉、取消、信息的使用以及教育机构和程序的信息的使用。

ABEEK 对工程教育的专业进行认证,而并非对教育机构、部门或者其地位进行认证。

（3）认证单元

一个确定的专业被 ABEEK 认可,表明这个专业满足 ABBEK 规定的最低标准。因此,认证的不同的有效期并不代表专业的质量差别。

（4）认证含义

它由一般认证和专业标准组成。一般标准是在对全部工程专业方面通用的,专业标准是根据每个工程专业不同制定的,是主要的部分。

（5）认证标准指导方针

ABBEK 认可的工程专业可以有资格作为工程专业的典范,在毕业生的学生记录里清楚标明。建议相同工程专业尽可能使用相同名称,名称相似的工程专业不应该过多地出现。它的名称也应该用来明显区分已认证和未认证的专业。

（6）认证结论

认证的意见分为 Next Review,Interim Report,Interim Visit,Show Cause,Not to Accredit。Next Review 是表示合格,且在 6 年内有效直到下一次的认证。Interim Report 表示合格,但是表明已经要求提出适合扩充评估报告或者在 3 年内再检查。Interim Visit 表示合格,但是表明要求在 3 年内仔细的检查。Show Cause 表示两年内合格,并且表明如果在评估中指出的问题没有得到满意的改进,资格认证结果将被取消。Not to Accredit 表示未通过认证。

（7）认证判断方法

教育机构在被决定为"认证不通过"时允许向 ABEEK 提出上诉。如果给予 Not to Accredit,也允许它们上诉。ABEEK 要采取适当的措施使其董事会能够重新检查。

(8) 认证结果的变动

在有效的认证期内,一个专业如果不能继续保持水平,认证的结果可能被撤销。那样的话,ABEEK 将做出一个修改的决定到有关的教育机构并且撤销对它的评估,除非他们采取相应的修改行动。如果发生认证结果修改的情况,ABEEK 要通知教育机构取消的事实;如有必要,为了鉴定事实,还可以做实地访问调查。

如果认证结果被取消,将遵循下面的指导方针:

第一,调查组和它的报告的调查结果被相关的教育部门和 ABEEK 的执行组织认定为有效;

第二,工程教育专业认可的只应该为 ABEEK 成员;

第三,教育机构给 ABEEK 提供的评估信息应该保密且不得散发,除非从教育当局获得特别的批准。

(9) 2001 年的认证

表 7.3 所列为 2001 年度完成的两所大学的 11 个专业认证。

表 7.3　2001 年 ABEEK 认证的大学及其专业

大　学	专　业
Dongkook 大学 (8 项专业)	电子工程专业 电机工程专业 建筑工程专业 市政与环境工程专业 化学工程专业 机械工程专业 信息工程专业
Yeongnam 大学 (3 项专业)	建筑工程专业 机械工程专业 应用化学工程专业

2002 年认证的大学和专业的数目分别扩大到 4 所和 20 项。它们是于 2001 年 7 月从众多申请者中挑选出来的。

五、ABEEK 计划

自从 ABEEK 组建以来,它一直致力于改进自身的工作。ABEEK 拟在以下几方面加大工作力度。

1. 扩大专业的数量

在韩国,为了评估 90 多所工程院校,每年认证的专业的数量不断扩大。为此,ABEEK 需要雇请更多专职的专业人员并筹集更多的资金。

2. 向公众进行宣传

ABEEK 在韩国还没有较高知名度。尽管 ABEEK 有实力和资金,但由于认证准备工作的任务繁重,许多工程学校的教职工仍旧不愿接受认证。ABEEK 强调从认证中得到的受益将会远远的大于为筹备所做的努力。一旦学术界懂得了这个道理,ABEEK 将会得到非常迅速的发展。

3. 获得国际的认可

工程认证的国际认可对于提高工程教育的质量十分重要。ABEEK 愿意与亚洲、美国(ABET)以及世界许多其他国家保持紧密的联系。

附　　录

附录 A　日本工程教育专业终期评估报告式样

专业名称

(部门,系,大学)

(专业范围)

日本工程教育委员会评估和认证统筹委员会

主席姓名

日　期

1. 检查结果的记录

(1) 视察的专业名称:

(2) 部门院校、系、大学名称:

(3) 专业范围:

(4) 视察时间:

(5) 评估小组成员:

评审组组长(姓名,工作岗位,职位和专业)

评审组副组长（姓名，工作岗位，职位和专业）

评审员（姓名，工作岗位，职位和专业）

评审员（姓名，工作岗位，职位和专业）

观察员（姓名，工作岗位，职位和专业）

观察员（姓名，工作岗位，职位和专业）

（6）与日本工程教育委员会联系的院校代表名称

与日本工程教育委员会联系的代表（姓名，工作岗位，职位）

计划负责人（姓名，工作岗位，职位）

（7）考察小组的派出组织

（8）活动纪录

1）在实地评审之前的准备

评审活动和评审专业时间表等。

2）实地评审

为每一天制定的评审活动和评审专业时间表等（包括前一天的内容）。

3）实地评审之后的活动

为起草第一和第二个检查报告所准备的评审活动和评审专业时间表等。

2. 申请院校对首次评审报告的反对意见

说明是否提交了反对性的意见或者书面改进的报告。如果提交了，就说明提交的文件的内容和评审小组反对的行为记录。

3. 附有注释和观察报告的检查报告

① 为每一项条款提供细节的说明。

② 应当为其他的评审小组作为以后的参考提供明确的前提。

检查报告具体的条款内容如下。

标准 1 确定和公布学习和教育的目标

（1）学习和教育目标的确定要覆盖所有知识和能力

其公布的形式［评估标准：A，C，W，D］按照由高到低的顺序说明方案的等级（A，C，W 或 D）并且删除其他内容。通过提供不符合并且/或者是背离标准要求的具体内容，保证在这里给出所描述的评估结果的具体原因。对于评估结果的原因应给予具体的解释，这样评审人员就能在以后的日子里进行评估了。给某一专业评了 A 级，其原因如下：

① 在实地评审中确定了学习和教育的目标在学校的招生手册中有注明，并且这些手册已在高中有发放。

② 在实地评审中确定学校在自评报告中与事实相符。

③ 确定的目标是否包含了如下具体的内容：

· 从全球和多边的角度去思考我们所考察问题所要求的能力和智力基础［评估标准：A，C，W，D］。

保证在这里给出所描述的评估结果的具体原因。对于评估结果的原因应给予具体的解释，这样检查人员就能在以后的日子里进行评估了。即便给某一专业评了 A 级，也要描述其原因。

· 理解科技给社会和自然带来的影响，以及工程师的社会责任（工程师的职业道德）［评估标准：A，C，W，D］。

保证在这里给出所描述的评估结果的具体原因。对于评估结果的原因应给予具体的解释，这样检查人员就能在以后的日子里进行评估了。即便给某一专业评了 A 级，也要描述其原因。

· 数学、自然科学和信息科技知识以及将这些运用到实际的能力［评估标准：A，C，W，D］。

保证在这里给出所描述的评估结果的具体原因。对于评估结果的原因应给予具体的解释，这样检查人员就能在以后的日子里进行评估了。即便给某一专业评了 A 级，也要描述其原因。

· 在各个已经存在的领域内的专业的工程知识，以及将这些知识运用到实际中去解决问题的能力［评估标准：A，C，W，D］。

保证在这里给出所描述的评估结果的具体原因。对于评估结果的原因应给予具体的解释，这样检查人员就能在以后的日子里进行评估了。即便给某一专业评了 A 级，也要描述其原因。

· 通过利用各个学科的科学知识和各种科技和信息,进行组织全面的方法解决社会需要的构思能力[评估标准:A,C,W,D]。

保证在这里给出所描述的评估结果的具体原因。对于评估结果的原因应给予具体的解释,这样检查人员就能在以后的日子里进行评估了。即便给某一专业评了 A 级,也要描述其原因。

· 日语交流的技巧包括书面表达、口语表达和进行讨论的能力,同时还有进行一些国际性交流所需的一些基本能力[评估标准:A,C,W,D]。

保证在这里给出所描述的评估结果的具体原因。对于评估结果的原因应给予具体的解释,这样检查人员就能在以后的日子里进行评估了。即便给某一专业评了 A 级,也要描述其原因。

· 进行自学和在持续学习的基础上进行学习的能力[评估标准:A,C,W,D]。

保证在这里给出所描述的评估结果的具体原因。对于评估结果的原因应给予具体的解释,这样检查人员就能在以后的日子里进行评估了。即便给某一专业评了 A 级,也要描述其原因。

· 在特定的限制条件下,系统的执行和组织工作的能力[评估标准:A,C,W,D]。

保证在这里给出所描述的评估结果的具体原因。对于评估结果的原因应给予具体的解释,这样检查人员就能在以后的日子里进行评估了。即便给某一专业评了 A 级,也要描述其原因。

(2) 目标的新颖性

目标的新颖性要求对于各个学院传统和资源以及学生特别活跃的学科领域给予适当的考虑[评估标准:A,C,W,D]。

保证在这里给出所描述的评估结果的具体原因。对评估结果的原因应给予具体的解释,这样检查人员就能在以后的日子里进行评估了。即便给某一专业评了 A 级,也要描述其原因。

(3) 考虑社会的需要和学生的要求[评估标准:A,C,W,D]

保证在这里给出所描述的评估结果的具体原因。对评估结果的原因应给予具体的解释,这样检查人员就能在以后的日子里进行评估了。即便给某一专业评了 A 级,也要像下面的例子一样描述其原因:

例如,通过列出毕业学员的工作,通过对学生和在职人员的问卷调查,行业社会成员参与到像自评报告 25～27 页所描述的咨询委员会的成员数来确定社会需要被纳入到考虑之中。

标准 2　对课程数量的要求

(1) 四年制的学士学位课程至少要 124 个学分［评估标准: A,C,W,D］

通过提供不符合并且/或者是背离标准要求的具体内容,保证在这里给出所描述的评估结果的具体原因。对评估结果的原因应给予具体的解释,这样检查人员就能在以后的日子里进行评估了。即便给某一专业评了 A 级,也要描述其原因。

(2) 授课时间［评估标准:A,C,W,D］

保证在这里给出所描述的评估结果的具体原因。对评估结果的原因应给予具体的解释,这样检查人员就能在以后的日子里进行评估了。即便给某一专业评了 A 级,也要描述其原因。

标准 3　教育方法

(1) 考试和入学

1) 公布和执行学生挑选的过程［评估标准:A,C,W,D］

通过提供不符合并且/或者是背离标准要求的具体内容,保证在这里给出所描述的评估结果的具体原因。对于评估结果的原因应给予具体的解释,这样检查人员就能在以后的日子里进行评估了。即便给某一专业评了 A 级,也要描述其原因。

2) 在招收学生计划时要确定,公布和执行挑选学生的具体过程［评估标准:A,C,W,D］

保证在这里给出所描述的评估结果的具体原因。对评估结果的原因应给予具体的解释,这样检查人员就能在以后的日子里进行评估了。即便给某一专业评了 A 级,也要描述其原因。

3) 在招收可转校的学生时要公布和执行具体的标准［评估标准:A, C,W,D］

保证在这里给出所描述的评估结果的具体原因,并应给予具体的解释,这样检查人员就能在以后的日子里进行评估了。即便给某一专业评了 A 级,也要描述其原因。

(2) 教育方法

1)课　程

• 设计课程以确保学生能够达到专业的学习和教育的目标[评估标准:A,C,W,D]

保证在这里给出所描述的评估结果的具体原因。并应给予具体的解释,这样检查人员就能在以后的日子里进行评估了。即便给某一专业评了 A 级,也要描述其原因。

• 演　示[评估标准:A,C,W,D]

保证在这里给出所描述的评估结果的具体原因。并应给予具体的解释,这样检查人员就能在以后的日子里进行评估了。即便给某一专业评了 A 级,也要描述其原因。

• 说明每个学科之间相应的关系以及专业的学习和教育的目标[评估标准:A,C,W,D]

保证在这里给出所描述的评估结果的具体原因。对于评估结果的原因应给予具体的解释,这样检查人员就能在以后的日子里进行评估了。即便给某一专业评了 A 级,也要描述其原因。

2)教学大纲

• 演　示[评估标准:A,C,W,D]

保证在这里给出所描述的评估结果的具体原因,并应给予具体的解释,这样检查人员就能在以后的日子里进行评估了。即便给某一专业评了 A 级,也要描述其原因。

• 按照教学大纲开展教学活动[评估标准:A,C,W,D]

保证在这里给出所描述的评估结果的具体原因,并应给予具体的解释,这样检查人员就能在以后的日子里进行评估了。即便给某一专业评了 A 级,也要描述其原因。

• 对每个学科的内容作描述[评估标准:A,C,W,D]

保证在这里给出所描述的评估结果的具体原因。并应给予具体的解释,这样检查人员就能在以后的日子里进行评估了。即便给某一专业评了 A 级,也要描述其原因。

3)设立、公布和执行一个方法来提高学生的理解和调动学生学习的

积极性［评估标准：A，C，W，D］

保证在这里给出所描述的评估结果的具体原因，并应给予具体的解释，这样检查人员就能在以后的日子里进行评估了。即便给某一专业评了A级，也要描述其原因。

4）为学生根据自己的学习过程中的动机和方向对自己的成就水平作一个评价［评估标准：A，C，W，D］

保证在这里给出所描述的评估结果的具体原因，并应给予具体的解释，这样检查人员就能在以后的日子里进行评估了。即便给某一专业评了A级，也要描述其原因。

（3）教育组织

1）教职员工组织及其支持系统［评估标准：A，C，W，D］

• 教职员工充足

保证在这里给出所描述的评估结果的具体原因，并应给予具体的解释，这样检查人员就能在以后的日子里进行评估了。即便给某一专业评了A级，也要描述其原因。

• 教育支持系统

保证在这里给出所描述的评估结果的具体原因，并应给予具体的解释，这样检查人员就能在以后的日子里进行评估了。即便给某一专业评了A级，也要描述其原因。

2）设立、公布和执行一个制度来提高教职员工的质量［评估标准：A，C，W，D］

保证在这里给出所描述的评估结果的具体原因，并应给予具体的解释，这样检查人员就能在以后的日子里进行评估了。即便给某一专业评了A级，也要描述其原因。

3）公布和执行一个评估方法来确定每位教职员工的教育贡献［评估标准：A，C，W，D］

保证在这里给出所描述的评估结果的具体原因，并应给予具体的解释，这样检查人员就能在以后的日子里进行评估了。即便给某一专业评了A级，也要描述其原因。

4）公布和执行一个教职员工的内部联系网［评估标准：A，C，W，D］

保证在这里给出所描述的评估结果的具体原因，并应给予具体的解释，这样检查人员就能在以后的日子里进行评估了。即便给某一专业评了 A 级,也要描述其原因。

标准 4　教育环境

(1) 教职员工和设备

提供足够的教职员工和设备[评估标准:A,C,W,D]

通过提供不符合并且/或者是背离标准要求的具体内容,保证在这里给出所描述的评估结果的具体原因。对于评估结果的原因应给予具体的解释,这样检查人员就能在以后的日子里进行评估了。即便给某一专业评了 A 级,也要像下面的例子一样描述其原因:

例如,在参观其实验室时没有发现任何问题。

(2) 财政资源

努力寻求财政资源为教职员工和设备的维修及运作提供保障[评估标准:A,C,W,D]

保证在这里给出所描述的评估结果的具体原因。并应给予具体的解释,这样检查人员就能在以后的日子里进行评估了。即便给某一专业评了 A 级,也要描述其原因。

(3) 学生的支持系统

设立、公布和执行一个制度在注意到学生的要求的同时提高学生学习的积极性[评估标准:A,C,W,D]

保证在这里给出所描述的评估结果的具体原因,并应给予具体的解释,这样检查人员就能在以后的日子里进行评估了。即便给某一专业评了 A 级,也要描述其原因。

标准 5　在学习和教育目标下评估学生的成就水平

1) 通过学科对成就目标水平进行评估

· 有效的评估方法和标准[评估标准:A,C,W,D]

通过提供不符合并且/或者是背离标准要求的具体内容,保证在这里给出所描述的评估结果的具体原因。并应给予具体的解释,这样检查人员就能在以后的日子里进行评估了。即便给某一专业评了 A 级,也要像下面的例子一样描述其原因。

例如,从 40 个可供参考的学科中随机选取 20 个,这 20 个随机抽样答卷在通过/不通过的界限上不存在问题。

- 根据教学大纲所描述的方法和标准来执行评估[评估标准:A,C,W,D]

保证在这里给出所描述的评估结果的具体原因,并应给予具体的解释,这样检查人员就能在以后的日子里进行评估了。即便给某一专业评了 A 级,也要描述其原因。

2) 确定在其他的院校获得评估分数的方法以及这些评估分数的转化[评估标准:A,C,W,D]

保证在这里给出所描述的评估结果的具体原因,并应给予具体的解释,这样检查人员就能在以后的日子里进行评估了。即便给某一专业评了 A 级,也要描述其原因。

3) 在每一门学科内综合的评估学生的成就水平

- 有效的评估方法和标准[评估标准:A,C,W,D]

保证在这里给出所描述的评估结果的具体原因,并应给予具体的解释,这样检查人员就能在以后的日子里进行评估了。即便给某一专业评了 A 级,也要描述其原因。

- 根据这些方法和标准进行评估[评估标准:A,C,W,D]

保证在这里给出所描述的评估结果的具体原因,并应给予具体的解释,这样检查人员就能在以后的日子里进行评估了。即便给某一专业评了 A 级,也要描述其原因。

4) 让培养计划中的所有学生都能实现专业的学习和教育的标准[评估标准:A,C,W,D]

保证在这里给出所描述的评估结果的具体原因。并应给予具体的解释,这样检查人员就能在以后的日子里进行评估了。即便给某一专业评了 A 级,也要描述其原因。

标准 6　教育改进

(1) 教育反馈系统

1) 设立、公布和执行一个教育反馈系统[评估标准:A,C,W,D]

通过提供不符合并且/或者是背离标准要求的具体内容,保证在这里给出所描述的评估结果的具体原因。并应给予具体的解释,这样检查人员就能在以后的日子里进行评估了。即便给某一专业评了 A 级,也要描述其原因。

2）根据社会的需要和学生的要求检查程序(设计和运行系统)[评估标准:A,C,W,D]

保证在这里给出所描述的评估结果的具体原因,并应给予具体的解释,这样检查人员就能在以后的日子里进行评估了。即便给某一专业评了 A 级,也要描述其原因。

3）演示委员会以及其他的一些负责反馈系统的活动记录[评估标准:A,C,W,D]

保证在这里给出所描述的评估结果的具体原因,并应给予具体的解释,这样检查人员就能在以后的日子里进行评估了。即便给某一专业评了 A 级,也要描述其原因。

（2）持续的改进

1）实现改进并且使急需的修订和改进系统化[评估标准:A,C,W,D]

• 改进和修订教育的内容,方法和环境

保证在这里给出所描述的评估结果的具体原因,并应给予具体的解释,这样检查人员就能在以后的日子里进行评估了。即便给某一专业评了 A 级,也要描述其原因。

• 在现有的基础上确定一个制度来执行这些改进的措施

保证在这里给出所描述的评估结果的具体原因,对于评估结果的原因应给予具体的解释,这样检查人员就能在以后的日子里进行评估了。即便给某一专业评了 A 级,也要描述其原因。

4. 备 注

这里有一些问题评估结果并不能确定。下面是一些例子:

• 标明专业中最优秀的一面;
• 涉及标准中的多个检查项的问题;
• 院校要扩大该专业有特色的一些尖端内容。

5. 评估结果

推荐或者拒绝认证;

如果获得推荐通过认证,应当同时注明认证有效期限。

6. 学科评审委员会进行的讨论和调整

学科检查报告在内容上是否与第二次评审报告不同要经过学科评审委员会的讨论和调整。当发现有不同时,需要说明不同的原因和对与评审组组长交换的意见的描述。

附录 B 马来西亚大学评估术语表

学校教育机构（Institution）——一种负责设计和实施一个专业教育或专业研究的组织，包括全体教员、学院和协会。

培养计划（Programme）——一套课程的安排。这套课程被安排在一段特定时期传授以获得明确的学习成果，最终给予一种资格的认可。

课　　程（Course）——一种学习研究的单元。它构成了每个专业的各个模块，并且包含着明确的教育目标，被隐含的内容和支持获得目标的教—学及评估方法。

综合性大学（University）——受到国会法案特许的、享有授予学位特权的主体和主要机构。

程　　序（Procedures）——过程和活动的系统化步骤。

优秀的实践（Good practices）——被广泛接受并认为是好的特征、品质或活动。

数据资料（Database）——一组与专门的主题或目标有关的数据。

质量管理（Quality management）——一个组织的活动全过程中旨在确保产品和服务质量的框架模式的应用。

学　　分（Credits）——它与课时相联系，课时是源自课堂交互、实践训练或课程以及专业要求的实验室和实地调查的。

授予资格的框架结构（Qualifications framework）——根据学校的水平、实际的学习成果和课程内容来命名的一种系统的方式以及指出获得每项资格的教育途径。

实践的记录（Code of Practice）——一个描述标准、程序、职责和履行质量保证规范的文献。

标　　准（Criteria）——广泛被接受的优秀实践，这种实践详细说明了一种教育项目通常需要的条件。

规　　则（Standards）——每一个标准明确的、可测量的要求。

学习成果（Learning outcomes）——在学问、智力和实践上的能力以及对一名学生在课程和专业学习结束时所期望达到的标准。

附录 C　马来西亚大学评估数据资料

一、一般信息

①专业的名称。

②授予学位的名称。

③学校的名称。

④描述学校所提供的教学计划的特征。根据大学组织结构的特点进行叙述,并附上简短的校史。引用由教员/中心/学院/学会/协会做的大学注册登记,给出政府建立的日期。

⑤给出城市/地区的人口及学校在城市/地区中的位置。描述主要大学拥有的教育机构和其他相关机构的地理关系。

⑥引用被准予设立专业的日期,并附上一个学科研究的简要历史情况。检查已授课程模式:

* 内部教员教授课程;
* 内部与外部教员交叉教授课程;
* 特聘教员教授课程;
* 外部的教员教授课程;
* 其他(详细说明)。

如果学校内部授课的模式与校外教员的模式不同,可提供学校一开始的授课模式或现在下列所有方面的关系和安排,及在数据资料中相关部分的细节。

二、专业基本信息

①提供与其合作学校的名称和相等学位授予的名称。

②合作学校的地位。

③已被允许授予学位的专业名称。

④学位是否经过任何权威认证。

⑤转学时对学生特点和学分的要求。

三、课程安排

①简要地说明课程持续时间和在课程结构上合作学校和全体教员的作用,提供学校和合作学校的一个课程详细资料和评价体系。

② 描述一些合作学校质量控制机制。

③ 附上所有的学校与合作学校达成协议的有关的文件。

四、本科专业评估项目

1. 任务和目标

（1） 综　述

基本要素：描述或提供一个教员和一般教育目标的副本。

描述他们怎样被相关团体所了解。

质　量：详细描述社会的责任、研究成果、拥有的社团、领导层培训和在教育目标上反映出来的大学生的培训准备情况。

为其他已出版的涉及这些领域任务和目标的文献提供参考。

（2） 任务和目标的制定

基本要素：陈述教员的主要参与。

描述教员怎样参与在任务和教育目标以及教育专业的明确表达和更新。

质　量：列出不同于以上教员商议的主要股东的团队。

描述教员是如何商议及参与这些学校任务和目标。

（3） 学术自治

基本要素：描述或提供一些对课程负责和拥有自主分配资源权力的学校和政府所制定政策的副本。

质　量：给出全体教员必须通过每个教员和系部合适的课程设计，描述确保教育的详细政策和实践步骤。怎样评估并且是否进行必要的纠正？

- 详细说明由于课程的发展，教员评估资源分配的过程。
- 陈述表达利益的冲突的政策，尤其是在私人的实践中。

（4） 教育成果/教学计划的目标

基本要素：描述学生在大学期间需要具备的广泛的能力（知识、技能和态度）。

质　量：详细描述在学生将要从事的实践中，社会现有的和紧急需要的是如何发生联系的。解释大学生毕业时所获综合能力是怎样通过在校期间的实践训练实现的。

2. 教育计划

（1）课程设计和教育方法

基本要素：详细阐述课程设计的导向原理和被真正用来教授学生的教学方法的类型。简要说明在演讲、小组教学、研究会、实验室会议和书记职位之间的平衡关系。他们是怎样支撑着专业目标获取的？

质　量：描述课程和教育方法是怎样鼓励学生采取行动并参与他们学习的。

• 详细说明教员是如何设想这些准备为学生终身学习用的教学方法。

• 描述学生在学习的准备上是如何获取并在何处获取知识、掌握技能并改善态度和行为举止的。

• 描述学生在个人成长、未来的工作和成为有责任的公民的准备上是如何获取并在何处获取知识、掌握技能并改善态度和行为举止的。

（2）科学方法

基本要素：解释一下课程中的哪一部分反复讲述了科学方法的原理，包括批判性的思维、问题的解决、决策的制定、分析性的见解和评论性的见解。

质　量：陈述一下为了学生获得科学训练的能力的特殊机会。

（3）课程内容和结构

基本要素：规定专业学习持续的时间。

• 详细说明哪一个基础的学科有助于专业的学习并且他们的贡献所占的比例是多少。

• 解释一下在课程的发展进程中他们的贡献是怎样被组织的。描述以下核心课程和选修课程之间的平衡关系。

• 提供一个课程表。

质　量：详细说明哪几个地方、国内和国际重要的复合型课题的发展过程是与学校的课程一致的（例如通信技术、性别问题、恐怖主义、贫困问题、环境问题、人类安全问题、人权问题或艾滋病问题）。

（4）道德规范和人文科学

基本要素：描述一下课程是如何为道德规范和人文科学提供贡献的。解释一下课程是如何为有效地交流、决策和道德实践提供科学的贡献的。

质　　量：详细说明道德规范和人文学科是如何被用来满足社会需求的变化的。

（5）教学计划的管理

基本要素：提供对教学计划负责的学术官员和委员会负责人的名单、资格和头衔。

规定课程或专业委员会参考的条款。明确权威人士对解决教育法则上的冲突和对特殊专业学科的贡献做什么？

• 详细说明学术委员会如何根据目标来满足和确保专业的贯彻执行，描述监督管理是怎样建立的。

• 解释学校如何处理一个学生遇到学习困难（例如一名学生参与一个边缘的学术报告）。

对于每一个列出的问题和论点，请表明哪些建议传统上被你们学校所应用（在每一个种类中可能多于一种）。

建议的来源包括：

• 大学院长的助手或代理人；
• 系或学部/课程顾问/协调者；
• 教员顾问的分派；
• 由学生挑选的教员顾问；
• 高年级学生的顾问。

问题和论点包括：

• 在单一课程中的困难；
• 通常的学术困难；
• 组织或选修课程的挑选；
• 研究生课程的挑选；
• 追求的研究兴趣；
• 其他（详细说明）。

请指出任何不一致的地方，例如阻碍更多成功的专业组织和资源的因素，改变目标，资源需求的重新定向或再分配等。

质　　量：解释学校用于教—学和评估方法上引进的创新的机制和资源。

（6）与外部股东和毕业生雇佣者的联系

基本要素：描述教学计划和毕业生雇佣者的联系。

• 解释该专业最后一年教学计划的具体转变。

• 鉴定是否在对专业负责的委员会和后来的教育培训阶段之间存在着相互作用的关系。

质　量：详细说明课程委员会在雇主、社团和社会关于获得毕业生成绩反馈意见中如何获得参与权的。

指明学校机构为了使用反馈意见来改进课程存在什么内容。

3. 学生评估

（1）评估方法

基本要素：提供有关评估一般政策的信息。提供在学生进级和毕业的明确的时间、方法、费用和标准规定的文件，以及包括学生在内的处理一个非学术行为时恰当的过程、政策和程序的文件。

• 描述对评估政策负责的人。描述有关委员会的成员和他们参考的条目。

• 这个校内委员会或校队委员会（鉴定）判断，学生是达到了教员要求还是满足了国内或国际的成果水平。学生成绩记录的简要说明如表 C.1 所列。

表 C.1　学生成绩记录的简要说明

	知　识	实践技能	交　流	态　度	其他特征
不及格（或变量）					
叙述性评价					
文字级别					
数字级别					
等　级					
其他（说明）					

• 如果必要的话，按照通常的规则指明学生是否被评估并且在课程期间是否给予其一般的反馈。描述教员是如何确保这样的评估和反馈发生的。描述学校是否有许多评估课件、训练课件或其他候补的有组织的教员管理的预备会。

•描述如何保密地和安全地确保学生的档案记录。

- 解释所有的记录是否是用来反馈学生成绩和错误修正的。
- 指明评估的记录对学生评审来说是否可用。
- 详细说明学生是否有权利挑战他们评估记录的准确性。

质　量：解释教员是如何监控跨时间和地点的评估的可靠性、一致性和有效性的。

描述内部的评估是怎样脱离外部规范而生效的（例如外部考官、外部考试）。

（2）评估和学习之间的关系

基本要素：解释评估的实践是怎样与教育目标和学习方法谐调一致的。

质　量：指明学校监控学生评估是怎样减少课程的负载及怎样鼓励综合性学习的。

详细说明对已知的不同课程因素（elements）进行综合性评估的程度。

描述教员如何确保用恰当的态度进行评估和灌输（例如尊重社会文化差异、其他人权力的灵敏度，成本花费的效用，团队协作，持续学习等）。

4. 学生相关事宜

（1）招生政策

基本要素：陈述准许入学的学术标准。描述这个标准是怎样被印刷和发布的。

指出在学校和政府的层面上是否有附加的要求。

提供关于选拔政策实体的名称，并解释一下运用的方法。

指出继续申请的机制。

提供一个为满足已经录取学生的特殊要求而设置的技术规范的副本。

提供有关一年级的信息包括：申请者总数；履行教学计划标准的申请者的数目；实际被招生委员会考虑的申请者的数目；请求注册的申请者的数目；接受登记的申请者数目。

提供目前第一年班级学生入学的背景（排除重复入学的学生），如表C.2所列。

表 C. 2　一年级学生入学背景

分　数	学生号码	百分比
3.5～4.0		
3.00～3.49		
2.60～2.99		
＜2.60		

提供目前第一年班级全部的 GPA（排除重复的学生）。

质　量：描述一下如何评估选择的方法，这些方法应与社会的责任、人力资源需要和毕业生终身学习的需要相一致。

解释为什么把选拔委员会评估意见作为招生政策。

指出是否提供了为那些被选出来但却不符合入学标准的学生所开设的补习课程。

（2）录　取

基本要素：描述一下进入与其他科目相关的某专业学习的学生的规模。怎样决定与学校能力相关的学生录取数？

填写表 C.3 来表明班级的规模和在目前学年不同类别的学生分配情况。包括所有的开始分级甚至在学习期间被淘汰和要求退学的学生情况。

表 C.3　目前学年不同类别学生分配情况

	第一年	第二年	第三年	第四年	第五年（是否有）	合计
男　性						
女　性						
马来西亚人						
外国人						
马来土著人						
中国人						
印度人						
其他人（详细说明）						

请出示在第一年级及以后再一个五年专业计划录取的学生的号码。

质　量:解释一下现有的用于调节学生录取数量和配额的运行机制。

陈述关于在引进的学生结构组成和规模上的变化要考虑到的人们/组织。

(3) 转　学

基本要素:描述准许学生继续留在学校和教学计划改变的机制和标准。哪里是学生可以通过或放弃的单元和模块?

如果"是",则陈述一下用于撤销的标准(例如早先的经验、另一个专业的毕业证书、考试的挑战和信誉的转移)。

如果允许学生转专业,要列出该学生在本学年继续留在学校的学号,如表 C.4 所列。

表明是否所有的学生都要提供转学或转专业的成绩证明,使他们在以前的学院或学校的成绩与他们即将加入的班级同学可以比较。用一些相关的数据来支持你的答案。

表 C.4　学生留校号码表

项　目	号　码
来自其他地方 IPTA 相同专业的学生	
来自外国大学的学生	
来自其他专业的学生	

质　量:陈述专门的安排是否能够使优秀学生完成一种或两种择其一的学位。

(4) 学生的支持和咨询

基本要素:描述可以适用的学生咨询和支持服务(例如预防性的和治疗的健康服务、传染性的环境危险的政策、健康保险、财政资助、运动和文明)。命名和提供一种全员咨询的资格条件。注释它的易达到性、机密性和有效性。

描述由其他组织为学生提供的更多的支持项目。

描述一下你的职业咨询体系。你对自己体系的满意程度如何?(将你的答案勾入表 C.5 中)

表 C.5　体系满意程度调查表

非常满意	有些满意	非常不满意	有些不满意

质　量:描述一下用来鉴定学生精神上、心理上、社会上或学术上需要支持的机构。

（5）学生代表

基本要素:陈述一下学校关于学生对课程和与学生相关的其他事物的政策。描述一下学生是怎样有助于这些政策的发展。

质　量:解释一下学校鼓励学生自我管理和参与学校团体管理活动实践的实用措施。

5. 专职学术人员/教员

（1）招新政策

基本要素:给每一位牵涉到专业教学的教员提供一套简历,包括专职学术人员的姓名、制定的身份、学术的地位、资格、公民的身份、工作经验、目前的学术责任、研究的兴趣和项目、出版的作品、涉及专业的组织、继续教育和社团服务的参与等。

附加的员工招新政策,学校的需求要与制定的资格、薪水、任何学校或政府政策或影响教员的安置决定的要求相关。

指明教员是如何经常地评审学校的招新政策。指出满足学校需求的教员的最低数量。

提供数据资料来显示教工个人资料涵盖了教师在传授课程时的教学技能的范围和资格条件的需求。若学校提供了不止一个培养计划,就要为整个学校提供一个相似的档案。

全员资格表如表 C.6 所列,专业教员的公民身份和工作经验表。

质　量:描述全体教员是怎样建议改进他们的员工招新计划来满足学校的教育目标的。

解释一下这种招新计划的改进怎样影响学术资格、专业经验、科研和教学成果产出及仔细认可的重点工作。

表 C.6 全员资格表

头衔/职位	任命的身份			受教育程度				
	FT	PT	Vol	合　计	博　士	硕　士	其　他	合　计
教　授								
副教授								
助理教授/讲师								
助教/讲师								
其　他								
合　计								

注:1. 从事专业学科研究的员工,例如医学可能需要附加的资格条件。

2. 全职教员(FT)是那些提供全职服务的人员,无论资助的基金是靠大学直接给予还是靠附属的学校或组织支持。包括以附属院校和科研系/所为基础的全职教员,不包括研究生、学会同事或没有接受学校(大学或附属组织)发给的全职报酬的教学成员。FT=专职;PT=兼职(有报酬);Vol=志愿者(无报酬)。

表 C.7 专业教员的公民身份和工作经验表

头衔/职位	公民身份		工作经验(年)*				所参与的专业组织#
	马来西亚	外国的	<5	5~10	5~10	>16	
教　授							
副教授							
助理教授/讲师							
助教/讲师							
其　他							
合　计							

注:* 与专业有关的终身工作经验;# 包括组织的名称和特点。

(2) 员工政策和发展

基本要素:描述一下学校范围内的标准和最初指定的教员晋升和任期的行政管理程序,包括一个手写的指南的副本。如果副本有管理教员的多种方法,那么对方法及在每一部分标准的进步进行一下描述。

说明一下教师和学生的比例如何与被学校考虑的全员政策中多种教育成分相关联的。

描述一下教员的教学职责和工作量的分配情况,如表 C.8 所列。

表 C.8　工作量分配表

教员的教学活动	学生每学年的数量
在读的本科生:必修科目	
选修科目	
其他培养计划的学生	
硕士学位学生的研究生教育	
博士学位的学生	
博士后的学友	
继续教育 *	
其他(指定)	
合　计	

注:* 继续教育是为了提升工作者的知识和技能而设计的教学活动,但不是为得到一个学位或正式的证书的教育。

表 C.9 是评估教学、研究和服务职责之间的平衡性。看平衡性是否恰好达到了专业的水平和个体教学成员的水平。确定出现的任何问题并描述需要和计划改正的措施。

表 C.9　专职学术人员活动的概要

教学活动	教员时间百分率
教　学	
科　研	
顾问(咨询)服务	
行政管理(包括委员会工作)	
社团/社会服务 *	
合　计	100%

注:* 社团/社会服务指的是由部门或个体教学成员承担的活动,这些活动反映出在社会团体或民族需求的汇合点上社会的反响(例如涉及的社会团体关心的虐待儿童问题、艾滋病问题、慢性病问题和性别平等问题等)。

陈述一下为了确保教学、科研和服务贡献的是被恰当地认可和奖励的教员政策。

指出是否存在一个咨询和个别实践的政策。

表 C.10 指出在过去的学年担任调查人的全职教员的数量和百分率。

表 C.10　员工基金福利统计表

	涉及到的员工的数量	百分率
学院给予的基金		
校外的基金		

概述在院系和专业水平上,主要的学术风格和科研兴趣。评估科研成就的广泛程度和质量。指出花费的经费数量,查阅杂志出版的纸张数量和在上一年教材完成的数量。

质　量:详细说明有关能够提升教员专业技能的全员发展计划。说明这是否是一个针对教学成员的指导体系。描述这些计划是如何执行的。

描述如何参与全员发展计划是受鼓励的。

简要地描述一下教员的主要社团/社会服务活动。

评估一下这些经过考虑被指定和发展的活动的范围程度。

给出国内、国际认可教学成员的证据(例如定期刊物的编辑位置,作为同行评审专家的服务,专家小组和国内委员会成员的研究)。

6. 教育的资源

(1) 物质设备

基本要素:对大学本部和分校用来传授课程知识的物质设备进行一个简要地描述,还要说明行政管理和科研的需求,包括普通使用的建筑。评估物质设备、工具和人力资源例如专业的实验室的充足性。确定目前未满足的必要品和在下一个 7 年中可能会出现的必需品。

对于需要实验室支持的专业研究,要提供一个设备的简要说明。需要实践和工业训练的专业学习必须示范满足专业特殊需求的程序。

给出当前时期用林吉特(马来西亚货币单位)衡量的图书馆馆藏物的细目分类和关于它是否够用的评论。描述图书馆是否能充分地重复使用它所有非印刷版资料的设备。展现全员的实力和关于员工充足性的评论并描述任何必须的附加资源的特征。提供图书馆专业服务和最后计划的日期。描述可用来扩展图书馆容量的共享资源和附加机制。指出图书馆服务的时间。评论一下教员和学生使用图书馆设备的程度,以及图书馆对专业学习和科研的充分支持度。

描述一下学生娱乐设施,包括学习空间、休闲和娱乐领域、饮食服务、修闲设施、宿舍、交通和停车位。

描述一下学生在校园和附属的教育场所的安全系统。

质　量:说明学校是如何评审教育资源的充足性的。

指明学校在它的专业教学中使用信息交流技术(ICT)存在什么教学

计划。有附加的或政府的政策吗？

（2）信息交流技术

基本要素：描述关于学校在使用信息交流技术进行专业教学上的政策，以及是否有附加的或政府的政策。

完成使用信息技术的表 C.11。

指出教员是否有一个联系所有教学单元和相关学校的信息网络。

指出对进入每位学生个人计算机设备和进入互联网的设施采取的行动。

表 C.11　信息技术业务细目

用计算机处理的目录文献的研究	
作为学习辅助用的经计算机处理的指导程序	
作为课程部分指导的、需要以计算机应用为基础的专业	
以计算机为基础的指导，包括为了证明与学生理解的相互作用（例如响应学习者输入内容的交互式计算机）	
用计算机处理的模拟案例来教学和测试如何做决定。从校外引发的互联网和其他以专业内容为基础的在线内容	
在校内引发的以专业内容为基础的在线和通过地方网络和网络浏览器技术的分布	
其他（指定的）	

表 C.12　设备出租登记表

出租给学生的台式计算机	
出租给学生的笔记本计算机	
出租给学生的个人计算机设备	
学校购买计算机设备的折扣	
其他（指定的）	

质　量：解释教员是如何使用信息交流技术来提高传授课程的内容的。

描述一下在运用信息和交流技术上可利用的教员和学生的训练。

(3) 研究和发展

基本要素: 提供一个学校的研究设施和主要研究专业的简要描述。描述在任何一个专业教学每一个教工或研究生在研究方法上的科研作风。

陈述一下是否有一套正式与研究中存在的有关科学的不正当行为相关的政策(故意地欺骗、臆造结果、剽窃、进行科学行为标准以外的行为)及这套政策是怎样被传播的。详细说明负责保护研究过程正直诚实的管理单位和实体。

描述学校支持者是怎样让它的研究和教育活动相互作用的。

质 量: 解释在课程和教学中反映出为确保科研活动的机制。

陈述学校采取的任何主动让学生参与科研、指明时间安排、赞助和基金事项的措施。

(4) 教育的专业技能

基本要素: 陈述学校必须确保他们传授课程的教育技能和方法是合适的有关政策。

质 量: 指明学校是否进入一个专业的教育单元或教育的专门技术。描述这个专门技术的使用。

(5) 教育交流

基本要素: 描述学校与其他教育机构合作制定的政策。

提供一个与其他教育机构合作的概述并描述这些联系、学生交流、员工交流和科研的本质。解释一下学校在教育信誉交换上的政策和实践惯例。

质 量: 描述任何针对于国内、地区和国际与其他专业和学校合作的活动。

指出学校有权把资源用于地区和国际的交流。

(6) 财 政

基本要素: 提供向早先的马来西亚和外国学生收取的学费和其他酬金,及目前和后两年的收费计划。提供一个薪水及工作的税收和花费概要。

简要说明负责学生财政资助的人员。解释一下财政资助是如何决定的。描述一下退还给辍学或被开除的学生学费的政策。鉴定是否存在一套学生咨询财政资助和债务管理的系统。

质　　量：简要说明学生专业学习需要贷款和准予奖学金的数量。

- 学生需要所有资源资助的数量；
- 学生接受贷款的数量；
- 学生接受奖学金的数量。

7. 教学计划的评估

（1）教学计划评估的机制

基本要素：说明学校是如何评估它的教学计划的。

简要说明能独立测试成绩和结果数据的组织，并确定相应的组织提出的所关注的问题。

检查所有课程委员会使用的用来评估专业有效性的成果指标：

- 在书面考试上的成绩；
- 学生对课程的评估；
- 以基于成绩的学生技能和能力的评估；
- 学生进步和毕业率；
- 校外评估专家的报告；
- 本科毕业生的工作场所/毕业生成绩的评价；
- 本科毕业生毕业率/实习期；
- 本科毕业生上研究生的机会；
- 本科毕业生的实践场所（例如乡村、城郊、城市内部）；
- 本科毕业生的学术理论/科研生涯/机遇；
- 本科毕业生实践类型；
- 校外测试和其他标准测试的结果（详细说明）；
- 其他（详细说明）。

对以上每一部分检查做出标记，简要说明课程的评估和变化是如何运用成绩的信息和信息中的内容的。

质　　量：描述在覆盖所有专业重要成分的评估活动是如何被增强和精确化的。

说明教员是如何测量学校毕业生能力并从中获得信息的。

描述教员是如何利用反馈的信息促进教学计划改进的。

（2）学生和教师的反馈

基本要素：说明教员是如何取样、如何分析和如何使用全体员工和学生关于教育专业的意见看法。

质　　量：指出教员是如何鼓励个体员工和学生参与学校的评估活动及参与专业未来的发展。如果资料可以利用，提供任何你的学生在研究生阶段教育成果的数据及毕业生参与全职教育的比例。

（3）学生成绩

基本要素：陈述一下已被收集和分析的关于学生成绩的统计数据类型及他们是如何使用与系里的课程、使命和教学目标有关的内容。

提供一些说明学生成绩的数据。表 C.13 的形式适合运用在学校的自评报告分析中。

① 关于所有学年的课程，即所有课程/单元/模块结果（被首次接受）和最近学年末期和专业的考试（如果相关的话）。

表 C.13　学生成绩表

课程/单元/模块/考试	等级平均数	学生数量	百分百通过率

②在给予的课程传授期间，在一个参选班级中典型的通过课程要求标准的人数的比率是多少？

③ 一个班最终合格的人数的附加百分率是多少？

④ 完成表 C.14，以显示学生减少程度和学术困难。

⑤ 对应上表提到的这些年份，表明学生缺勤、离校的情况，具体包括：

• 学年开始时报到的学生在学习期间被学校给予缺勤离校处理的；

• 符合报到资格的学生在开学前就被学校给予缺勤离校处理的；

• 在学年前的任何被保留离校资格的学生。

⑥ 给出学生离开本专业学习的原因。

• 较低的学业成绩/需要补习；

• 较高的学术水平/调查/研究；

• 攻读另一个学位等原因；

- 个人的因素,包括经济上和身体健康状况;
- 其他因素(详细说明)。

表 C.14　学生减少情况统计表

	第 1 年	第 2 年	第 3 年	第 n 年(如果相关)
开始时班级的规模				
学术失败/被开除				
由于贫乏的理论水平离校				
由于所有其他原因(除了调动)的离校/解除				
调往另一个学校				
学生流失总数(total student attrition)				
重修整个学年/学期				
重修一个或更多的课程				
需要进行补救的课程				
有学术困难的全部学生数量				
晋级下一年/已毕业的学生				

质　量:陈述一下在授课期间与成绩有关系的被监控的学生个体的规范,及它如何反馈到学生的选课、授课计划和学生咨询服务工作中。

(4) 股东的参与

基本要素:描述一下主要的股东是怎样参与教学计划评估工作的。
说明学校是如何将教学计划评估结果传达给股东的。
质　量:说明股东参与专业评估和发展的程度。
指出为了确保股东考虑的意见被采纳,建立的机构(正式和非正式的)。

8. 行政管理和控制

(1) 控　制

基本要素:描述一下负责持久的进行决策的机构(管理)、功能、成员的数量、委员会主席的姓名、成员的姓名或被小组委任向委员会做报告的人员的姓名。

指出在过去的学年间举行专业/全体教员会议的数量和类型。

质　量：描述一下专职学术人员、学生和其他股东在不同的管理机构和委员会中的代表和功能。

（2）学术领导

基本要素：给专业带头人和他（她）做的报告的官员命名。提供一下他们的资格证明和经验，说明专业带头人是怎样被选出的。

描述一下专业的学术管理机构和学校指明的个人专业领域的一系列责任。

指出是否有描述一个专业带头人工作情况的报告。

质　量：指出是否有一个学术领导层（专业主席/领导的表现）的正式评审和标准的撰写。描述一下学术领导层的表现和在学校评价中与学校的使命和任务相关的学术领导层的学识状况。

（3）全体行政人员和管理

基本要素：描述一下支持专业教学的全员结构管理的情况。指出他们是如何有效地分配并管理资源的；指出在过去的学年召开会议的数量和类型；说明一下与专业教学和其他活动有关的行政管理员工的规模是如何制定的。

质　量：陈述一下学校的管理和经营的组成是否含有一个质量保证程序。

（4）与股东的联系

基本要素：描述一下学校和股东关于学校的使命、教育的程序、资源的提供、教学设施和全体员工这些方面之间相互作用的关系。

质　量：陈述一下为了确保学校与股东之间顺利合作建立的正式的机制。

描述在学校和股东之间任何分享职责的类型。

9. 持续的改进

基本要素：陈述教员用于规律性地评审和修改学校的使命、组织和活动的政策、程序战略计划和机构。

指出每年教员参与评审的数量。

陈述一下为全体员工组织的持续的培养计划改进程序。

质　量:描述一下学校为了确保自己能够持续应对周围环境的变化,近期计划的活动。

附录 D 马来西亚评估各阶段注意事项

为了学校的自评报告的撰写和外部评审小组的质量评估,这篇文献的目的是要鼓励学校对取得的数据资料、观察资料和信息进行批判性地分析。

要明确地表达标准和规范每一部分的问题。这些标准和规范不是彻底详尽无遗漏的,并且它们仅仅被当作一套指南而不是一套检查条款来使用。这些问题应该用来决定个人的因素是如何有助于学校的能力或如何完成学校的教育目标和教育学生的。

当使用这些问题时,要记住以下目的:

① 学校自评的目的。

收集和评审关于学校和教育程序的数据的目的是:

• 鉴定学校的实力和在实现教育使命和任务时出现问题的领域。

• 制定战略和步骤来确保学校实力的维持和问题的提出。

• 为外部质量评估准备数据资料和自评报告。

② 质量评估考察的目的。

外部评估的目的是决定是否学校或专业在遵从规范上是必要的。

• 使数据资料和自评报告生效并填充缺少的信息。

• 协助学校改进和更新规范。

③ 撰写自评报告的目的。

• 提供一个清晰的学校环境和目标、专业组织、学生资源和教育成果的描述。

• 鉴定学校和专业的实力。

• 用文献证明任何评估小组关注的领域或改进的时机。

• 记录学校主要的变化,最近实施的或在进行中的,尤其是将要执行的政策。

• 帮助质量保证部门的工作,无论采用哪种专业的评估组织,都要准备一份涵盖确实并充足的细节的评估报告,并且要与质量保证部门以及专业评估组织评审的报告形式相一致。

现举评估示例进行详细说明。

1. 愿景、使命和任务

（1）愿景、使命和任务

① 学校是否清晰地建立了它的愿景、使命和教育目标。

② 愿景、使命和教育目标是否适合于目前国内和全球的教育需求。

③ 学校的愿景、使命和教育目标如何发展和精确并如何让学校重要的股东知道？

④ 他们用的专业计划指南是否清楚、明确、充足（就社会责任、研究成绩、社团参与、领导层训练和准备毕业生训练而言）。

⑤ 专业计划和发展目标使用的是什么方法？

⑥ 学校是如何确保它的学术教员和其他资源是直接用于学校愿景、使命和目标实现及如何确保解决利益争端的？

（2）培养计划的目标

① 学校有培养计划/学习成果目标吗？这些与学生将要参与实践的社会存在和出现的需求是如何联系的？它们是如何与研究生训练联系的？

② 专业的名称和期望的学习成果水平是否与通常所期望的一个学士学位相一致。

③ 描述一下学生是怎样展示他们已经掌握了所学的专业知识、技能和行为目标。

④ 如果专业是在校际模式下管理而不是面向学校内部的，那么就学位授予的名称、合作学校的认证资格、学生特点和学分的互认需求、在课程和评估体系中教员和合作学校的作用及管理机构的质量而言与合作学校的关系和安排是什么？

⑤ 是否已达到了专业目标和学习成果了。

2. 教育计划的设计和传播

① 用什么证据来说明已设置的培养计划在所有方面（知识的获得、技能的掌握和心智的培养）都满足了教育的目标。

② 核心学科的结构和内容正确反映了学校资格的水平和信誉吗？

③ 培养计划是否利用多学科的知识提供了一个一般性的专业教育？

这种多学科包括道德规范和人文学科,是为学生就业做准备的或是一门针对实际情况的非常专业的学科。

④ 选修课拓宽和加深了学生的经验和就业机会吗?选修课在专业学习中占多大的比重?它们是如何被管理的?

⑤ 教师用的教—学方法是什么?学生提问的技能、批判分析问题的能力和创造性解决问题的能力得到培养了吗?教学方法培养学生们提高学识、自学和终身学习的本领了吗?教师传授给学生掌握信息交流技术和高效交流的技能了吗?这些教学理论是与实践结合起来了吗?

⑥ 学生在交往中得以发展的负责任的领导才能、优秀的公民道德、规范职业行为的经验是什么?

⑦ 学生喜欢这种教—学经验吗?

⑧ 评审学生的学习量,评估在课堂讲授和其他被动学习模式与积极主动的学习机会之间的平衡性。

⑨ 学生是否有充足的业余学习时间(例如独立自学)。

⑩ 研究生培养计划对本科教育的影响是什么(包括相关课程内容的思考、教师资源的潜在竞争和研究生参与本科生的教学工作)?

⑪ 在大学教育内容和方法的修正方面继续职业教育所做的贡献是什么?

⑫ 培养计划是怎样设置的?

⑬ 课程委员会是如何确保学生的课程和实际训练测试的成绩能作为获得教育目标制定的知识、技能和行为的?

⑭ 确保教育质量与通过不同的教育场所对学生的评估和监管的一致性的体系是什么,及这种体系功能运作的如何?

3. 学生的测试和评估

① 对学生考评政策的有效性和考试的可靠性负责的人员是谁?学生是否能达到教师的成就水平和是否能满足国内/国际要求的成果水平呢?

② 学校有学生评估、进步、毕业、学科训练、求助和开除等事项的标准和规范吗?

③ 学生是清晰地陈述、充分地发表自己的观点并普遍地理解学校规范的吗?

④ 评估的方法是适合学习目标并通过教育场所/校园与目标相一致的吗?

⑤ 学校有一个学生评估格式化、概况性的适当的综合办法吗？

⑥ 学校能对学生的成绩给予及时地反馈吗？

⑦ 学生参与核心学科领域的评估吗？

⑧ 学生学习成就的考评是使用了一套对知识、能力和成绩进行多种测量的综合方法吗？

⑨ 使用的记分/分级体系是什么？学生的分数/级别是如何决定的？

⑩ 学生能及时收到测验后反馈给他们的信息吗？

⑪ 教师如何确保和发展恰当的教学态度（例如对社会文化差异的尊重、对其他人权力的灵敏性、花费的高效性、团队合作、继续不断学习）？

⑫ 教师是如何监控不同时间和不同场所评估的可靠性/一致性和有效性的？

⑬ 外部评估如何验证内部规范的（例如外部主考官、外部测试）？

⑭ 如何确保学生提交的报告的保密性和安全性？学生有权利挑战他们评估报告的正确性吗？

4. 学生相关事宜

① 什么样的学校团体对学生选拔政策负责？运用的方法是什么？

② 批准的培养计划所用的评估标准是什么，这其中包括学生的转学和其他特殊的需要？学生选拔的标准是怎样评估和验证的？

③ 现存的学生申诉的机制是什么？

④ 考虑到学校的目标、学生的录取和选择过程是适当、公正和可靠的吗？

⑤ 学校是否录取达到选拔标准的申请者了吗？申请者的规模就数量和质量而言是相当于规定的学校级别大小的吗？

⑥ 评估选拔的方式是如何遵从于社会的责任感、人力资源的需求和研究生与终身教育的需要的？

⑦ 对那些已经被招收但又达不到通过标准的学生，学校有适合他们的特殊课程吗？

⑧ 进入一个专业的学生数量和其他专业的学生数量有关系吗？决定录取的学生与学校的实力是怎样联系的？关于录取的学生规模和其他要求的变化可以咨询何人？

⑨ 所有转学的学生都要提供以前就读的学校的学习成绩证明吗？他包括学生在班级中的相对位置和他们参加了哪些课程？向谁请教关于规

模变动和转入学生的情况?

⑩ 学校有专门安排给优秀学生使他们能完成另一个学位学习的课程吗?

⑪ 学生充分利用什么,可以有助于他们的生活质量提高(个人咨询、保健服务、学习空间和资源、行政管理人员和教员的亲切感、住房、交通和安全设施)?

⑫ 学校的学费到达的水平及学生有适合这种水平的资金资助吗? 大学教育的花费影响求学申请者吗?

⑬ 学校在学生对课程和其他与他们相关的教学事物发展上做的贡献方面制定了什么样的政策? 学生是如何对政策的发展做贡献的?

⑭ 学校在鼓励学生自我管理和参与学校管理部门工作上实际的测评内容是什么?

5. 学术教员

① 学校有条理清楚的招聘政策吗? 考虑到全体员工的政策,教师和学生的比率、相关的各种教育资源怎样?

② 教员的状况足够传授专业知识和进行科研、完成学校的使命吗?

③ 全体教师打算如何改进招聘计划来满足学校制定的教学目标?

④ 制定的评估标准及教师的任期和晋升政策是清楚的并与学校的教学目标一致吗? 阻碍招聘和教师员工保持实力的因素是什么?

⑤ 在制定的关于教师进步和奖励的教学标准中,什么程度是优秀的? 确保教学、科研和得到适当公认和奖励方面的教师政策是什么?

⑥ 教师的教学职责和分配的工作量的本质属性是什么?

⑦ 教师们有充足的机会参与学术活动吗? 在过去的学年期间参与科学研究的全职教员的数量和百分率是多少? 研究努力的程度和质量是什么?

⑧ 学校提供的能够提高全体教师技能的发展计划是什么? 学校有一个教师员工的监控系统吗? 它们是如何运用的?

⑨ 已创立的学术组织给学校的管理和政策制定带来合理且适当的学术权力影响了吗?

⑩ 学术组织如何参与社团和社会服务活动? 我们多大程度上考虑活动的安排和发展?

⑪ 学校有证据证明受国内/国际认可的教师成员吗(例如杂志的编辑

从事评审考核工作,研究/专家小组和国内学术委员会成员)?

⑫ 在教师成员中相互交流/相互作用达到了怎样的水平?

⑬ 什么因素对于教育、科研和校内服务工作是便利的? 而什么因素对它们是起阻碍作用的?

6. 教育资源

(1) 一般设施

① 对教学、科研及学校服务活动和教育任务的联系有用的常用设施,支持和管理服务功能怎样才能够用?

② 已被管理和使用的资源(物质的、财政的)满足了学习目标和学生生活质量了吗?

③ 在教育项目的资源和学校的活动(教学、科研、出版、咨询服务/行政管理)之间保持了一个适当平衡的关系吗? 有任何不平衡的事例吗?

④ 学校为特殊需求的学生准备了教学设施吗?

⑤ 在校园和其他场所有恰当的安全设施保障吗?

⑥ 关于改进学校硬件教学设施的计划内容有什么?

(2) 财　政

① 讨论一下各种用于支持学校或教师收入的(来自兼职教学、捐赠、家教收入、科研经费和其他财政收入)财政资源之间平衡性的适宜问题。财政收入是稳定的吗? 你是怎样看待下一个五年学校的前景?

② 满足学校达到自身制定的任务和目标的财政状况应是一个什么程度?

③ 需要用收入问题来严重打乱教学员工活动的平衡性吗?

④ 学校目前和将来的资金需求如何? 学校的财政状况能满足这些需要吗?

⑤ 在满足教育需求方面申请手续是高效的吗?

⑥ 协助学生交学费和退学费的机制和政策是什么?

⑦ 有什么样的证据证明教工被赋予资源调动的自由权利,这种自由的权利是怎样决定教学计划的目标和教学质量的成果的?

(3) 科研、发展和图书

① 学校的科研活动(重点领域、学术水平和质量数量)如何支持教育

任务和目标的？学校资源（设施、空间、财政、全体教师和在校学生）对于科研够用吗？

② 学校支持科研的数量和有助于教师确保校外支持的协助水平状况如何？

③ 学校在科研和教育活动之间如何培养相互作用的关系？在学生教育包括学生参与科研活动的机会方面，什么影响着科研活动？

④ 学校有一项有关科研违规行为（故意隐瞒、捏造事实和抄袭剽窃）的正式政策吗？哪个行政管理部门/实体对研究过程真实性负责？

（4）图书馆

① 图书馆买进多少图书资源（印刷品和非印刷品）为学生和教师员工提供服务？

② 图书馆的开放时间合适吗？帮助功能可用吗？学习空间足够吗？学习资源，例如计算机和自动影印设备充足吗？

③ 图书馆工作人员充足吗？他们是怎样为学生学习和教师的专业发展做贡献的？

（5）信息交流技术设施

① 学校关于使用信息交流技术的政策是什么？

② 学校用什么方式把使用信息交流技术作为课程教育的一个完整的部分？这是否存在一些障碍？

③ 学校有足够的 ICT 网络连接着所有的部门和与学校相联系的单位吗？

④ 进入每位学生的个人电脑和进入网络中 ICT 设施可以做些什么？

⑤ 学校全体员工和学生在使用 ICT 时可利用什么训练？

（6）教育专家意见

① 学校有什么样的政策来确保教育专家意见和教学方法对传授课程知识是适合的？

② 学校获得了一个专家教育资格或其他教育专家意见了吗？学校如何采纳它们？

（7）实验室/工作间/研究设施*

① 什么是教师可用的实验室、工作间和研究设施？

② 学生数量（研究生和本科生）对于设备支持大学服务功能的项目是充分的吗？这些设备和服务设施对典范的训练测试是合适的吗？

③ 用于教学的实验室/工作间设施的质量有效性和可利用性怎样？

④ 用于满足工业和实际设施教学需要的额外的教师（技术员、实验室助理、社区教师）充分吗？

⑤ 教师是怎样确保学校的员工在监督、教学和评估学生上的资格？你是怎样准备这些发挥教学作用的学院、系的？

⑥ 用于教学的实验室/工作间的管理人员与教师成员和管理部门之间的相互作用是如何影响的？合作提高了学生的教育水平吗？

7. 专业评估

① 学校有一个独立监控成绩和成果数据并确保通过适当的实体表达出已鉴定的领域的小组吗？

② 学校评估自己专业时使用的方法（内部和外部）是什么？教师反馈的信息是如何用于专业的发展上的？

③ 谁是进入专业评估的主要投资者并且是如何进入的？

④ 为了确保一个固定的和合作的课程体系并修定一些问题，课程监控的过程怎样才是足够的？

⑤ 如何做能易于教育的变化，课程的革新和已鉴定过问题的修改？

⑥ 收集和分析学生成绩的统计数据是什么？并且它们如何使用与课程有关的内容？

⑦ 与学生课程成绩相联系的怎样的学生规范是受监控的？并且如何反馈到学生的选修课、课程计划和学生咨询服务上？

⑧ 毕业生要达到的质量是什么？有关毕业生能力的资源信息是什么及这些资源信息如何测量？

⑨ 在最近的毕业生中职业选择的模式是什么？这些就业模式与教师的教学目标是一致的吗？就业咨询有效果吗？

⑩ 学校在课程评审过程有适当的支持体系吗（例如在专业评估方面

---

* 指对于医学和健康专业的学校，包括对部门以下的诊所设施的评估。

专家个人的意见)？

8. 控制和领导

① 谁是办公室的主要负责人及工作人员的资格和经验如何？

② 选择学术带头人的标准和方法是什么？学校有一个关于学术带头人的工作介绍吗？

③ 学术领导层的表现如何？评估与学校任务、长远目标相关的学术成果如何？

④ 在大学和学院水平制定管理结构功能、成员数量、委员会主席名称、个人或团队委派的委员会名称和由谁来做报告等方面的主要规范是什么？

⑤ 政府的构成和一系列职责是与一个学校的规模和特征相适应的吗？

⑥ 在学校的管理方面,政府结构的影响是什么？

⑦ 管理部门是如何确保足够的教师来控制教育资源和达到专业教育目标的？

⑧ 学校管理部门的数量和类型适应高效的行政管理吗？行政管理部门员工的数量是如何制定的？

⑨ 学校的管理部门是稳定的吗？学校的计划和运行受到影响了吗？

⑩ 专业带头人的地位稳定吗？专业带头人反过来影响学校的计划和运行了吗？

⑪ 管理人员在资源分配上如何有效运行？

⑫ 学校成员如何良好地与其他单位交流？他们有一种共同的责任感吗？

⑬ 学校机构如何有效地制定组织计划？制定一种守时高效的礼仪是必要的吗？学术委员会成员、专业带头人和做决策的教师管理人员相互的作用是什么？

⑭ 教员晋升为终身教师委员会的级别是什么？就代表而言,委员会成员是合适的吗？可以参考的标准对于活动的设备是清楚的吗？

⑮ 关于学校的任务和目标、教育计划、资源教学设施和员工的供应方面,学校投资者之间存在一种什么关系？

9. 持续改进

① 评审和修订学校愿景、任务和目标的过程步骤是什么？有战略计

划吗?

　　② 正在计划一个有规律的学校活动吗?

　　③ 学校是把它的教育目标应用到社会科学的、技术的、社会经济的和文化的改变上了吗?

　　④ 学校修改了与社会环境需求相一致的毕业生能力要求了吗?

　　⑤ 学校采用了确保它的重要价值和适宜性的课程体系了吗?

　　⑥ 在受关注的领域,课程计划包含了知识新发展的内容了吗?

　　⑦ 员工和学生的招聘政策怎样反映出人力资源管理的改变需要?

　　⑧ 教育资源如何升级来与新的内容(学生数目、规模、学术员工状况、提供专业和目前的教育原则)相配?

　　⑨ 为员工组织的持续专业发展规划的内容是什么?

　　⑩ 旨在提高工作质量的有组织的学习活动是什么?

附录 E 马来西亚评估报告推荐格式

标　题：　　　　　质量评估考察报告

专业授予的学位名称：

学校的名称：

考察日期：

组织者：　　　　　教育部高等教育司质量保证处评估小组

脚　注：　　　　　马来西亚教育部享有此交流权

备忘录包含来自评估委员会的有明确标记的报告，它由以下部分构成：

质量保证机构、高等教育司、教育部；

评估小组在某天考察某所学校；

说　明：　　　　　质量评估报告；

授予的学位和专业名称；

在哪一天考察那所学校，质量保证评估小组最好提供类似以下格式的结论报告：

尊敬的

_____

姓　名　主　席

_____

姓　名　成　员

_____

姓　名　成　员

_____

姓　名　秘　书

_____

1. 评估小组介绍

（1）典型例子

评估小组代表教育部高等教育司质量保证部门指导学校和教员的评估。小组在考察评估期间对校长、管理公共事务的教师、全体教员和学生能坦言自己的看法表示感激。小组向那些作为合作者积极地参与并提供小组的需求的(人士)表示特别感谢。

在一段介绍后,列出评估小组成员的名单。上面有他们的名字、主题和学校及其在评估小组中作为主席、秘书、成员或教员等职位,例如:

主　席:(名字)

称　呼

秘　书:(名字)

称　呼

成　员:(名字)

称　呼

……

(2) 评估小组考察概况

通过以下标题总结评估小组的考察:

* 学校实力;
* 关注的领域;
* 改进的机遇;
* 专业发展或在领域转型中所需的后续工作。

以上每个标题,按照一些与授予学士学位荣誉相似的标准和规范指南来考察。例如学校实力先以学校任务和目标开始,然后再继续考察其教学的计划等。对要考察的相关领域重复同样的顺序,然后是发展机会和发展计划领域。

总之,要坚持主任和教员们退离会场时报告的观点,并且遵循在报告中列出的条款要求。对于关注的领域和问题,制定一系列紧急的防范措施,并阐明通常的或可选择的做法而不是固定的解决方法。报告中的文件要支持所有引用的条款。

(3) 认证评估进展报告

如果报告可适用,则总结(若需要,可使用关键释义和合并条款但要简明)调查的关键性发现和最近的学校或专业的评估建议,包含考察进展情况的报告。报告要提出任何事先已确认的问题。

提供先前的评估和报告的日期,通过从修改过的关注的领域评估中和仍然存在的问题中总结结论。

2. 教学的数据资料和学校的自我评估

评价有关学校组织、整体和内部的数据资料的一致性,数据资料(申请人入学费用、财政等)合乎今年的要求吗?

评价就全体教员、行政管理人员和学生而言参与学位评定的自评,对分析的综合理解和深度进行评论,对建议采取的做法和结论质量发表建议。要求评估小组关于学位的结论与学校相应的自评内容相一致。

学生报告包含评价学生自评中使用的方法,包括学生获得参与的水平。

3. 学校的环境和历史

简要地总结学校历史(从最早的大学教员、专业水平的权限开始),提供关于尚未毕业的学生的数目和登记情况作为数据资料的证明文件。

简要地描述学校、全体教员的环境背景,其任务和目标以及在国家和地方社区的重要性。也要描述一下专业/教员与大学前身的关系,其他中心相关的专业/学科,如果有联系的话,还有地理位置上独立的校园/专业及主要的建筑物。

提供繁荣地区人口状况和与主要城市有联系的地理特征,以及该地区其他的大学和教育机构。

如果以前的评估已经完成,可以利用当前和过去的资料一览表比较参考年份来选择数据资料。对学校的强项和弱项所做的重要分析包括:教育计划;教育计划的名称;评论教育计划的名称和授予的学位是否合适;教育计划的目标。

概括由教育机构设立的通常教育计划的目标。教育目标就是学校期望学生达到的知识、技能、行为方式、价值观和态度。学生们应该能够展示这些成果作为他们成绩的根据。如果目标冗长,把它们放到附录的条款里。如果没有基于成果的教学目标,就在报告中陈述出来。引证反映学校教学使命和任务的事务,被教员、学生以及行政人员所理解并运用课程设计中去。

请注明质量保证部门的评估小组成员的评估过程,以明确调查学校是否制定了适当的专业目标和课程,教育资源以及设计的管理程序是否可以达到目标。不要被陈述的任务、目标、前景或大学的结构、抱负所误导。这些内容提供了背景环境并且建立了战略方向,但是它们却不能代替应被转化到课程中的教学目标。

4. 课程设计

（1）培养计划的内容和结构

① 描述培养计划执行期间通常全部课程的安排,附带表明每年课程如何安排的数据表格,每年的课程教学有多少周?

② 所有科目达到了所需的专业水平(包括必需课程)吗?

③ 对特定专业学习中的各项课程要进行课程内容/目标的总结以及描述总体学习计划表和教学方式的分配(演讲、实验、小组讨论会包括教学等)。

④ 他们了解人类的组织行为学、社会经济学和伦理学的依据是什么?

⑤ 有多少可选择的时间可以利用? 概括学生所选科目的类别和数量,包括上课时间和地点。报告学生的水平和教员对可利用的机会的满意度,确保选修质量的控制机构是什么?

（2）教学经验

① 有资料证明目标实现的多样化教学方法和教育设备吗?

② 说教的指导和互动的教学小组之间的平衡是什么? 说明主动和被动的教学形式在课程中的比例关系,以及它们支持课程教学的一般方法论。

③ 未安排的教学时间如何分配?

④ 学生获得自学技能和在解决现实问题时运用数据的根据是什么?

⑤ 运用电脑辅助教学了吗? 说明有关新式的传播交流技术。

⑥ 有证据表明正在培养和发展学生的道德准则和适当的态度吗?

⑦ 由于课程需要实践训练,那么实验室/实践/临床的指导课程的比例是多少? 说明教室和实验室的实际应用以及两者的结合程度。提供了足够的反馈与监督指导吗?

⑧ 概述在实践训练中,每周/月已完成任务的数目和种类。如果在几种场合指导实践训练,那么为了确保教学质量的经验和学生的评价的一致性,学校该做怎样的努力?

（3）课程计划

① 描述课程的计划和实施评估管理体系。

② 说明这些活动的职责在哪里。

③ 说明学校在课程协调中的有效性。

④ 说明完成学校教育目标和任务的学校战略评估和计划。

⑤ 学校怎样协调和监控教学活动使其避免过多和不足。

⑥ 如何监控学生的学习量？时间安排上有问题吗？

包括在附录数据资料中的几页，表明了课程计划的组成。

就适当的目标、时间的分配、课程的内容和时间的选择、课程设计和教学方法这些方面来评估课程，为其发展列出优势、不足、有关问题和机遇。关于符合整个专业目标的课程设计和贯彻实施的效力的判断结论。

（4）学生的考评和成绩

① 在学生的考评、进步、毕业、惩罚、请求和开除方面，有明确的标准规范和程序吗？

② 院系的学生管理者广泛理解和接受学校的教育目标，并依从相关的明文规范了吗？

③ 描述学生是怎样被评估的？评估学生的成绩使用了多种知识和能力的测试方法了吗？他们是否支持所获的教学目标？学生得到关于他们表现的快速测验反馈了吗？

④ 什么是形成性评估和总结性评估的融合？在评估给于困境中的学生及时的劝告和纠正时有折中的办法吗？

⑤ 描述怎样监控和评估实践训练，陈述是否观察了学生对实习训练的参与。

⑥ 描述分级/打分系统并评价它在所应用的课程及年份上的连贯性和一致性。评估对学生的表现和非认知收获的描述。

⑦ 学生需要参加校外的考试吗？

⑧ 考核考试、学术的进步及毕业生比例的结果令人满意吗？

（5）对学生评估系统的管理

① 描述评估/考试委员会组成和作用。

② 委员会是怎样确保考试程序（例如，问题是怎样明确地表述和严格审查的，答案原稿是怎样被评定的）公平、有效、可靠的？

③ 考试与各门课协调吗？

④ 给学生足够的监督和反馈了吗？

⑤ 考试管理的可靠保障是什么？评论对学生保密的安全保障体系。

⑥ 清晰理解用来确保对学科管理的及时重视或其他的学术行为的过程的程序，并给予公正的旁听机会。

5. 学生的录取

① 概述录取要求，描述录取委员会的组织和实施情况，简要叙述录取的进程。

② 说明近期申请人和录取者数量，评估与录取标准相关的大量优秀申请人，注意女性和少数民族的比例。

③ 班级的大小与学院的资源相适应吗？考虑到研究生和可选择的学生数量并保证继续教育、研究和服务/咨询活动了吗？

④ 允许接收转校生的政策是什么？他们是否拥有与正规学生相同的学历？

⑤ 学校有对少数民族学生的政策吗？

在附录数据资料中有录取委员会的成员，录取分数，申请人的特征的统计。

6. 学生的支持

(1) 学术的咨询

① 概括对即将到校的学生定位的方法，包括针对学术困难的学生的预警系统，学术的咨询、辅导和纠错系统。

② 讨论学生减少和缺勤的比率。

③ 评估学生咨询和支持计划的有效性，引证来自学生内部的文件资料。

(2) 财政资助

① 学生对于贷款和奖学金的需求能够被满足吗？

② 学院是通过自身资源提供财政资助的吗？评论借贷办公室的实施和运用。

(3) 学生健康服务和个人咨询

① 描述健康服务个人咨询对学生的帮助、评估其影响，它们是否

足够?

② 学生对健康的指导满意吗? 学生支持这些设施吗?

(4) 对特殊需求:研究空间/住房/交通/安全/设施对管理者和学院成员的影响

评估为提高学生生活质量的帮助是否足够

- 研究空间和资源;
- 管理者和学院教员的影响;
- 住房、停车/交通安全;
- 对于特殊需求学生提供的设施。

7. 全体教学员工

① 概述学院的大小和经验,评估在研究、教学各方面任务的胜任情况。

② 描述并评估与学院相关的研究生专业及其对本科教育的影响。

③ 学院表明了开展持续学术活动的依据了吗? 评论教员在为满足专业继续教育要求所确定的范围。

④ 继续教育活动的影响尤其是对本科专业影响是什么?

⑤ 概述学院成员的数量,主要的统计者和有份量的研究人员。对研究人员来说,需首要考虑的领域是什么?

⑥ 学院的成员有充分的依据成为委员会成员吗?

⑦ 说明在学院各成员中的交流机会和大学间的促进交流的活动。

⑧ 学生参与研究的程度如何? 校园里有优秀的研究中心吗? 引用在国内和国际间得到承认的学术荣誉来证明。

附录中的摘要数据资料,表明了专职学术人员的人数。

对专职学术人员的管理如下:

① 评估任命和晋升的标准和程序。

② 有经验教员体系包括重点专业发展、学术活动和连续性产出有什么样的成效?

③ 可以用来帮助教员发展的教学技能和指导性材料有组织支持吗?

④ 全体教员对于教学方法当今的发展趋向,逐步实现教学目标以及学生成绩评测的方法运用是否得心应手?

⑤ 怎样确保兼职教师和志愿者拥有教学和评估学生所需的技能? 根

据教师在教学、服务和研究上的任务、态度、政策、资源和凝聚力一系列各方面，来评估专业学者在学校专业集体中的受支持程度。

8. 教育资源

(1) 通常的设施

① 评估学校、院系科的常规设施的年限、规模、外观和质量。

② 有足够的可供利用的教学和研究空间吗(根据学生的数量,现在进行的或者期望安排的课程,已有的或者以后需要的教员,期望的研究领域的扩大)?

③ 评估给教员的空间在组织研究和教育活动中是否都被合理利用。

④ 如果新的建设正在进行,描述新设施、资金的来源和预期的完工日期。

(2) 图书馆

① 评估图书馆的开放时间,服务、藏书、工作人员和设施的充足程度。

② 图书馆能够满足学生和全体教员的需要吗?

③ 图书馆有充足的可供学习和开小型会议的地方吗?

④ 图书馆有足够的装置来保证学生和教员遵守图书馆的规章和秩序吗?

(3) 电脑和信息资源

① 评估学校教育机构/教员运用电脑进行辅助教学,特别是要评估传授课程部分。

② 评估可用的硬件和软件,以使教员有能力并且有兴趣去使用。

③ 电脑协助教学指导可以培养学生的自学能力吗?

④ 哪些资料可以帮助教员鉴别或开发电脑教育软件?

附录里标明了可在图书馆和信息系统里找到的数据资料的页数。

(4) 实验室的实地设施

① 描述用于实践经验的主要设施。为了检查那些设施,评估它们的质量,为学生提供通常的维修和娱乐活动场所(会议室、教室、实验器材和图书馆等)。

② 引证由全体教员或学生参与的评审证据。

③ 评估实验室有无足够的资源来保证学生每星期做一些实验测验/临床训练。

④ 这些设施在教学方面领先吗？总结学生监督时的满意程度。

⑤ 评估全部设施的质量,明确地指出对学生们的重要性和他们所期望的程度,另外,学校/院系可以直接管理相关专业设施吗？

⑥ 附属的协议符合目前要求吗？学生们有明确的期望吗？

⑦ 在学校/院系的运转过程中,那些设施本身存在着本质问题吗？

在每个实验室和实验测验组织的团体设备上,都有数据资料的页数。

(5) 资　金

① 描述资金的来源。

② 他们有足够的资金来支持专业教育吗？

③ 简述学校一年的收入来源和支出状况。描述目前的财政情况,预计未来的财政情况。

④ 哪些重点地区要得到财政的拨款？如果存在一种潜在的财政收支不平衡趋势,学校教育机构有可靠的计划解决吗？

⑤ 根据财政预算的削减或者对学校收入施加压力是否会使教育计划逐渐陷入危险境地？

⑥ 学费的增长或者急剧上涨的消费对申请学生和已注册的学生有无不利的影响？

⑦ 学校/教员怎样定位教育资金的来源？

达成一个包括如下内容的声明:关于学校教育机构的资金情况和前景;关于教育资金的运作预算和消费的动态(比如,课程的改进、信息系统的发展和流动性实践的设置)。

(6) 科研和出版

① 评估全体教员的研究活动(强调的范围、承诺情况、质量和数量)。鉴于教员的任务和目标,确定有足够的资源(设备、空间和研究生)用于研究。

② 评估对研究有帮助的大量的来自学校内部的支持,和来自学校外部的支持(包括校外可供利用的师资)。

③ 确保研究活动对学生的教育起到影响作用,包括学生有机会参加

研究活动。

④ 鉴于教员的任务和目标,从单个部门得到运用数据,发展对教育研究和出版部门的综合评估(以及其他的服务)。

在评估方面包括以下几方面:

- 全体教员(包括人数,经历和专业知识);
- 资　　金;
- 场地和设备;
- 教学、研究和服务的质量和数量。

9.专业的评估

① 在培养计划和课程评估中内部和外部使用的评估尺度是什么?

② 引证和评估来自于课程制定委员会的审查结果,例如,学生的流失比例、学科的进步和毕业率、专业考试的成绩和其他测试、最近毕业生的就业率和质量、在研究生课程中的表现和外部主考人的报告。

③ 概括质量管理机构所确定的,包括对课程和教育质量以及学生资料输入过程的监督。

④ 课程制定委员会能够接收这些数据并且在做些必要的改动后能利用它们吗?评估这些充分并且有效的程序。

10.领导和管理层

(1) 行政机关和管理层

① 简述综合性大学董事会管理阶层的组成和主要人员,在大学水平以上的教务委员会和其他的委员会,特别委任的全体教员和设置专业。

② 描述系领导人在学校里的作用,和其与系主任及学校其他领导人之间的关系。

③ 描述学校教员和学校权威领导人之间的关系,评估这些关系的影响作用,并指出其中存在的任何问题。

附录中包括了系统性的图表,表明了专业和与专业有关的学校行政部门之间的关系。

(2) 系主任或者系领导

① 用简短的话说明系主任/系领导的资格证书,指出他们的任职时间

以及被考虑重新任职所需的方法或技巧。

② 评估学校领导层的稳定状态、领导人之间的一致性和领导方向。

③ 简述系主任和系领导的行政管理方式(领导人员的行为方式,全体教员间的互相配合)以及与其他机构的主管、学校教员和学生间的交流。

④ 系主任和系领导怎样看待学校的实力?他们如何制定战略性议程和对未来的计划?

(3)支持培养计划执行的组织

① 描述培养计划的组织支持。

② 人员配备是否充足?职责的分配是否合理、有效?是否可以被全体教员和学生理解?

③ 学生和教员有没有意识到教职员可以被任用以解决难题?

附录里包含了数据资料的页码,以及表明了教职员和他们的职责的表格。

(4)全体教员的管理

① 依据法律规定评价现有教员。

② 描述全体教员教学的主体(学校教员的行政会议/董事会、院系等)。

③ 判断这些组织的影响性,并且评论与其影响有关系的任何因素,比如管理、明确责任以及系主任或者其他管理层之间的关系。

④ 评论在教学主体中系领导人在资历较深、中级的或初级的教员之间的协调性。

⑤ 简述校长确立的委员会及学生代表在学生会里处理一些与学生有关的事件。

⑥ 简述校长确立的委员会的有效性,你可以在报告里详细地描述委员会处于一个适当的位置。例如,课程委员会是教育专业的管理部门。

⑦ 系/专业领导人是任命在一段特定的时间内吗?标出系领导人的空缺或者长时期的代理时的安排情况。

学校表格的附录里,包含了数据资料的页码,还有系/专业领导人的名单,课程协调人以及行政委员会的名单。

(5)地理上独立的校园/外部模式

① 如果课程的指导方式不同于内部的,就评估学校管理机构和当地

校区在所有组织规范中的关系,包括当地校区的质量检测程序。

② 如果专业在大学校园里的地区位置被指定分开了的,则简要评论主校区和分校区之间的行政关系。

③ 现有什么机制确保功能的集中和达到教育质量的可比性,以及学生通过教学指导的各种方面的评价?

④ 偏远的校区是如何为学生提供帮助的(学术和职业咨询、资金资助、健康服务和个人咨询等)? 这些程序运作的怎么样?

在附录数据资料中概括了课程的安排或者课本里的信息。

(6) 学校制度的不断改进

① 怎么样的结构和过程可以保证有一个不断高质量发展的院系?

② 财政管理人员和改进教学计划以及教育的质量有重要的关联吗?

③ 引用论据评价已经被应用的相关特定领域的标准,以及标准的变化所带来的影响。

11. 结论和建议

通过总结教育计划不同组成部分的标准和规范的强度和范围,制定以下意见。

• 确信对已达到的学术标准的程度(非常确信,有限的确信,不确信)。

• 为学生提供高质量的学习机会(值得称赞的,满意的,有缺点的)。

• 学校在标准和质量管理中合理的程度(非常确信,有限的确信,不确信)。

(1) 学术规范的成就

学术规范的成就参照下列情况来评价:

• 是否有明确的学习成果;是否已与资格结构、各相关专业标准和规范建立了适当的关系。

• 计划的全部课程是否能实现预期的成果。

• 在衡量检测成果的成就时,评估(小组)是否有效。

• 学生的成果是否与预期的成果及资格的水准相符合。在这一点的评论将明确他们分为 3 类:

• 有充分的自信心(其中一条判断标准,评审员们对于目前的规范感到满意并且能维持到将来）。

• 有限的自信心（接近规范，但评审员们有一定的怀疑）。

• 没有自信心（假如评审员们感到他们的筹备不充分仅得到最低限度的规范）。

（2）学习机会的质量

通过观察他们对学生的学习和成果的促进，来评价他们提供给学生的学习机会的质量。

• 教学的有效性——与课程的内容和课程的目标相关。

• 学生的进步——新生的吸收、学术的支持和在课程范围内的进步。

• 学习的资源——充分有效的利用教育资源，学生的支持和奉献的教职工和行政人员。

这3类被评价等级为：

• 值得推荐的——对于预期目的成果做出了实质的贡献，达到最低限度规范的成就；在各方面都有着优秀的实践。

• 已认可——能使预期得到实现，但需要改进措施克服不足。

• 失败——对预期成果的实现起到较少的促进的作用，在很多环节都没取得最低限度的规范，急需一种有效的措施。

（3）规范的学校管理和质量

评审员们必须考虑到学校的活力和评审过程的安全性，把学校授予学士学位的职责和国内、国际的标准联系起来。尤其是学校的领导层和管理层以及教育机构处理以下内容的程序。

• 明确的愿景、使命和目标（参见标准1）。

• 管理层和领导层（参见标准8）。

• 赞同培养计划复审（参见标准7）。

• 有关校外考核者的发现和其他校外评估活动（参见标准7）。

• 学术信誉和质量管理（参见标准3）。

• 评估程序的管理（参见标准3）。

• 与其他学校合作的管理（参见标准1.3,6.5,8.1,8.4）。

• 持续的改进过程（参见标准9）。

对每一项评审的条款评审员都应列出操作的要点，这些要点按类别应归为：

● 本质上需要被纠正的——是使当前的学术标准或质量出现危机并急待纠正的事物；

● 只是提供建议的——是指那些潜在地对当前的学术标准和质量构成危机，并需要避免或一般纠正的事物；

● 满意的——是潜在的提高质量或促进可靠的学术规范的事物。

信心程度的判断可以适度地建立在学校在管理它的学位授予的学术规范管理的有效性和使用下列标准的专业质量上。

● 没有信心：如果有大量的事物需要基本的行为操作，这些行为组合的效果是从总体上导致质量保证管理的无效性。

● 有限的信心：如果有少量的基本行动的要点乐意去执行，或大量的明智的行为要做。

● 全部信心：如果有大量提供建议的行为要贯彻，在学校的安排上有全部的信心。

如果评审员对培养计划达到标准没有信心，或如果他们发现了任何学习机会的质量是不能保证的，或在质量和标准的管理上没有信心，那么这个专业通常必定在一年内再次进行进一步正式的评审。

参考文献

[1] DAVID WOODHOUSE. Quality Improvement through Quality Audit. Quality in Higher Education. 2003,9(2).

[2] John Brennan, Peter de Vries and Ruth Williams. Standards and Quality in Higher Education. London and Bristol, Pennsylvania: Jessica Kingsley Publishers, 1997.

[3] 马来西亚教育部高等教育司质量保证处.公立大学的质量保证实践指南,2002.

[4] 新西兰大学学术评估署.评估手册(Audit Manual)[M].1998.

[5] 安东尼·斯特拉.印度高等教育质量保证:从标准的建立中所学到的经验[C]. 1999年泰国曼谷国际质量保证会议论文集,1999.

[6] IL MOON. 韩国工程教育评估委员会简介.2001年10月24日在中国重庆工程学学会第五次会议上的报告.

[7] 田以麟.韩国的大学综合评估认定制[J].外国教育研究,1998(3).

[8] 关玉霞.日本、美国、瑞典三国高等教育质量评价体系的比较分析[J].高等建筑教育,2003(4).

[9] 丁妍.日本大学评价制度建立的背景、现状及问题的研究[J].复旦教育论坛, 2003(5).

[10] 张玉琴,崔巍.日本高等教育的两种评估制度及其相互关系浅析[J].日本学刊, 2004(3).

[11] 胡建华.90年代以来日本大学评价制度的形成与发展[J].外国教育研究,2001 (1):9.

[12] 姬广凯,李兵.日本高等教育质量保证体制的嬗变及其启示[J].宁波大学学报 (教育科学版),2003(5).

[13] 张玉琴.日本高等教育评估机制与资源配置[J].石家庄经济学院学报,2004 (4).

[14] 孟群,李晓松.前苏联和日本高等教育评估简介[J].医学教育,1999(4).

[15] 日本大学审议会.21世纪的日本大学与今后的改革政策[J].教育参考资料, 1999(9—11).

[16] 卢晓中.当代世界高等教育理念及对中国的影响[M].上海:上海世纪出版集团、上海教育出版社,2001:133—134.

[17] 丁妍.日本大学评价制度建立的背景、现状及问题的研究[J].复旦教育论坛, 2003(5).

[18] 杨秀文.日本高等教育的财政拨款与评估机制[J].中国高教研究,2003(7).

[19] 张玉琴,崔巍.日本高等教育的两种评估制度及其相互关系浅析[J].日本学刊,

2004(3).

[20] 胡建华.90 年代以来日本大学评价制度的形成与发展.外国教育研究,2001(1):9.

[21] 新西兰大学学术评估署.评估手册[M].(第 3 版).1998.

[22] 安东尼·斯特拉.印度高等教育质量保证:从标准的建立中所学到的经验[C].1999 年泰国曼谷国际质量保证会议论文集,1999.

[23] 田以麟.韩国的大学综合评估认定制.外国教育研究[J],1998(3).

[24] 朴炳.当今韩国大事记.当代韩国,1996(4):96.

[25] 〔韩〕现代中国研究会.当今韩国大事记[J].当代韩国,1997(2):95.

后　记

　　本系列丛书是教育部委托项目——"国外高等教育评估与认证制度与政策研究"的终期成果之一,由北京航空航天大学高等教育研究所、中国工程院-北航高等工程教育研究中心和北京市哲学社会科学研究基地(首都高等教育发展研究基地)的科研人员和学生共同协作完成。

　　丛书撰写、编辑、翻译过程中参考或引用了国内外部分专家学者的论文和译著,除书中特别注明之外,特此致以衷心的谢意! 同时,为了保证资料来源的可靠性和权威性,丛书中的基础资料主要来自各个相关国家、地区的官方网站,这里也一并列出,以方便感兴趣的人士直接查找(网站网址附后)。 此外,我所 2003 级硕士研究生石磊、杜丽臻、甄刚、赵哲、丁玲、李莉、武家春、李秀玉、王微和 2004 级硕士研究生张雅莹等同学分别参加了部分章节的校对、图表整理工作,在此一并表示感谢!

北京航空航天大学高等教育研究所

2007 年 4 月

附后网址:

1. http://abeek.or.kr

2. http://www.abet.org

3. http://www.jabee.or.jr
4. http://www.aqf.edu.au
5. http://www.detya.gov.au
6. http://naac—india.com